Schriften des Betriebs-Beraters
Band 104

Der Weg zur börsennotierten Aktiengesellschaft

Leitfaden für das Going Public von Unternehmen

von

Sebastian Korts
Rechtsanwalt, Fachanwalt für Steuerrecht

und

Petra Korts
Rechtsanwalt

beide Köln

Verlag Recht und Wirtschaft GmbH
Heidelberg

1. Auflage 2000

Die Deutsche Bibliothek – CIP-Einheitsaufnahme

Korts, Sebastian
Der Weg zur börsennotierten Aktiengesellschaft : Leitfaden für das Going Public von Unternehmen / von Sebastian Korts und Petra Korts. – Heidelberg : Verl. Recht und Wirtschaft, 2000

(Schriften des Betriebs-Beraters ; Bd. 104)

ISBN 3-8005-1227-0

ISBN 3-8005-1227-0

Gesamtherstellung: HVA Grafische Betriebe GmbH, 69123 Heidelberg

♾ Gedruckt auf säurefreiem, alterungsbeständigem Papier, hergestellt aus chlorfrei gebleichtem Zellstoff (TcF-Norm)

Printed in Germany

Vorwort

Die Globalisierung, insbesondere der US-amerikanische Konkurrenzdruck, schließt die europäischen Börsen zu einem elektronischen Verbund zusammen, in welchem der online-Handel mit den wichtigsten 300 bis 600 Blue Chip-Notierungen abgewickelt werden soll. Nicht nur die Art des Handelns und seine Geschwindigkeit sind einem stetigen Wandel unterworfen, auch die gehandelten Produkte verändern sich. Markttransparenz auch unter dem Gesichtspunkt, daß das zu bewertende Unternehmen kein Konglomerat von verschiedenen Leistungen anbietet, sondern sich auf seine Kernkompetenzen beschränkt, ist einer der wichtigsten Gesichtspunkte. Ein Spin-off eines Tochterunternehmens kann allein deshalb erfolgreicher sein als der Börsengang seines Mutterkonzerns, weil dessen Produkt klar zu erkennen und einzuordnen ist. Der Mischkonzern ist nicht griffig einzuordnen. Diese Anforderungen schlagen durch bis auf das Konzept eines mittelständischen Unternehmers. Er muß sich mit seinem Unternehmenskonzept in diese Entwicklungen einfügen und sich frühzeitig Klarheit verschaffen, welchen Weg er gehen will. Hier setzt die Konzeption dieses Buches an. Es will den Unternehmer und seinen Beratern auf dem Weg zum Ziel begleiten. Schlüssel zum Erfolg kann aber letztlich nur der Unternehmer selbst sein, der mit den richtigen Beratern frühzeitig den individuellen Weg des Erfolgs geplant hat.

Köln, im Oktober 1999 *Die Verfasser*

Inhaltsverzeichnis

I. Einführung

Die Bundesrepublik verändert sich. Diese Aussage hat ihre besondere Bedeutung für das mittelständische Unternehmen. An dieses und seine Leiter werden eine Vielzahl von neuen Anforderungen gestellt. Die Unternehmenspolitik wird durch eine neue globale Denkweise bestimmt. Unternehmen wie Daimler-Chrysler oder Deutsche Bank plus Bankers' Trust, als Beispiele, wachsen zu einem Konzern mit einer Konzernleitung in Deutschland zusammen. Die Produkte eines Unternehmens werden im Regelfall über die Landesgrenzen und über die Grenzen der Europäischen Union vertrieben und seine Wettbewerber sind international. Der Ausdruck „every business is local" meint längst, daß der Produktionsstandort nur ein zufälliger Faktor im Vertrieb geworden ist.

Die rechtlichen Bedingungen ändern sich laufend. Das Dritte Finanzmarktförderungsgesetz (Gesetz zur weiteren Fortentwicklung des Finanzplatzes Deutschland) ist zum 1.4.1998 in Kraft getreten[1]. Das StückAG (Gesetz über die Zulassung von Stückaktien) ist am 25.3.1998 verkündet worden und somit zum 26.3.1998 in Kraft getreten[2]. Das KonTraG (Gesetz zur Kontrolle und Transparenz im Unternehmensbereich) ist zum 1.7.1998 in Kraft getreten[3]. Das Gesetz zur Verbesserung der Wettbewerbsfähigkeit deutscher Konzerne an internationalen Kapitalmärkten und zur Erleichterung der Aufnahme von Gesellschafterdarlehen (Kapitalaufnahmeerleichterungsgesetz – KapAEG) ist am 24.4.1998 in Kraft getreten. Inzwischen ist der EURO in der Buchhaltung längst Realität geworden. Das HGB-Reformgesetz ist in Kraft getreten; es sind Neuregelungen des Kaufmanns- und Firmenrechts vom Bundesrat gebilligt worden[4]. Seit dem 1.3.1998 können Aktiengesellschaften ihre Abschlüsse nach amerikanischen Bilanznormen (US-GAAP) oder den Regeln des International Accounting Standard (IAS) erstellen.

---

1 BGBl. I 1998, 529.

2 BGBl. I 1998, 590; s. dazu *Kopp*, BB 1998, 701.

3 BGBl. I 1998, 786; s. dazu *Lingemann/Wasmann*, BB 1998, 853, und *Hommelhoff*, BB 1998, 2567 und BB 1998, 2625.

4 BGBl. I 1998, 1474; s. dazu *Kögel*, BB 1998, 1645.

Im Rahmen dieser neuen marktpolitischen und rechtlichen Anforderungen muß der Unternehmer seinen Standpunkt täglich neu überprüfen und mitunter neu definieren.

Ein möglicher Schritt wird oftmals sein, daß sich der mittelständische Unternehmer aus Sachzwängen heraus aufgefordert fühlt, sein Unternehmen zu vergrößern. Der Spielraum der Eigenfinanzierung des Unternehmens ist längst ausgereizt. In den seltensten Fällen kann der Unternehmer in dieser Situation auf eigenes Kapital zurückgreifen. Seine Hausbank wird oftmals nicht von einem Vorstand vertreten, der bereit ist, unternehmerisches Risiko zu vergrößern. Absicherungswünsche aus dem privaten Bereich sind manchmal nicht zu erfüllen, oft will man auch einen bestimmten Teil des privaten Vermögens außerhalb jeglichen Risikos halten. – Selbst wenn die Hausbank jedoch die Kreditwünsche erfüllt, bleibt ein ungutes Gefühl: Denn zukünftig hat der Unternehmer seine Geschäftspolitik stets an den Belangen der sicherungsgebenden Bank auszurichten, die in erster Linie an der Kreditrückführung und nicht an weiterer Expansion interessiert ist.

Häufig hat das Unternehmen einen Markt für sich entdeckt und erschlossen, der dem konservativen Denken seiner Bank nicht leicht zugänglich ist. Keine noch so gewissenhaft arbeitende Bank kann sicher voraussagen, ob die Geschäftserweiterung in den Bereich der neuen Medien lediglich die Marotte des Juniorchefs oder die einzige Chance des gesamten Unternehmens ist, angesichts des weltweiten Wettbewerbs zu überleben. Eine Niederlassung in südamerikanischen Ländern wird gleichermaßen ängstlich betrachtet wie eine solche in den asiatischen.

Einziger Ausweg in dieser Situation ist die Zuführung von neuem Kapital, das bilanziell keine Belastung darstellt. Es wird daher die Erhöhung des Kapitals über neue Gesellschafter zu überlegen sein. Im Rahmen einer Kapitalgesellschaft ist die Kapitalerhöhung der richtige Weg; im Rahmen einer Personengesellschaft kann ein Nachschuß getätigt werden. Diese Möglichkeiten sind den gegenwärtigen Gesellschaftern oftmals faktisch nicht mehr möglich. Daher kann insbesondere Unternehmen mit konkreten Zukunftsaussichten nur nahegelegt werden, über eine Umwandlung in eine Aktiengesellschaft mit der Option des späteren Börsengangs, das Unternehmen in seinem rechtlichen und wirtschaftlichen Outfit so zu verändern, daß es sich seinem Produkt anpaßt.

Dennoch ist nicht für jedes Unternehmen das Rezept einer börsennotierten Aktiengesellschaft richtig. Jedes Unternehmen hat seine eigene Philosophie und Kultur sowohl hinsichtlich seiner Produkte wie hinsichtlich des Unternehmensstils. Aber jedes Unternehmen, das Geldanleger für sich interessieren möchte, tut gut daran, sich in seinem Finanzmarktverhalten wie eine bereits börsennotierte Aktiengesellschaft zu verhalten. Dazu gehört eine überprüfbare Finanzpolitik, eine Unternehmenssicherung hinsichtlich der Kontinuität der Unternehmensführung selbst, eine Absicherung des Unternehmens auch hinsichtlich möglicher Erbfälle und des Finanzbedarfs des Erben. Möglicherweise ergibt sich darüber eine strategische Allianz, die weiteren unternehmerischen Spielraum eröffnet.

In jedem Fall gilt: Im Sinne der vorgestellten Anforderungen wird sich die „Kleine Aktiengesellschaft“ oder die Aktiengesellschaft oder auch die KGaA genauso wie GmbH & Co. KGaA – entweder als Ziel oder als Zwischenschritt – als die richtige Unternehmensform erweisen.

Für den Unternehmer, der sich nicht sicher ist, wie der Weg seines Unternehmens in den nächsten Jahren verläuft, ist dieses Buch geschrieben. Ihm und seinen Beratern soll der vorliegende Band einen Überblick über die speziellen Fragen geben, die auf dem Weg zur börsennotierten Aktiengesellschaft zu beachten sind. Durch die Einfügung von erprobten praktischen Formulierungen soll eine handfeste Hilfe für Zwischenschritte angeboten werden.

So wird auf die Inhalte der neuen Gesetze eingegangen. Es wird ein Überblick über die verschiedenen Märkte und Börsenplätze gegeben. Ein ausführliches eigenes Kapitel ist der Gesellschaftsform der GmbH & Co. KGaA gewidmet. Die Kapitalerhöhung wird abstrakt und anhand eines ausführlichen Formulars vorgestellt. Verschiedene durch die Verfasser in der Praxis verwendete Formulare zeigen die Umwandlung in die AG, sei es von einem Einzelunternehmen, einer Personengesellschaft oder einer GmbH auf. Letztlich zeigt Fachvokabular die angelsächsischen Fachtermini auf, die dem Unternehmer auf seinem Weg begegnen werden.

Teile der Information dieses Buches kann der Unternehmer unmittelbar einsetzen und verwirklichen. Teile dieses Buches dienen der gedanklichen Vorbereitung. Der Unternehmer muß sich mit großem Vorlauf auf sein Ziel vorbereiten. Zum einen ist es die Überlegung, ob das Unternehmen den Weg grundsätzlich gehen will – und sich daher schon von seinem äußeren Erscheinungsbild also in gesellschaftsrechtlicher, personeller Form und auch etwa durch die Einrichtung einer Marketingabteilung (die mit der Buchhaltungsabteilung engen Kontakt pflegt) vorbereitet. In dieser Phase findet auch die Bereinigung des Unternehmens dahin statt, daß lediglich die Unternehmensteile in den Vordergrund geschoben werden, die für die nachfolgenden Phasen von äußerstem Interesse sind. Bereits hier kann es sich ergeben, daß das Unternehmen sich aufteilt, daß also etwa unrentable Vorarbeiten bei Halbfertigprodukten ausgegliedert und im Wege des Outsourcing an andere Unternehmen gegeben werden. Möglich ist auch die Entscheidung, einen Teilbereich auszugliedern und durch einen Spin-Off den Börsengang vorzubereiten. Es muß in dieser Vorphase ein Zeitraum von vielleicht zwei Jahren gegeben sein, in denen das Unternehmen eine gesunde Struktur aufweist. Das Unternehmen kann keine anderen Daten präsentieren als die, die es in den letzten Jahren selbst erarbeitet hat, und es kann auch nur mit dem Management an den Start gehen, das in den letzten Jahren ein gutes Betriebsergebnis erreicht hat.

II. Die neuen gesetzlichen Regelungen

A. Das Gesetz zur Kontrolle und Transparenz im Unternehmensbereich (KonTraG)

Das Gesetz zur Kontrolle und Transparenz im Unternehmensbereich wurde vom Bundesrat am 27.3.1998 angenommen. Gemäß Artikel 14 des Gesetzes trat dieses am 1.5.1998 in Kraft. Die im KonTraG enthaltenen Regelungen zur Änderung des Handelsgesetzbuchs sind erstmals auf die Geschäftsjahre anzuwenden, die nach dem 31.12.1998 beginnen. Die Rotation des Wirtschaftsprüfers ist erstmals auf das Geschäftsjahr anzuwenden, das nach dem 31.12.2001 beginnt.

Ziel des Gesetzes ist die Verbesserung der Komplexe Aufsichtsrat, Stimmrechtsdifferenzierungen, Eigenerwerb von Aktien, Stock Options-Programme und Vollmachtsstimmrecht der Banken. Daneben sind Vorschriften aufgenommen worden, die die Qualität der Abschlußprüfung verbessern sollen. Im einzelnen ist hinsichtlich des Vorstands die Einrichtung eines Risikomanagements sowie die Verstärkung der Berichtspflicht an den Aufsichtsrat zu nennen.

Die Arbeit des Aufsichtsrats verändert sich wie folgt: Zukünftig werden auf die zulässige Zahl von 10 Mandaten die Position des Vorsitzenden doppelt berechnet und die Sitzungsfrequenz bei den börsennotierten Gesellschaften auf vier jährliche Sitzungen heraufgesetzt. Im Vorschlag an die Aktionäre zur Wahl von neuen Aufsichtsratsmitgliedern müssen deren übrige gesetzliche Mandate und ihre hauptberufliche Tätigkeit angegeben werden. So sollen Überlastungs- und Wettbewerbssituationen rechtzeitig erkannt und vermieden werden. Schließlich sind neue Regelungen zum Ablauf des Prüfungsauftrags, mit dem Herzstück der Beauftragung durch den Aufsichtsrat, Gesetz geworden.

Gestärkt wird mit dem Gesetz außerdem die Kontrolle der Unternehmensleitung durch die Hauptversammlung. So wird die Ausübung des Vollmachtsstimmrechts der Kreditinstitute stärker an den Interessen der Aktionäre ausgerichtet. Diese sind auf die alternativen Möglichkeiten der Stimmrechtsausübung hinzuweisen. Kreditinstitute dürfen ihre Vollmachtsstimmrechte in einer Hauptversammlung nicht ausüben, wenn sie dort zugleich Stimmen aus einer Eigenbeteiligung von mehr als 5% ausüben. Abgebaut werden mit dem Gesetz Stimmrechtsdifferenzierungen, die dem Grundsatz „one share one vote“ widersprechen. Höchststimmrechte sind bei börsennotierten Gesellschaften nicht mehr zulässig. Mehrfachstimmrechte dürfen künftig nicht mehr begründet werden. Bestehende Mehrfachstimmrechte sollen nach fünf Jahren gegen einen angemessenen Ausgleich ihres Wertes entfallen.

Für die Rechnungslegung und Abschlußprüfung ergeben sich die nachfolgenden Änderungen. Im Lagebericht ist auf Risiken künftiger Entwicklungen hinzuweisen, die Regelungen zur Bilanzierung eigener Aktien wurden erweitert. Bei der Abschlußprüfung sind Bestimmungen zu beachten, die die gegenseitige Unabhängigkeit garantieren sollen. Der Prüfer muß nach einer Reihe von Jahren ausgewechselt werden, wenn er in einem zu hohen Prozentsatz an der zu prüfenden Gesellschaft Einnahmen bezogen hat oder in einem Zeitraum von 10 Jahren mehr als 6 mal den Bestätigungsvermerk gezeichnet hat. Der Prüfungsvermerk wird in neuer Form vorgenommen und der Prüfer haftet weit höher als bisher.

B. Das Finanzmarktförderungsgesetz

Mit dem Gesetz sollen die die Finanzmärkte betreffenden Punkte des „Aktionsprogramms für Investitionen und Arbeitsplätze“ der Bundesregierung aus dem Jahr 1996 umgesetzt werden. Es ist vorgesehen, das Risikokapitalangebot für kleine und mittlere nicht börsennotierte Unternehmen auszuweiten und Erleichterungen für börsennotierte Unternehmen bei der Kapitalbeschaffung über die Börse zu bewirken. Das Gesetz novelliert in erster Linie das Börsen- und Wertpapierhandelsrecht, das Recht über Kapitalanlagegesellschaften sowie das Gesetz über Unternehmensbeteiligungsgesellschaften.

C. Das Kapitalaufnahmeerleichterungsgesetz (KapAEG)

Die deutsche Bundesregierung hat am 13.2.1998 dieses Gesetz beschlossen. Juristischer Ansatzpunkt ist, daß deutsche Unternehmen mit einem Abschluß nach deutschem Bilanzrecht feststellen mußten, daß eine Zulassung bei der New Yorker Börsenaufsichtsbehörde SEC nicht in Betracht kommt. Daimler Benz hatte in 1993 daher beschlossen, einen Konzernabschluß mit Überleitung nach US-GAAP vorzulegen. Das Gesetz bestimmt nunmehr in § 292a HGB, daß ein börsennotiertes Unternehmen, das Mutterunternehmen eines Konzerns ist, unter gewissen Voraussetzungen einen Konzernabschluß und einen Konzernlagebericht nach international anerkannten Rechnungslegungsgrundsätzen mit befreiender Wirkung aufstellen und offenlegen kann. Ein Konzernabschluß nach deutschem Recht ist sodann nicht mehr notwendig.

Wegen des Hinweises, daß ein solches Gesetz die Rechnungslegungsgrundsätze aufweichen würde, ist die Regelung des § 292a HGB befristet, sie wird letztmalig für das am 31.12.2004 endende Geschäftsjahr anzuwenden sein. Weiterhin wird eine GmbH Beteiligung bis einschließlich 10% aus dem Recht des Eigenkapitalersatzes herausgenommen werden[5].

D. Das Gesetz zur Regelung der nennwertlosen Aktie

Im Rahmen der Umstellung der gegenwärtigen Aktien, die aufgrund gesetzlicher Regelungen ausschließlich als Nennwertaktien möglich war, ist durch die Einführung der nennwertlosen Aktien die Möglichkeit geschaffen worden, Umstellungsprobleme bei der Einführung des Euro zu vermeiden.

Da die zweite gesellschaftsrechtliche Richtlinie des Rates (sog. Kapitalrichtlinie 77/91/EWG) vom 13.12.1976 für Aktiengesellschaften ein Grundkapital vorschreibt, an dem die Aktien beteiligt sein müssen, ist sie als die Einführung der unechten nennwertlosen Aktie zu verstehen. Der Aktionär bleibt quotal beteiligt[6]. Negative Konsequenzen wurden im BRAK-Ausschuß nicht befürchtet[7].

Die Umstellung bei den vorhandenen Aktiengesellschaften kann mit Hilfe von sog. Vorratsbeschlüssen in den regelmäßigen Sitzungen zur

5 Vgl. *Seibert*, DStR 1997, 35; zu § 292a HGB vgl. *Heintzen*, BB 1999, 1050.
6 Vgl. die Darstellung des Diskussionsstandes *Heider*, AG 1998, 1.
7 Stellungnahme BRAK-Ausschuß Gesellschaftsrecht, BRAK Mitteilungen 5/1997, 187 ff.

Bilanz des Jahres 1997 getroffen[8] oder in den Sitzungen zu den Abschlüssen 1998 durchgeführt werden.

E. Das EURO-Einführungsgesetz[9]

Die Einführung des Euro sollte durch das Gesetz so einfach wie nur möglich gestaltet werden. In gesellschaftsrechtlicher Hinsicht sind folgende Aspekte zu nennen. Für Gründungen muß seit dem 1.1.1999 der EURO gewählt werden. Für die GmbH gilt ein Mindestkapital von 25.000 EURO mit einer Mindeststammeinlage von 100 EURO, für die Aktiengesellschaft greift ein Mindeststamm von 50.000,00 EURO ein. Altgesellschaften können ihre DM Beträge bis zum 31.12.2001 beibehalten. Soll danach eine Änderung am Kapital eingetragen werden, muß zuvor das Kapital geändert werden. Änderungen können durch bloße Umrechnung und formlose Mitteilung an das Handelsregister vorgenommen werden.

F. Das Takeover-Gesetz

Im November 1997 hat die Europäische Kommission einen geänderten Vorschlag für die dreizehnte Richtlinie auf dem Gebiet des Gesellschaftsrechts vorgelegt. Dieser Kommissionsvorschlag ist vom EU-Parlament bereits beschlossen worden. Die Verabschiedung durch den Europäischen Rat steht noch aus. Spätestens wenn die EU-Richtlinie in Kraft tritt, muß der deutsche Gesetzgeber reagieren. Der gegenwärtig freiwillig praktizierte Übernahmekodex steht als Richtlinie zur Verfügung[10]. Dieser hat jedoch keine ausreichende Marktakzeptanz erreichen können[11]. Die Börsensachverständigenkommision (BSK) beim Bundesfinanzministerium empfiehlt der

8 *Heider*, AG 1998, 5.

9 Vgl. *Hakenberg*, BB 1998, 1491. S. auch *Geyrhalter/Haß*, Der EURO in der Wirtschaftspraxis, 1. Aufl. 1999.

10 Zur Kritik und zum gegenwärtigen Stand: *Kirchner/Ehrike*, AG 1998, 105 ff.; Abdruck des Übernahmekodex der Börsensachverständigenkommission beim Bundesministerium der Finanzen mit den Änderungen durch Bekanntmachungen der Sachverständigenkommission v. 28.11.1997, AG 1998, 133 ff.

11 Vgl. HB v. 3.2.1999 – „Die Empfehlungen für ein Übernahmegesetz".

Bundesregierung, Unternehmensübernahmen künftig durch ein Gesetz zu regeln. Der freiwillige Übernahmekodex wurde von weniger als der Hälfte der börsennotierten Gesellschaften anerkannt. Selbst unter den 30 DAX-Werten hatten die Gesellschaften BMW, Höchst, VIAG und VW den Übernahmekodex nicht anerkannt. Es wird als ein nicht akzeptabler Zustand gesehen, daß Unternehmen, die den Kodex anerkannt hätten, gegenüber jenen Gesellschaften, die sich daran nicht gebunden fühlten, im Nachteil wären. Daher faßte die Börsensachverständigenkommision den Grundsatzbeschluß, der Bundesregierung eine detaillierte Empfehlung vorzulegen.[12]

12 Vgl. AG 1999, R. 128.

III. Grundstruktur einer Aktiengesellschaft

A. Vorstellung der Organe und Strukturen

Vom Wesen her ist die Aktiengesellschaft die Grundform einer Kapitalgesellschaft. Das Grundkapital ist in Aktien zerlegt, die entweder als Nennbetrag- oder als Stückaktien ausgegeben werden können. Die Fassung der Aktiengesellschaft unterscheidet drei notwendige Organe: den Vorstand, den Aufsichtsrat und die Hauptversammlung. Ihre Zuständigkeiten sind im einzelnen genau geregelt.

Der Vorstand hat die Gesellschaft nach § 76 Abs. 1 AktG unter eigener Verantwortung zu leiten. Er hat Geschäftsführungs- und Vertretungsbefugnis. Regelmäßig kann der Vorstand aus einer oder mehreren Personen bestehen, wobei bei Gesellschaften mit einem Grundkapital von mehr als 3 Millionen DM der Vorstand vorbehaltlich einer abweichenden Satzungsbestimmung aus mindestens zwei Personen bestehen muß. Üblich ist die Einteilung in einen Vorstandsvorsitzenden und ein einfaches Vorstandsmitglied. Vorstandsmitglieder können nur natürliche, unbeschränkt geschäftsfähige Personen sein.

Gem. § 111 Abs. 1 und 2 AktG ist der Aufsichtsrat als Kontrollorgan über die Geschäftsführung zu verstehen. Maßnahmen der Geschäftsführung selbst können ihm weder durch Satzung noch durch die Hauptversammlung übertragen werden. Der Aufsichtsrat besteht aus mindestens drei Mitgliedern; jedoch kann die Satzung eine höhere durch drei teilbare Zahl festsetzen. Ausgehend von dem Grundkapital beträgt bei Gesellschaften mit einem Grundkapital von nicht mehr als 1.500.000,00 Euro die Zahl 9, bei mehr als 1.500.000,00 Euro 15 und bei mehr als 10.000.000,00 Euro 21 Mitglieder. Die Höchstzahl der Aufsichtsratssitze, die eine natürliche Person innehaben kann, beträgt 10. Gewählt werden die Aufsichtsratsmitglieder von der Hauptversammlung. Einer von ihnen wird als Aufsichtsratsvorsitzender bezeichnet.

Die Hauptversammlung der Aktionäre besitzt keine eigene umfassende Zuständigkeit. Sie beschließt nur in den im Gesetz und in der Satzung genau bezeichneten Fällen. Im wesentlichen ist per Beschluß über Satzungsänderungen, Kapitalerhöhungen und Kapitalherabsetzungen zu beschließen.

Die Rechtsstellung des Aktionärs ist in der Ausübung von Verwaltungsrechten, insbesondere des Stimmrechts, des Teilnahme- und Auskunftsrechts und des Anfechtungsrechts gegenüber Hauptversammlungsbeschlüssen zu sehen. Daneben bestehen die Vermögensrechte auf die Dividende, den Bezug neuer Aktien bei einer Kapitalerhöhung und den Liquidationserlös.

Unabhängig von der gesetzlich vorgegebenen Machtgewichtung der einzelnen Organe in einer Gesellschaft läßt sich durch Bestimmungen der Satzung ein Vorstand schaffen, der nur nach Genehmigungen des Aufsichtsrats in einer sehr zurückhaltenden und eingeschränkten Form die Belange der Gesellschaft leiten kann. Eine derartige Form der Führung der Aktiengesellschaft wird gerne in den Familienunternehmen verwirklicht, in denen der Nachfolger die Stellung eines Vorstands bereits innehat, der Firmengründer jedoch noch in der Position des Aufsichtsratsvorsitzenden die Leitungsmacht im Unternehmen behalten möchte.

Allerdings müssen sich derartige Regelungen nicht zwingend aus der Satzung ergeben. Solche Machtverschiebungen können vielmehr auch in den Geschäftsordnungen für den Aufsichtsrat und in den Geschäftsordnungen für den Vorstand verankert werden. Es ist möglich, einen sehr unabhängigen Vorstand zu schaffen. Der Vorstand bekommt nur die sich aus dem Gesetz ergebende Mindestverpflichtung gegenüber dem Aufsichtsrat in Satzung und Geschäftsordnung mitgegeben. Dagegen könnte ein schwacher Vorstand ein solcher sein, der mehrgliedrig ist und darüber hinaus schon bei geringfügigen Maßnahmen der Geschäftsführung der Zustimmung des Aufsichtsrats bedarf. Zudem ist es per Geschäftsordnung möglich, eine Vielzahl von Kompetenzen in die Mitwirkungsverpflichtung der Hauptversammlung zu legen, so daß es bei einem Familienunternehmen durchaus denkbar ist, daß die Hauptversammlung die wesentlichen Gesichtspunkte der Geschäftspolitik mitbestimmt.

In der tagesaktuellen Berichterstattung über bekannte Familienunternehmen entsteht oftmals der Eindruck, als sei der Aufsichtsratsvorsitzende der wahre Lenker des Unternehmens. Hier mag eine Verkürzung des Lebenssachverhalts zu erkennen sein; in gleicher Art und Weise ist es jedoch auch möglich, daß die Machtstrukturen durch ein geschicktes Ineinandergreifen von Satzungsbestimmungen, Geschäftsordnung für Vorstand und Aufsichtsrat und darüber hinausgehenden Vereinbarungen in den Anstellungsverträgen des Vorstands so geregelt worden sind, daß der Vorsitzende des Aufsichtsrats tatsächlich der eigentliche Unternehmer ist.

Das Grundkapital der Gesellschaft ist in Aktien zerlegt. Gemäß § 10 Abs. 1 AktG können die Aktien als Namens- oder als Inhaberaktien ausgegeben werden. Soweit eine kleine Aktiengesellschaft Gegenstand der Planung ist, ist es notwendig, daß die Möglichkeit erhalten bleibt, die Aktionäre namentlich einzuladen, § 121 Abs. 4 AktG. Daher kann eine kleine Aktiengesellschaft ausschließlich mit Namensaktien realisiert werden.

Namensaktien werden oftmals vinkuliert. Dies bedeutet, daß die Übertragung der Namensaktie an einen neuen Aktionär an die Zustimmung der Gesellschaft gebunden ist. Eine derartige Vinkulierung kann jedoch oft dazu führen, daß die Verkehrsfähigkeit der Aktien leidet. Es besteht eine hohe Unsicherheit, ob die Übertragungen letztlich von der Gesellschaft genehmigt werden.

Die Entwicklung in Deutschland zeigt, daß immer mehr Unternehmen von Inhaber- auf Namensaktien umstellen. Nach Daimler-Chrysler sind Siemens, Mannesmann, Deutsche Bank, Dresdner Bank und Telekom dieser Entscheidung gefolgt. Hier spielen mehrere Gesichtspunkte eine Rolle. Dank der modernen Möglichkeiten der Datenverarbeitung ist es möglich geworden, das Aktienbuch schnell und präzise elektronisch zu führen. Man kann sagen, daß die Fungibilität der Inhaberaktie auch bei der Namensaktie erreicht werden kann. Dies führt dazu, daß Veränderungen im Eigentümerkreis sehr schnell erkannt und analysiert werden können. Die großen DAX-notierten Gesellschaften wissen oftmals sehr genau, welche institutionellen Anleger welches Paket an der jeweiligen Gesellschaft halten. Die vielen Einzelanleger sind oftmals jedoch nicht bekannt. Das Investor-Relations erfordert es oftmals, die privaten Aktionäre gezielt anzusprechen.

Ein anderer Ansatzpunkt ist, daß in den USA beispielsweise registered-shares, diese sind vergleichbar den deutschen Namensaktien, die vorgeschriebene Aktiengattung sind. Deutsche Inhaberaktien können daher nicht direkt an den US-Börsen gelistet werden, sondern nur als ADR-Programm (American Depository Receipt – Zertifikat über die Hinterlegung ausländischer Aktien).

Insbesondere für Zwecke der Globalisierung von bestimmten Formen wird von den Banken die Namensaktie bevorzugt, um transatlantische Aquisitionen über einen Aktientausch zu finanzieren. In diesem Zusammenhang ist darauf aufmerksam zu machen, daß das Unternehmen Daimler-Chrysler bereits ein Global-Share-Programm aufgelegt hat.

Hinzuweisen ist auf die Variante der Aktiengattung gem. § 11 Abs. 2 AktG. Ein Unternehmen kann Aktien auch emittieren, welches andere Rechte aufweist als andere Aktien des gleichen Unternehmens. Stammaktien sind der Regelfall der Aktien. Vorzugsaktien können verschiedene andere Rechte gewähren. Dieses können Verwaltungsrechte, Vermögensrechte, Gläubigerrechte und sonstige Sonderrechte sein. Diese Sonderrechte werden oftmals dadurch ertauscht, daß Stimmrechte bei den Aktien nicht enthalten sind.

Ob eine Differenzierung in viele verschiedene Aktiengattungen der Klarheit eines Unternehmens dient, erscheint zweifelhaft. Gleichwohl mag bei Familiengesellschaften ein berechtigtes Interesse bestehen, auch stimmrechtslose Aktien auszugeben.

In der hier vorgestellten Mustersatzung sind Bestimmungen enthalten, die üblicherweise in einer einfachen Satzung zu finden sind. Sie kann daher nur als Anhalt dienen, die keinesfalls eine umfassende Beratung ersetzt.

B. Mustersatzung einer Aktiengesellschaft

§ 1 Firma, Sitz, Geschäftsjahr

Die Gesellschaft führt die Firma Kölner Tonwaren AG.

Sie hat ihren Sitz in Köln.

Geschäftsjahr ist das Kalenderjahr.

§ 2 Gegenstand des Unternehmens

Gegenstand des Unternehmens ist die Herstellung und der Vertrieb von Tonprodukten. Die Gesellschaft ist zu allen Handlungen berechtigt, die unmittelbar oder mittelbar dem vorstehenden Zweck zu dienen geeignet sind, sie darf Zweigniederlassungen errichten und sich an gleichartigen oder ähnlichen Unternehmen im In- und Ausland beteiligen.

§ 3 Grundkapital

Das Grundkapital der Gesellschaft beträgt 50.000 EUR. Es ist eingeteilt in 50.000 nennwertlose Aktien. Bei einer Kapitalerhöhung kann die Gewinnbeteiligung neuer Aktien abweichend von § 60 AktG geregelt werden. Das Recht auf Einzelverbriefung ist dadurch eingeschränkt, daß der Aktionär die Kosten der Einzelverbriefung trägt.

§ 4 Vorstand

Der Vorstand der Gesellschaft besteht aus einer oder mehreren Personen. Der Aufsichtsrat bestimmt die Zahl der Mitglieder des Vorstands. Der Aufsichtsrat kann einen Vorsitzenden und einen stellvertretenden Vorsitzenden des Vorstands ernennen. Der Vorstand gibt sich einstimmig eine Geschäftsordnung, die der Zustimmung des Aufsichtsrats bedarf.

§ 5 Vertretung

Ist nur ein Vorstand bestellt, so vertritt dieser die Gesellschaft allein. Besteht der Vorstand aus mehreren Personen, so wird die Gesellschaft durch zwei Vorstandsmitglieder vertreten. Der Aufsichtsrat kann jedem Vorstandsmitglied die Befugnis zur Alleinvertretung erteilen.

§ 6 Aufsichtsrat, Geschäftsordnung

Der Aufsichtsrat besteht aus drei Mitgliedern. Die Aufsichtsratsmitglieder werden für die Zeit bis zur Beendigung der Hauptversammlung gewählt, die über die Entlastung für das vierte Geschäftsjahr nach dem Beginn der Amtszeit beschließt. Hierbei wird das Geschäftsjahr, in dem die Amtszeit beginnt, nicht mitgerechnet. Eine Wiederwahl ist möglich. Mitglieder des Aufsichtsrats können ihr Amt durch schriftliche Erklärung an den Vorsitzenden des Aufsichtsrats oder den Vorstand mit einer Frist von vier Wochen niederlegen. Die Möglichkeit der Kündigung aus wichtigem Grund bleibt unberührt. Der Aufsichtsrat gibt sich selbst eine Geschäftsordnung.

§ 7 Vorsitzender des Aufsichtsrats

Der Aufsichtsrat wählt im unmittelbaren Anschluß an seine Wahl aus seiner Mitte einen Vorsitzenden und dessen Stellvertreter.

§ 8 Einberufung des Aufsichtsrats und Beschlußfassung

Der Vorsitzende, ersatzweise sein Stellvertreter, beruft die Sitzungen des Aufsichtsrats ein. Er ist beschlußfähig, wenn mindestens drei Mitglieder an der Beschlußfassung teilnehmen. Der Vorsitzende ist ermächtigt, im Namen des Aufsichtsrats die zur Durchführung der Beschlüsse erforderlichen Erklärungen abzugeben und Erklärungen an den Aufsichtsrat in Empfang zu nehmen.

§ 9 Vergütung des Aufsichtsrats

Die Aufsichtsratsmitglieder erhalten eine von der Hauptversammlung festzulegende Vergütung.

§ 10 Hauptversammlung

Die Hauptversammlung findet innerhalb der ersten sechs Monate eines Geschäftsjahres am Sitz der Gesellschaft oder an dem Ort statt, an dem ein börsenmäßiger Handel der Aktien der Gesellschaft erfolgt. Sie wird durch den Vorstand und in den gesetzlich vorgeschriebenen Fällen durch den Aufsichtsrat einberufen. Die Einberufung erfolgt durch einmalige Bekanntmachung im Bundesanzeiger. Soweit der Gesellschaft die Aktionäre namentlich bekannt sind, kann die Hauptversammlung statt dessen auch durch eingeschriebenen Brief an die, der Gesellschaft zuletzt benannten Adresse der Aktionäre unter Einhaltung einer Frist von mindestes einem Monat einberufen werden. Der Tag der Absendung und der Tag der Hauptversammlung werden dabei nicht mitgerechnet. Mit der Einberufung sind den Aktionären die Gegenstände der Tagesordnung mitzuteilen. Ohne Wahrung der Einberufungsförmlichkeiten kann eine Hauptversammlung auch dann abgehalten werden, wenn alle Aktionäre erschienen oder vertreten sind und kein Aktionär der Beschlußfassung widerspricht.

§ 11 Teilnahme an der Hauptversammlung, Stimmrecht

Zur Teilnahme und Abstimmung sind die Aktionäre oder deren Vertreter berechtigt, deren Aktien am Tage der Hauptversammlung im Aktienbuch eingetragen sind. Umschreibungen im Aktienbuch werden in den letzten sieben Tagen vor der Hauptversammlung nicht vorgenommen. Jede Aktie gewährt eine Stimme. Das Stimmrecht beginnt mit der vollständigen Leistung der Einlage.

§ 12 Ablauf der Hauptversammlung, Beschlüsse

Den Vorsitz in der Hauptversammlung führt der Vorsitzende des Aufsichtsrats, im Falle der Verhinderung sein Stellvertreter, im Falle von dessen Verhinderung ein von der Hauptversammlung gewählter Versammlungsleiter. Der Vorsitzende bestimmt die Reihenfolge der Abhandlung der Tagesordnung sowie die Art und Reihenfolge der Abstimmungen. Die Hauptversammlung ist beschlußfähig, wenn mindestens 75 % des gesamten stimmberechtigten Grundkapitals vertreten sind. Soweit die Hauptversammlung nicht beschlußfähig ist, ist unverzüglich eine neue Hauptversammlung einzuberufen, die sodann, ohne Rücksicht auf das vertretene Kapital hinsichtlich der Gegenstände, beschlußfähig ist, die auf der Tagesordnung der beschlußunfähigen Hauptversammlung standen, soweit in der erneuten Einberufung darauf hingewiesen wurde.

§ 13 Jahresabschluß

Der Vorstand hat in den gesetzlichen Fristen nach Ablauf des Geschäftsjahres den Jahresabschluß und, falls gesetzlich notwendig, den

Lagebericht für das vergangene Geschäftsjahr aufzustellen und, falls gesetzlich erforderlich, dem Abschlußprüfer vorzulegen. Der geprüfte Jahresabschluß ist unverzüglich dem Aufsichtsrat vorzulegen. Nach Eingang des Berichts des Aufsichtsrats ist unverzüglich die ordentliche Hauptversammlung einzuberufen. Sie beschließt über die Entlastung von Vorstand und Aufsichtsrat, über die Verwendung des Jahresgewinns und die Wahl des Abschlußprüfers. Für die Verwendung des Jahresüberschusses gelten die gesetzlichen Vorschriften.

§ 14 Bekanntmachungen

Bekanntmachungen der Gesellschaft erfolgen ausschließlich im Bundesanzeiger.

§ 15 Gründungskosten

Die Kosten und Steuern der Gründung trägt die Gesellschaft, und zwar bis zu einem Höchstbetrag von 20.000 EUR.

IV. Die KGaA als vorgeschlagene Rechtsform

A. Vorbemerkungen

Im Aktiengesetz ist im zweiten Buch in nur 13 Paragraphen, §§ 278 bis 290 AktG (Aktiengesetz), die Rechtsform der KGaA geregelt. Sie ist keine Spielart einer Aktiengesellschaft, sondern eine eigenständige Gesellschaftsform[13]. Lediglich über die Verweisungen des § 278 Abs. 2 und 3 AktG sind die Bestimmungen des HGB über die Kommanditgesellschaft und die Bestimmungen der Aktiengesellschaft anwendbar.

Zum Stichtag der durchgeführten Untersuchung über die Anzahl der exitierenden Gesellschaften, dem 10.8.1998 hat es 59 eingetragene KGaA gegeben, die ihrerseits mit knapp 280 Eintragungen unter Berücksichtigung der Niederlassungen im Handelsregister aufgeführt waren[14].

Das Vorhandensein der Stellung zumindest eines persönlich haftenden Gesellschafters ist die Besonderheit, die diese Gesellschaftsform gegenüber der reinen Kapitalgesellschaft (GmbH oder AG) aufweist. Soweit an die Stelle des persönlich haftenden Gesellschafters eine Kapitalgesellschaft, wie beispielsweise eine GmbH tritt, wird von einer GmbH KGaA und soweit eine GmbH & Co. an diese Stelle tritt, von einer GmbH & Co. KGaA gesprochen. Als kapitalistische KG[15] werden diese Varianten der KGaA bezeichnet. Nur mit dieser besonderen Rechtsform befaßt sich das vorliegende Buch.

Neben diesen Kombinationen sind grundsätzlich denkbar die AG KGaA, AG & Co. KGaA, Genossenschaft KGaA, Genossensschaft & Co. KGaA[16], Stiftung KGaA, Stiftung & Co. KGaA[17].

---

13 BGHZ 134, 392 ff. = BB 1997, 1220.

14 Beispielhaft sei hier auf die Unternehmensstruktur der Kirch-Gruppe verwiesen; vgl. zum Konzept im einzelnen HB v. 5.1.1999, 11.

15 So: *Hesselmann*, BB 1989, 2344 ff.; *Schmidt/Levedag*, INF 1997, 750.

16 Vgl. *Strieder*, DB 1996, 2065; *Strieder/Habel*, BB 1997, 1375, 1376.

17 Vgl. *Karsten Schmidt*, ZHR 160, (1996), 284.

Obwohl die beiden zuvor genannten Rechtsformen gesetzlich nicht ausdrücklich geregelt sind, hat die Rechtsprechung diese Gesellschaftsform letztlich akzeptiert. In einer Entscheidung des Hanseatischen Oberlandesgerichtes vom 5.12.1968 betreffend die Eurokai KGaA[18] wurde ausgedrückt, daß keine durchgreifenden Bedenken gegen die Beteiligung einer GmbH & Co als Komplementärin einer KGaA beständen. Diese Entscheidung ist nachfolgend in der Literatur weitreichend diskutiert worden. In der letzten Zeit ist die Holzmüller Entscheidung des BGH[19] mit der Frage der Zulassung beschäftigt gewesen und hat die Frage der Anerkennung offengelassen. In einer Entscheidung des BGH vom 24.2.1997[20] wurde ausdrücklich ausgeführt, daß die Errichtung einer KGaA mit einer GmbH als persönlich haftender Gesellschafterin zulässig ist. Weiter wurde formuliert, daß die Freiheit zu privatautonomer Gestaltung auch die vom Gesetz nicht vorgesehenen Mischformen und atypische Lösungen zulassen muß. Die Literatur ist diesem Ergebnis gefolgt[21].

Grund für die Wahl einer solchen Gesellschaftsform wird die Summe der Vorzüge sein, die für Unternehmen in bestimmten Interessenlagen zusammentreffen. Hier ist insbesondere das mittelständische Familienunternehmen zu sehen, welches für sein innovatives Produkt neues umfangreiches Kapital braucht, um im Wettbewerb des globalen Marktes bestehen zu können, ohne jedoch den Einfluß der Familie letztlich aufgeben zu müssen. Die Vorteile dieser Unternehmensform sind im einzelnen wie folgt aufzugliedern:

1. Kapitalbeschaffungsfunktion

Als börsentaugliche Gesellschaft ist die KGaA schon in der gesetzlichen Grundform geeignet, weiteres Eigenkapital in der Gesellschaft zu sammeln. Diese Qualifikation teilt sie einzig mit der klassischen Aktiengesellschaft. Die kapitalistische Kommanditgesellschaft ist gegenwärtig an der Börse vertreten[22].

---

18 BGH NJW 1969, 1030.

19 BGH 25.2.1982, BGHZ 83, 122,133 = BB 1982, 827.

20 U.a. BGHZ 134, 392 ff. = NJW 1997, 1923 ff. = AG 1997, 370.

21 *Baumann*, BB 1997, 2281 ff.; *Hennerkes/Lorz*, DB 1997, 1388; *Sethe, Rolf*, Die personalistische Kapitalgesellschaft mit Börsenzugang: Die reformierte KGaA als Mittel zur Verbesserung der Eigenkapitalausstattung deutscher Unternehmen, 1996, m.w.N.

22 Vgl. Eff Eff Fritz Fuss GmbH & Co. KGaA und Eurokai GmbH & Co. KGaA.

2. Haftungsbeschränkung

Die bei Verbrauch des Firmenkapitals der KGaA vorgesehene Haftungsbeschränkung auf das Kapital des Komplementärs mindert das unternehmerische Risiko, da zumindest das private Vermögen des hinter der Gesellschaft stehenden Unternehmers nicht als Haftungskapital zur Verfügung steht[23]. Diesen Ansatz teilt die KGaA mit der klassischen AG, die ebenfalls nur mit dem gesamten Firmenvermögen haftet.

3. Mitbestimmung

Vorteile bietet diese Gesellschaftsform im Rahmen der Regelungen des Mitbestimmungsgesetzes (MitbG). Dieses entfaltet nur eine geringe Wirkung, da die Kompetenz des mitbestimmenden Aufsichtsrats zur Bestellung und Abberufung der Geschäftsleitung sowie der Verpflichtung zur Benennung des Arbeitsdirektors gemäß §§ 31 Abs. 1 S. 2 und 33 Abs. 1 S. 2 MitbG bei der KGaA keine Anwendung finden. Anwendbar ist § 76 Abs. 1 BetrVG (Betriebsverfassungsgesetz) von 1952. Nach Abs. 1 muß der Aufsichtsrat zu einem Drittel aus Vertretern der Arbeitnehmer bestehen, wobei dieses nach Abs. 6 für die KGaA gilt, die 500 und mehr Arbeitnehmer hat. Bei mehr als 2000 Arbeitnehmern ist nach § 1 Abs. 1 MitbG von 1976 ein mit 50 % Arbeitnehmern besetzter Aufsichtsrat erforderlich. Insgesamt wird darauf hingewiesen, daß in der praktischen Relevanz der zu einem Drittel besetzte Aufsichtsrat sogar eher von Vorteil als von Nachteil für die Belange des Unternehmens sei[24].

4. Leitungsmacht

Vorteile ergeben sich insbesondere dadurch, daß die Besetzung des Geschäftsführers in der Komplementär-GmbH durch die Gesellschafter dieser Gesellschaft erfolgt; die Aktionär-Komplementäre haben darauf keinen Einfluß. Ebenfalls keinen Einfluß auf die Bestellung des Geschäftsführers hat der Aufsichtsrat der KGaA. Geht man weiter davon aus, daß die Komplementär-GmbH nicht einmal

---

23 U.a. *Haase*, GmbHR 1997, 917, 921.

24 Vgl. *Hartel*, DB 1992, 2329, 2330.

eine Einlage übernehmen muß, kann sich ein vollständiges Auseinanderfallen von Geschäftsleitung und Kapital ergeben.

Der Geschäftsführer unterliegt im Gegensatz zum Vorstand der AG nur den Weisungen der Gesellschafterversammlung; damit kann die Unternehmenssteuerung tatsächlich aus der Gesellschafterstellung der Komplementär-GmbH heraus erbracht werden, wobei nur in ganz bestimmten Fällen eine Rückkoppelung mit dem Aktionärskapital notwendig ist.

5. Nachfolgeprobleme

Aufgrund der Unsterblichkeit des Komplementärs in der Rechtsform der GmbH ist eine dauerhafte Rechtsform geschaffen, die nicht am Fortbestand einer natürlichen Person hängt. Sofern bereits ein zweiter Geschäftsführer bestellt war, ist das Unternehmen selbst zumindest in seiner gesellschaftsrechtlichen Struktur gefestigt[25].

6. Managementprobleme

In einer klassischen KGaA wird möglicherweise ein Fremdgeschäftsführer nicht gefunden werden, da dieser von der gesetzlichen Konstruktion die vollständige Haftung als Komplementär übernehmen muß. Will man trotz des Börsengangs den Familieneinfluß beibehalten und daher nicht in die klassische AG gehen, wird man einen Fremdgeschäftsführer wohl nur über die Haftungsbeschränkung der Komplementärs-GmbH finden[26].

Als Nachteil wird das Problem der Koppelung der Beteiligungsidentität zwischen KGaA und der Komplementär-Gesellschaft genannt[27]. Hier ist zu entgegnen, daß genau das gar nicht gewollt ist. Gerade der Einfluß von fremden Dritten ist in der Komplementär-Gesellschaft höchst unerwünscht, obwohl die umfangreiche Beteiligung als Kommanditaktionär höchst erwünscht ist. Soweit die Rechtspraxis eine Gleichschaltung jedoch wünscht, ist dieses bisher in den Fällen der GmbH & Co KG auch gelungen.

---

25 Vgl. *Hartel*, DB 1992, 2329, 2331; *Haase*, GmbHR 1997, 917, 922.
26 Vgl. *Haase*, (Fn. 25).
27 *Herfs*, WiB 1997, 688, 691.

Zusammenfassend kann daher festgestellt werden, daß die hier vorgestellte Gesellschaftsform für das „börsenwillige“ Familienunternehmen die ideale Rechtsgestaltung eröffnet.

B. Satzungsentwurf der GLOBAL-KAI CONTAINER GmbH Kommanditgesellschaft auf Aktien

Allgemeine Bestimmungen (§§ 1-3)

§ 1 Firma, Sitz, Gegenstand des Unternehmens

1. Die Gesellschaft führt die Firma: GLOBAL-KAI-CONTAINER GmbH Kommanditgesellschaft auf Aktien.
2. Die Gesellschaft hat ihren Sitz in Köln.
3. Gegenstand des Unternehmens der Gesellschaft ist die Herstellung durch Dritte und der Betrieb von Hafen- und Flughafenumschlagsanlagen für Güter, insbesondere Container.
4. Die Gesellschaft ist zu allen Geschäften und Maßnahmen befugt, die unmittelbar oder mittelbar für die Erreichung des Gesellschaftszwecks notwendig oder nützlich sind.
5. Die Gesellschaft kann im In- und Ausland Zweigniederlassungen und Vertretungen errichten, andere Unternehmen gründen, erwerben, eingliedern und sich an solchen beteiligen. Sie ist berechtigt, Unternehmens- oder Interessengemeinschaftsverträge abzuschließen.
6. Die Gesellschaft darf ihre Rechtsform ändern.

§ 2 Geschäftsjahr und Dauer der Gesellschaft

Die Gesellschaft wird auf unbestimmte Zeit geschlossen.

Das Geschäftsjahr der Gesellschaft ist das Kalenderjahr.

§ 3 Bekanntmachung

Bekanntmachungen der Gesellschaft erfolgen im Bundesanzeiger.

Kapital und Aktien (§ 4)

§ 4 Grundkapital, Aktien

1. Das Gesamtkapital beträgt EUR 25.000.000.

2. Das Grundkapital ist eingeteilt in 5.000.000 Aktien ohne Nennbetrag. Diese bestehen aus einer stimmberechtigten Vorzugsaktie auf Namen – die Namensaktie Nr. 000.001 – und 3.000.000 stimmberechtigten Inhaberstammaktien und 1.999.999 stimmrechtslosen Vorzugsaktien auf Inhaber.

3. Die Vorzugsaktionäre erhalten aus dem Bilanzgewinn vorab einen nachzahlbaren Gewinnanteil von 5 % auf einen Betrag, der dem Verhältnis der Anzahl aller Aktien zu dem Grundkapital entspricht. Soweit der Bilanzgewinn nicht zur Zahlung des Vorzugsbetrags ausreicht, ist aus dem Bilanzgewinn des nächsten Geschäftsjahres vor Verteilung eines Gewinnanteils an die Stammaktionäre zunächst der Rückstand ohne Zinsen nachzuzahlen und sodann der volle Vorzugsbetrag dieses Geschäftsjahres auf die Vorzugsaktien zu verteilen. Bei rückständigen Vorzugsbeträgen mehrerer Geschäftsjahre sind aus dem Bilanzgewinn vor Verteilung eines Gewinnanteils an die Stammaktionäre zunächst die Rückstände in der Reihenfolge ihrer Entstehung und sodann der Vorzugsbetrag dieses Geschäftsjahres auszuzahlen.

4. Die Aktie Nr. 1 kann nur mit Zustimmung der Gesellschaft übertragen werden; die Zustimmung erteilt der persönlich haftende Gesellschafter.

5. Form und Inhalt der Aktienurkunden, der Gewinnanteils- und Erneuerungsscheine bestimmt der persönlich haftende Gesellschafter.

6. Bei einer Kapitalerhöhung kann die Gewinnbeteiligung neuer Aktien abweichend von § 60 AktG geregelt werden, insbesondere können junge Aktien aus einer zukünftigen Kapitalerhöhung mit Vorzügen bei der Gewinnverteilung versehen werden.

7. Das Recht auf Einzelverbriefung ist dadurch eingeschränkt, daß der Aktionär die Kosten der Einzelverbriefung trägt.

8. Der persönlich haftende Gesellschafter ist ermächtigt, das Grundkapital bis spätestens fünf Jahre nach der Eintragung dieser Urkunde durch Ausgabe neuer Vorzugsaktien ohne Stimmrecht gegen Bareinlagen einmalig oder in Teilbeträgen zu erhöhen. Obergrenze ist die

gesetzliche Festschreibung der maximalen hälftigen Verteilung von stimmrechtslosen Vorzugsaktien bezogen auf das Grundkapital in dieser Urkunde.

Im übrigen entscheidet der persönlich haftende Gesellschafter mit Zustimmung des Aufsichtsrats über den Inhalt der Aktienrechte und die Bedingungen der Aktienausgabe.

Der persönlich haftende Gesellschafter ist berechtigt, mit Zustimmung des Aufsichtsrats das Bezugsrecht auszuschließen.

Der Aufsichtsrat wird ermächtigt, die Fassung der Satzung entsprechend der jeweiligen Ausgabe neuer Aktien zu ändern.

9. Bei einer Kapitalerhöhung durch Ausgabe neuer Aktien kann die Gewinnbeteiligung der neuen Aktien abweichend von § 60 AktG geregelt werden.

Organe der Gesellschaft (§ 5)

§ 5 Organe der Gesellschaft sind:

- der persönlich haftende Gesellschafter,
- der Aufsichtsrat,
- die Hauptversammlung,
- der Beirat[28].

Persönlich haftender Gesellschafter (§§ 6 und 7)

§ 6 Persönlich haftende Gesellschafter, Zahl, Namen und Stellung

1. Die Gesellschaft hat einen oder mehrere persönlich haftende Gesellschafter. Die Zahl der persönlich haftenden Gesellschafter werden vom Beirat bestimmt.

Gegenüber den persönlich haftenden Gesellschaftern und deren Geschäftsführern und den Gesellschaftern der Komplementärs-Gesellschaft wird die Gesellschaft vom Beirat gerichtlich und außerge-

28 Oder Gesellschafterausschuß (Schwartau GmbH & Co. KGaA), Aktionärsausschuß, Beirat der Kommanditaktionäre.

richtlich vertreten, soweit sich nicht aus dieser Satzung oder dem Gesetz andere zwingende Vorschriften ergeben.

2. Persönlich haftender Gesellschafter ist derzeit die GLOBAL-KAI-CONTAINER Verwaltungsgesellschaft mit beschränkter Haftung Amtsgericht Köln HRB 25840 mit Sitz in Köln.

Ihr derzeitiger alleinvertretungsberechtigter und von den Beschränkungen des § 181 BGB befreiter Geschäftsführer ist Herr Dipl.-Kaufmann (FH) Gerd Rohlman wohnhaft in Köln.

3. Weitere persönlich haftende Gesellschafter können der Gesellschaft durch Vereinbarung mit dem Beirat beitreten. Die Zustimmung der bisherigen persönlich haftenden Gesellschafter ist Voraussetzung eines wirksamen Beitritts.

4. Die persönlich haftenden Gesellschafter scheiden nach Maßgabe der Vereinbarung aus, die zwischen ihnen und dem Beirat getroffen wird. Die Möglichkeit einer fristlosen Kündigung bleibt unberührt.

Im übrigen scheidet ein persönlich haftender Gesellschafter aus, wenn er verstirbt, wenn aufgrund eines nicht nur vorläufig vollstreckbaren Titels über sein Vermögen das Konkurs- oder Vergleichsverfahren eröffnet, die Eröffnung mangels Masse abgelehnt wird oder der betroffene Gesellschafter die eidesstattliche Versicherung gem. § 807 ZPO bzw. § 484 AO abgegeben hat oder Haft zur Abgabe der eidesstattlichen Versicherung angeordnet worden ist; wenn aufgrund eines nicht nur vorläufig vollstreckbaren Titels von Seiten eines Privatgläubigers des Gesellschafters die Zwangsvollstreckung in den Gesellschaftsanteil und/oder die aus dem Gesellschaftsanteil fließenden Rechte betrieben und innerhalb von drei Monaten nicht wieder aufgehoben wird.

Scheidet ein persönlich haftender Gesellschafter aus der Gesellschaft aus, so wird die Gesellschaft von dem/den verbleibenden persönlich haftenden Gesellschaftern und den Kommanditaktionären fortgesetzt. Scheidet der letzte persönlich haftende Gesellschafter aus, und wird nicht binnen einer Frist von drei Monaten der Beitritt zumindest eines Neuen vereinbart, hat der Aufsichtsrat unverzüglich die Hauptversammlung einzuberufen, die über die Umwandlung der Gesellschaft in eine andere Rechtsform oder deren Liquidation beschließen kann.

Persönlich haftende Gesellschafter haben im Falle ihres Ausscheidens aus der Gesellschaft keinen Anspruch auf ein Auseinandersetzungsguthaben.

Wird ein persönlich haftender Gesellschafter nach seinem Ausscheiden von den Gläubigern der Gesellschaft in Anspruch genommen, so hat er gegen die Gesellschaft einen Ersatzanspruch, sofern der Anspruch nicht durch eine vorsätzliche Handlung des persönlich haftenden Gesellschafters entstanden ist. Er hat keinen Anspruch auf Stellung einer Sicherheit, soweit er noch nicht tatsächlich in Anspruch genommen worden ist und die Gesellschaft ihn nicht von diesem Anspruch freistellt.

§ 7 Einlagen, Vergütung und Wettbewerb

1. Der persönlich haftende Gesellschafter erbringt keine Einlage.

2. Geschäftsführungsbefugte persönlich haftende Gesellschafter haben Anspruch auf Vergütung ihrer Tätigkeit. Der Aufwendungsersatz erfaßt die Tätigkeitsvergütungen der Geschäftsführer der Komplementäre, der persönlich haftenden Gesellschafter sowie alle anderen Aufwendungen, die bei den persönlich haftenden Gesellschaftern im Zusammenhang mit der Geschäftsführung der Gesellschaft entstehen. Diese werden erstattet, sobald diese Aufwendungen entstehen. Der persönlich haftende Gesellschafter kann monatlich vorschüssig eine Pauschale abrechnen, die der zu erwartenden Abrechnung entspricht.

3. § 284 AktG gilt nicht. Jede Art der Wettbewerbstätigkeit sowohl des persönlich haftenden Gesellschafters oder seines Geschäftsführers bedarf der vorherigen Zustimmung des Beirats.

Vertretung der Gesellschaft und Geschäftsführung (§§ 8 und 9)

§ 8 Vertretung

1. Die Gesellschaft hat einen oder mehrere persönlich haftende Gesellschafter. Die Gesellschaft wird durch zwei persönlich haftende Gesellschafter oder durch einen persönlich haftenden Gesellschafter gemeinsam mit einem Prokuristen einer persönlich haftenden Ge-

sellschaft gesetzlich vertreten. Wenn nur ein persönlich haftender Gesellschafter vorhanden ist, vertritt dieser die Gesellschaft allein.

2. Der Aufsichtsrat kann mit Zustimmung der persönlich haftenden Gesellschafter einem persönlich haftenden Gesellschafter die Befugnis zur Einzelvertretung und/oder die Befreiung von den Beschränkungen des § 181 BGB erteilen.

§ 9 Geschäftsführung

1. Die Geschäftsführung obliegt den persönlich haftenden Gesellschaftern.

2. Die Geschäftsführung gibt sich eine Geschäftsordnung, in der die Beschlußfassung und Abstimmung in der Geschäftsführung, sowie die Bestimmung des Vorsitzenden der Geschäftsführung und seines Stellvertreters festgelegt werden.

3. Das den Kommanditaktionären nach § 164 HGB zustehende Widerspruchsrecht ist ausgeschlossen.

Die Vornahme der nachfolgend genannten Rechtsgeschäfte und Handlungen bedarf jedoch der Zustimmung des Beirats. Bezugsgröße im Sinne der nachfolgenden Bestimmungen ist die Summe der Kapitalkonten aller persönlich haftenden Gesellschafter, soweit sie Kapitalanteile halten, des Grundkapitals, sämtlicher Rücklagen und Verluste der Gesellschaft, jeweils nach dem Stand zur Beendigung des zur Zeit der Vornahme des Geschäfts vorhergehenden Geschäftsjahres.

- Die Gründung von Unternehmen und der Erwerb von Beteiligungen, soweit das jeweils hierfür vorgesehene Volumen (Kaufpreis und Investitionssumme) im ersten Jahr 10 % der Bezugsgröße übersteigt;
- Veräußerungen des Unternehmens im ganzen und von Beteiligungen an anderen Unternehmen, die im letzten Geschäftsjahr mehr als 20 % des zusammengerechneten Umsatzes von Gesellschaft und zu veräußerndem Tochterunternehmen erwirtschaftet haben;
- Erwerb oder Veräußerungen von Grundstücken und grundstücksgleichen Rechten, falls der Grundstückswert im Einzelfall 10 % der Bezugsgröße überschreitet;
- die Ausgabe von Schuldverschreibungen;

- Bürgschafts- oder Garantieübernahmen, sowie Eingehung von Wechselverbindlichkeiten, die außerhalb des laufenden Geschäftsbetriebs erfolgen, sowie Spekulationsgeschäfte aller Art;
- Zustimmung der Gesellschaft zu Satzungsänderungen bei Unternehmen, an denen die Gesellschaft mit zumindest 25 % beteiligt ist.

Aufsichtsrat (§§ 10 bis 14)

§ 10 Aufsichtsrat, Geschäftsordnung

1. Der Aufsichtsrat besteht aus drei Mitgliedern.

2. Die Aufsichtsratsmitglieder werden für die Zeit bis zur Beendigung der Hauptversammlung gewählt, die über die Entlastung für das vierte Geschäftsjahr nach dem Beginn der Amtszeit beschließt. Hierbei wird das Geschäftsjahr, in dem die Amtszeit beginnt, nicht mitgerechnet. Eine Wiederwahl ist möglich. Die Bestellung eines Nachfolgers für ein vor Ablauf der Amtsdauer ausgeschiedenes Mitglied des Aufsichtsrats erfolgt für den Rest der Amtszeit des vorzeitigen ausgeschiedenen Mitglieds. Mitglieder des Aufsichtsrats können ihr Amt durch schriftliche Erklärung an den Vorsitzenden des Aufsichtsrats oder den Vorstand mit einer Frist von vier Wochen niederlegen. Die Möglichkeit der Kündigung aus wichtigem Grund bleibt unberührt.

3. Der Aufsichtsrat kann sich selbst eine Geschäftsordnung geben.

§ 11 Vorsitzender des Aufsichtsrats/Stellvertreter

Der Aufsichtsrat wählt im unmittelbaren Anschluß an seine Wahl aus seiner Mitte einen Vorsitzenden und dessen Stellvertreter.

§ 12 Einberufung des Aufsichtsrats und Beschlußfassung

1. Die Sitzungen des Aufsichtsrats werden durch den Vorsitzenden, ersatzweise von seinem Stellvertreter mit einer Frist von 14 Tagen gegenüber den Mitgliedern des Aufsichtsrats und den persönlich haftenden Gesellschaftern schriftlich einberufen. Bei der Berechnung der Frist werden der Tag der Absendung der Einladung und der Tag der Sitzung nicht mitgerechnet. In dringenden Fällen kann der Vor-

sitzende die Frist abkürzen und mündlich, fernmündlich, fernschriftlich, telegraphisch oder durch Telefax-Brief einberufen.

Der Aufsichtsrat entscheidet durch Beschluß. Die persönlich haftenden Gesellschafter haben das Recht zur Teilnahme an den Sitzungen und das Recht, dem Aufsichtsrat Beschlußvorlagen zu unterbreiten. Der Aufsichtsrat ist beschlußfähig, wenn mindestens drei Mitglieder an der Beschlußfassung teilnehmen. Außerhalb von Sitzungen ist auch schriftliche oder fernmündliche Beschlußfassung zulässig, wenn kein Mitglied diesem Verfahren widerspricht. Beschlüsse, deren Gegenstand nicht ordnungsgemäß angekündigt ist, können nur gefaßt werden, wenn kein Aufsichtsratsmitglied und kein persönlich haftender Gesellschafter widerspricht; abwesenden persönlich haftenden Gesellschaftern ist dabei Gelegenheit zu geben, innerhalb einer vom Vorsitzenden festzusetzenden angemessenen Frist der Beschlußfassung nachträglich zu widersprechen.

2. Der Vorsitzende ist ermächtigt, im Namen des Aufsichtsrats die zur Durchführung der Beschlüsse erforderlichen Erklärungen abzugeben und Erklärungen an den Aufsichtsrat in Empfang zu nehmen.

§ 13 Änderung der Satzungsfassung

Der Aufsichtsrat ist ermächtigt, mit Zustimmung der persönlich haftenden Gesellschafter Änderungen der Satzung, die nur die Fassung betreffen, zu beschließen.

§ 14 Vergütung des Aufsichtsrats

Die Aufsichtsratsmitglieder erhalten für jedes abgelaufene Geschäftsjahr eine Vergütung, die durch die Hauptversammlung bestimmt wird, wobei die zuletzt beschlossene Vergütung solange gültig bleibt, bis die Hauptversammlung eine Änderung für die Zukunft beschließt. Auslagen werden den Aufsichtsratsmitgliedern zusätzlich erstattet. Die auf die Vergütung zu zahlende Umsatzsteuer wird von der Gesellschaft erstattet.

Hauptversammlung (§§ 15 bis 18)

§ 15 Hauptversammlung

1. Die Hauptversammlung findet innerhalb der ersten sechs Monate eines Geschäftsjahres am Sitz der Gesellschaft oder an dem Ort, an welchem die Aktien der Gesellschaft börsenmäßig gehandelt werden oder einem anderen Ort statt. Sie wird durch den persönlich haftenden Gesellschafter und in den gesetzlich vorgeschriebenen Fällen durch den Aufsichtsrat einberufen.

2. Die Einberufung hat so rechtzeitig zu erfolgen, daß mit dem Tag der Bekanntmachung der Einberufung im Bundesanzeiger und dem Tag, bis zu dessen Ablauf die Aktien gemäß § 16 dieser Satzung zu hinterlegen sind, eine Frist von einem Monat liegt; dabei sind der Tag der Bekanntmachung und der Tag des Ablaufs der Hinterlegungsfrist nicht mitzurechnen. Mit der Einberufung sind den Aktionären die Gegenstände der Tagesordnung mitzuteilen.

§ 16 Teilnahme an der Hauptversammlung, Stimmrecht

1. Zur Teilnahme an der Hauptversammlung und zur Ausübung des Stimmrechts sind nur diejenigen Aktionäre berechtigt, die ihre Aktien bei der Gesellschaftskasse, einem deutschen Notar, bei einer zur Entgegennahme von Aktien befugten Wertpapiersammelbank oder bei einer anderen in der Einberufung bezeichneten Stelle hinterlegen und bis zur Beendigung der Hauptversammlung dort belassen. Die Hinterlegung gilt auch dann als bei einer der genannten Stellen bewirkt, wenn Aktien mit Zustimmung einer Hinterlegungsstelle für diese bei einem Kreditinstitut bis zur Beendigung der Hauptversammlung gesperrt gehalten werden. Die Hinterlegung hat spätestens am siebten Tag vor dem Tag der Hauptversammlung zu erfolgen. Ist der siebte Tag vor dem Versammlungstag ein Samstag, Sonntag oder Feiertag am Sitz der Gesellschaft, so ist die Hinterlegung noch bis zum Ablauf des folgenden Werktags zulässig. Im Falle der Hinterlegung bei einem deutschen Notar oder bei einer Wertpapiersammelbank ist die von diesen auszustellende Bescheinigung spätestens am ersten Werktag, ausgenommen der Samstag, nach Ablauf der Hinterlegungsfrist bei der Gesellschaftskasse einzureichen.

2. Erfolgt die Hinterlegung nicht bei der Gesellschaftskasse, so hat die Anmeldung der Aktionäre zur Hauptversammlung in der Weise zu erfolgen, daß die Hinterlegungsbescheinigung oder ein Doppel spätestens am dritten Tag vor dem Tag der Hauptversammlung bei der Gesellschaftskasse eingereicht wird.

3. Soweit die Gesellschaft Aktienurkunden nicht ausgegeben hat, kann sie in der Einladung zur Hauptversammlung bestimmen, unter welchen Voraussetzungen Kommanditaktionären die Teilnahme an der Hauptversammlung und die Ausübung des Stimmrechts zu gewähren ist. Soweit die Gesellschaft eigene Aktien besitzt, nehmen diese nicht an Abstimmungen teil.

4. Jede Stammaktie und jede Vorzugsaktie, die mit Stimmrecht ausgestattet ist, gewährt eine Stimme. Das Stimmrecht beginnt mit der vollständigen Leistung der Einlage.

5. Die persönlich haftenden Gesellschafter haben, auch wenn sie stimmberechtigte Aktien besitzen, kein Stimmrecht in den Fällen des § 285 Abs. 1 AktG.

§ 17 Ablauf der Hauptversammlung, Beschlüsse

1. Den Vorsitz in der Hauptversammlung führt der Vorsitzende des Aufsichtsrats, im Falle der Verhinderung sein Stellvertreter, im Falle von dessen Verhinderung ein von der Hauptversammlung gewählter Versammlungsleiter. Der Vorsitzende bestimmt die Reihenfolge der Abhandlung der Tagesordnung, sowie die Art und Reihenfolge der Abstimmungen.

2. Die Beschlüsse der Hauptversammlung werden, soweit nicht zwingende gesetzliche Bestimmungen dem entgegenstehen und diese Satzung nichts anderes bestimmt, mit einfacher Mehrheit der abgegebenen Stimmen gefaßt; dies gilt insbesondere auch für Satzungsänderungen, soweit diese nicht nur die Fassung betreffen, und für Kapitalerhöhungen; die Bestimmungen der §§ 179 Abs. 2 Satz 2, 2. Halbsatz und 182 Abs. 1 Satz 2, 2. Halbsatz AktG bleiben unberührt. Soweit das Aktiengesetz außerdem zur Beschlußfassung vertretenes Grundkapital vorschreibt, genügt, soweit zwingende gesetzliche Bestimmungen nicht entgegenstehen, die einfache Mehrheit des vertretenen Grundkapitals. Eine Mehrheit von 90 % des bei der Beschlußfassung vertretenen und eine Mehrheit von 80 % des gesam-

ten vorhandenen stimmberechtigten Grundkapitals ist jedoch erforderlich bei Beschlüssen über die Kündigung der Gesellschaft durch Kommanditaktionäre, für den Antrag der Kommanditaktionäre auf Auflösung der Gesellschaft durch gerichtliche Entscheidung und für die Anträge der Kommanditaktionäre auf Entzug der Geschäftsführung und/oder Vertretung von persönlich haftenden Gesellschaftern.

§ 18 Zustimmung der persönlich haftenden Gesellschafter

Soweit Beschlüsse der Hauptversammlung nach den gesetzlichen Bestimmungen bzw. nach Ziffer 1 der Zustimmung der persönlich haftenden Gesellschafter bedürfen, wird die Zustimmung oder Ablehnung für alle persönlich haftenden Gesellschafter einheitlich durch den Vorsitzenden der Geschäftsführung oder, falls ein Vorsitzender nicht bestimmt ist, durch den an Lebensjahren ältesten persönlich haftenden Gesellschafter erklärt. Zu diesem Zweck erforderliche Abstimmungen der persönlich haftenden Gesellschafter erfolgen außerhalb der Hauptversammlung; bei Stimmengleichheit gilt die Zustimmung als versagt.

Beirat (§§ 19 bis 22)

§ 19 Aufgaben

Der Beirat hat die ihm durch diese Satzung oder Beschluß der Hauptversammlung übertragenen Aufgaben.

§ 20 Zusammensetzung und Amtszeit

1. Der Beirat besteht aus mindestens drei und höchstens fünf Mitgliedern. Persönlich haftende Gesellschafter können nicht Mitglieder des Beirats sein. Eine Mitgliedschaft im Aufsichtsrat ist mit der Stellung als Mitglied des Beirats vereinbar.

2. Die Mitglieder des Beirats werden durch die Hauptversammlung gewählt.

3. Für die Amtszeit der Mitglieder des Beirats – einschließlich etwaiger Ersatzmitglieder – finden die für die von der Hauptversammlung

gewählten Aufsichtsratsmitglieder geltenden Bestimmungen von § 10 Abs. 2 der Satzung entsprechende Anwendung.

§ 21 Innere Ordnung und Beschlußfassung

1. Der Beirat wählt jeweils im Anschluß an seine turnusmäßige Neuwahl für seine Amtsdauer einen Vorsitzenden und einen Stellvertreter. Der Stellvertreter nimmt im Fall der Verhinderung des Vorsitzenden dessen Aufgaben im Beirat wahr.

2. Der Vorsitzende des Beirats beruft die Sitzung ein und leitet sie. Die Einberufung erfolgt in entsprechender Anwendung von § 12 der Satzung.

3. Der Beirat ist beschlußfähig, wenn seine Mitglieder ordnungsgemäß geladen und die Hälfte der Mitglieder anwesend oder vertreten sind. Ein Mitglied kann sich durch ein anderes Mitglied aufgrund schriftlicher Vollmacht vertreten lassen. Das Recht zur schriftlichen Stimmabgabe wird hierdurch nicht berührt.

4. Der Beirat faßt seine Beschlüsse mit Stimmenmehrheit der anwesenden oder vertretenen Mitglieder. Bei Stimmengleichheit gibt die Stimme des Vorsitzenden oder, falls der Vorsitzende an der Beschlußfassung nicht teilnimmt, die Stimme des Stellvertreters den Ausschlag.

5. Erklärungen des Beirats erfolgen durch seinen Vorsitzenden.

§ 22 Vergütung, Entlastung

1. Für die Vergütung der Mitglieder des Beirats gelten die Bestimmungen des § 14 entsprechend.

2. In jeder ordentlichen Hauptversammlung ist die Entlastung der Mitglieder des Beirats zu beschließen. Der Beirat und jeder Gesellschafter sind antragsberechtigt.

Jahresabschluß und Gewinnverwendung (§ 23)

§ 23 Jahresabschluß, Lagebericht und Gewinnverwendung

1. Der persönlich haftende Gesellschafter hat in den ersten drei Monaten des Geschäftsjahres den Jahresabschluß und den Lagebericht für das vergangene Geschäftsjahr aufzustellen und dem vom Aufsichtsrat bestimmten Abschlußprüfer vorzulegen.

2. Unverzüglich nach Eingang des Prüfungsberichts hat der persönlich haftende Gesellschafter den Jahresabschluß und den Lagebericht zusammen mit dem Prüfungsbericht des Abschlußprüfers und dem Vorschlag über die Verwendung des Bilanzgewinns dem Aufsichtsrat vorzulegen.

3. Unverzüglich nach Eingang des Berichts des Aufsichtsrats über das Ergebnis bei der Prüfung hat der persönlich haftende Gesellschafter die ordentliche Hauptversammlung einzuberufen. Der Jahresabschluß, der Lagebericht, der Bericht des Aufsichtsrats und der Vorschlag über die Verwendung des Bilanzgewinns sind von der Einberufung an in den Geschäftsräumen der Gesellschaft zur Einsicht der Kommanditaktionäre auszulegen.

4. Die Hauptversammlung beschließt über die Feststellung des Jahresabschlusses. Der Beschluß bedarf der Zustimmung aller persönlich haftenden Gesellschafter. Bei der Feststellung des Jahresabschlusses ist, soweit rechtlich zulässig, der von den persönlich haftenden Gesellschaftern verbleibende Jahresüberschuß in andere Gewinnrücklagen einzustellen.

Schlußbestimmungen (§§ 24 bis 26)

§ 24 Kündigung, Auflösung, Abfindung

1. Die Gesellschaft kann mit einer Frist von 12 Monaten zum Ende eines jeden Geschäftsjahres gekündigt werden.

2. Für den Fall der wirksamen ordentlichen oder außerordentlichen Kündigung durch die Gesamtheit der Kommanditaktionäre, führt diese Kündigung zur Auflösung der Gesellschaft. Das einseitige Hinauskündigen eines persönlich haftenden Gesellschafters mit

Kapitalanteil, ordentlich oder außerordentlich aus wichtigem Grund, ist ausgeschlossen.

3. Die Gesellschaft wird nur in folgenden Fällen aufgelöst:

- Gesellschafterbeschluß unter Zustimmung aller persönlich haftenden Gesellschafter und 3/4 Mehrheit des vertretenen Kommanditkapitals,
- Konkurs der Gesellschaft,
- Gerichtliche Auflösung,
- Kündigung von persönlich haftenden Gesellschaftern
- Kündigung der Gesamtheit der Kommanditaktionäre
- Ablehnung der Konkurseröffnung über die Gesellschaft mangels Masse,
- Vermögenslosigkeit der Gesellschaft.

In allen Fällen der Kündigung und/oder der Auflösung der Gesellschaft kann die Hauptversammlung die Umwandlung der Gesellschaft in eine andere Gesellschaftsform beschließen, wobei nur die gesetzlich zwingenden Mehrheitserfordernisse gelten. Dies gilt nicht, wenn die Satzung für einzelne Fälle Sonderregelungen enthält; dies gilt insbesondere für den Fall, daß die Kündigung eines persönlich haftenden Gesellschafters zur Auflösung der Gesellschaft führt.

Falls die Gesellschaft in allen Fällen der Auflösung nicht die Umwandlung in eine Aktiengesellschaft beschließt, ist sie abzuwickeln. Die Abwicklung erfolgt durch den persönlich haftenden Gesellschafter mit Kapitalanteil; sind keine persönlich haftenden Gesellschafter mit Kapitalanteil vorhanden, so erfolgt die Abwicklung durch den persönlich haftenden Gesellschafter ohne Kapitalanteil.

§ 25 Gründungsaufwand

Die Gesellschaft trägt den Gründungsaufwand bis zu einem Betrag in Höhe von EUR 15.000,–.

§ 26 Teilnichtigkeit

Sollte eine Bestimmung dieser Satzung ganz oder teilweise unwirksam sein oder ihre Wirksamkeit später verlieren oder sollte sich in dieser Satzung eine Lücke herausstellen, so soll hierdurch die Gültigkeit der übrigen Bestimmungen nicht berührt werden. Anstelle der unwirksamen Bestimmung oder zur Ausfüllung der Lücke soll eine angemessene Regelung gelten, die – soweit rechtlich möglich – dem Sinn und Zweck dieser Satzung am meisten gerecht wird. Beruht die Unwirksamkeit einer Bestimmung auf einem darin festgelegten Maß der Leistung oder der Zeit, so soll das der Bestimmung am nächsten kommende rechtlich zulässige Maß an die Stelle des Vereinbarten treten.

C. Gesellschaftsrechtliche Kommentierung der Satzung

Der Abdruck der vorhergehenden Satzung ist beschränkt worden auf den Vertrag der KGaA. Der Abdruck der Komplementär-Gesellschaft schien nicht notwendig zu sein.

Die Kommentierung der Satzung beschränkt sich wegen ihres Umfangs auf ausgewählte, die Besonderheiten der vorgestellten Gesellschaftsform betreffende Ausführungen. Zum Recht der KGaA im allgemeinen[29] und der Aktiengesellschaft[30] sei auf weiterführende Literatur verwiesen.

Im grundlegenden Beschluß des BGH vom 24.2.1997 zur Zulässigkeit der GmbH (& Co.) KGaA weist der BGH hinsichtlich der Satzungsgestaltung auf die Grundsätze der Publikums-KG hin[31]. Teilweise wird formuliert, der BGH drohe mit der Rechtsprechung der Publikums-KG[32]. Eine Überprüfung von gesellschaftsrechtlichen Verträgen, im Sinne einer Überprüfung nach Treu und Glauben findet grundsätzlich nicht statt, insbesondere ist das AGB-Gesetz nicht anwendbar. Soweit jedoch Gesellschaften grundsätzlich dazu dienen, Gelder einer Vielzahl von anonymen Anlegern zu sammeln, spricht man von einer Publikumsgesellschaft. Zur Überprüfung dieser Verträge hat sich eine Rechtsprechung gebildet, die eine Inhaltsüberprüfung zur Vermeidung einer unangemessenen Verschiebung

---

29 *Sethe* (Fn. 21).

30 *Hüffer*, Aktiengesetz; 4. Aufl. 1999; *Korts/Korts*, Die Satzung der Kleinen Aktiengesellschaft, 2. Aufl. 1999.

31 BGHZ 134, 392 = BB 1997, 1220, s. dazu auch *Schilling*, BB 1998, 1905; Hinw. des BGH auf *Priester* ZHR 1996, 250, 262.

32 *Strieder/Habel*, BB 1997, 1375, 1377.

33 *Hein*, Anmerkung, WUB II B. § 278 AktG 1. 97.

des gesellschaftsinternen Gleichgewichts vornimmt. Unsicherheit herrscht in der Frage, wie der Interessenausgleich zwischen den Kommanditaktionären, die kein Interesse an einer „kastrierten Aktie“[33] haben und den Interessen der Altgesellschafter zu bewerkstelligen ist. Die Reduzierung des Anlegerschutzes auf das rechte Maß sei gefordert[34].

Diese Kommentierung versucht keine eigenen Lösungsansätze, sondern referiert bisherige Stellungnahmen in aller Kürze. Sie stellt insbesondere kein „Musterstatut“[35] dar. Zu groß sind die in der Diskussion befindlichen Gegensätze, um eine sichere Gestaltungsempfehlung abgeben zu können. Dies wird besonders augenfällig, wenn ein Mitglied des II. Senates in einer Diskussion mitteilt, daß der Senat in dem Beschluß nicht mehr habe sagen wollen, als daß der Minderheitenschutz kein Verbot der Gesellschaftsform erforderlich mache und der verwandte Begriff des Anlegerschutzes keine weitergehende Bedeutung habe[36].

Es soll hier auch keine Differenzierung herausgearbeitet werden, ab welchem Zeitpunkt und nach welchen Kriterien die GmbH KGaA so klein sei, daß die Überlegungen hinsichtlich einer Publikumsgesellschaft nicht anwendbar seien (zum Versuch einer Abgrenzung). Es wird unterstellt, daß das Unternehmen nach einer noch nicht bestimmten Anzahl von anonymen Kapitalgebern sucht und deshalb die Überlegungen des BGH zu der Publikumsgesellschaft bei der Formulierung einer Satzung im Raum stehen.

1. Firma

Schon in der Entscheidung des BGH[37] ist die ausdrückliche Firmierung gemäß § 19 Abs. 5 HGB (nach Änderung des HGB durch das Handelsrechtsreformgesetz vom 22.6.1998 wohl § 19 Abs. 2 HGB) zum Inhalt des Leitsatzes gemacht worden. Weiter wird dort vertreten, daß der deutliche Hinweis in der Firma auf eine Konstruktion die vom gesetzlichen Leitbild abweicht, unverzichtbar sei, um die Anle-

---

34 *Sethe*, BGH EWiR § 278 AktG, 1061, 1062.

35 Vgl. *Hommelhoff* in: Ulmer, Peter (Hrsg.), Die GmbH & Co. KGaA nach dem Beschluß BGHZ 134, 392 mit Beiträgen von *Peter Hommelhoff* und *Hans-Christoph Ihrig/Michael Schlitt*, 1998, S. 29.

36 Diskussionsbericht in *Ulmer*, (Fn. 35), S. 85.

37 BGHZ 134, 392 ff.= BB 1997, 1220; s. auch *Schilling*, BB 1998, 1905.

ger auf die Besonderheit ihrer Aktien aufmerksam zu machen[38]. Die Texte der Gesellschaftsstatute, die KGaA-Satzung und der GmbH-Gesellschaftsvertrag, müsse, unter Hinweis auf § 36 Abs. 3 Nr. 2 BörsG (Börsengesetz) i.V.m. §§ 13 ff. BörsZulVO (Börsenzulassungs-Verordnung) bereits dem Emissionsprospekt entnehmbar sein[39].

Gerade dieses Formerfordernis des BGH sei nicht plausibel, wird vorgebracht. Die KGaA verfüge ohnehin nicht über eine Personen- sondern über eine Sachfirma gemäß § 279 Abs.1 S. 1 AktG. Es könne daher aus der Firmierung ohnehin kein Rückschluß auf die Haftung gezogen werden; die Haftungsmasse einer Firma Eurokai KGaA sei ebensowenig zu erkennen wie die einer Firma Eurokai GmbH & Co. KGaA. Nur über den Einblick ins Handelsregister lasse sich letztlich feststellen, wie die Haftungsverhältnisse sind[40].

Unklar ist die gegenwärtige Praxis. Eine KGaA firmiert als GmbH & Co KGaA und hat nur eine Komplementärs-GmbH (Schwartau); eine andere KGaA firmiert nur als KGaA und hat ebenfalls nur eine Komplementärs-GmbH (Halstrick), eine dritte KGaA firmiert als KGaA und hat als persönlich haftende Gesellschafterin eine GmbH & Co (EUROKAI). Im übrigen ist die zu wählende Firmierung unklar bei zumindest mehreren persönlich haftenden Gesellschaftern, wovon eine eine natürliche Person ist.

2. Komplementär-Gesellschaft

a) Besetzung und Abberufung des Geschäftsführers der Komplementär-Gesellschaft

Die Besetzung der Position des Geschäftsführers der Komplementär-GmbH und dessen Abberufung erfolgt ausschließlich über die Gesellschafter der möglicherweise nicht einmal kapitalmäßig an der KGaA beteiligten Gesellschafter.

---

38 Vgl. *Goette*, DStR 1997, 1014, 1015; *Hennerkes/Lorz*, DB 1997, 1388, 1392; *Roth*, LM 1997, 1537.

39 *Hennerkes/Lorz*, (Fn. 38); *Hommelhoff*, in: Ulmer (Fn. 35), S. 11; *Sethe*, (Fn. 21), S. 184, Fn. 36; ähnlich: Begründung zur Änderung der Börsenzulassungs-Verordnung im Rahmen des dritten Kapitalmarktförderungsgesetz; Entwurf BMF 23.7.1997, 432.

40 *Strieder/Habel*, BB 1997, 1375, 1376.

Eine Stimme meint, unter dem Gesichtspunkt des Anlegerschutzes müsse diese Besetzung auch unter dem Einfluß der Kommanditaktionäre erfolgen und schlägt vor, diese sollten die Gesellschafterversammlung der Komplementär-GmbH wählen[41] ohne zu erklären, wie dieser Vorgang sich sachlich abwickeln solle. Andere Ansichten sprechen von einem Anhörungsrecht oder einer Billigung und fragen weiter, ob dies durch die Hauptversammlung oder den Aufsichtsrat geschehen soll[42].

Hommelhoff zeigt statuarische Regelungen auf, die dem Aufsichtsrat das Recht geben, über die Abberufung aller oder bestimmter Geschäftsführer nach pflichtgemäßem Ermessen zu befinden, wenn die Hauptversammlung der geschäftsführenden Komplementär-Gesellschaft die Entlastung versagt. Die Satzung der Komplementär GmbH müßte dabei eine Abberufungskompetenz des Aufsichtsrats begründen[43]. Funktionieren kann ein solches Modell allerdings nur, wenn die Hauptversammlung auch ein Mitwirkungsrecht an der Satzungsveränderung der Komplementär-Gesellschaft hat[44].

Diskutiert wird, ob die Kommanditaktionäre bei Fehlverhalten des Geschäftsführers der Komplementär-Gesellschaft diesen unmittelbar abberufen können. In der BGH-Entscheidung ist ausgeführt worden, daß die Komplementär-GmbH bei der Auswahl des Geschäftsführers auf die Belange der Kommanditaktionäre Rücksicht zu nehmen hat. Grundsätzlich können die Kommanditaktionäre den Komplementär selbst, und damit die Komplementär-Gesellschaft insgesamt abberufen (§ 287 Abs. 2 AktG i.V.m. §§ 117, 127 HGB)[45]. Oftmals soll jedoch nicht die Komplementär-Gesellschaft, sondern nur deren Geschäftsführer abgelöst werden. Ein derartiger Abberufungsdurchgriff wird jedoch nicht anerkannt. Dogmatisch gelöst wird diese Problematik dadurch, daß die Kommanditaktionäre die Entziehung der Geschäftsführungsbefugnis zu Lasten der Komplementär-Gesellschaft mit der Maßgabe beschließen, daß die Entziehung wirksam wird, wenn die Komplementär-Gesellschaft nicht binnen einer bestimmten Frist den Geschäftsführer austauscht. Bei dieser Maßnahme werden die Kommanditaktionäre durch den Auf-

---

41 *Kallmeyer*, DZWir 1998, 238, 239.
42 *Ladwig/Motte*, DStR 1997, 1539, 1540.
43 *Hommelhoff* in: Ulmer (Fn. 35), S. 24.
44 Hinweise in Diskussionsbericht in: *Ulmer* (Fn. 35), S. 87.
45 *Hommelhoff* in: Ulmer (Fn. 35), S. 22.

sichtsrat vertreten[46]. Das Fehlverhalten des Geschäftsführers kann nach § 31 BGB der Komplementär-Gesellschaft zugerechnet werden und selbst einen wichtigen Grund im Sinne der §§ 117, 127 HGB darstellen[47].

Die hier vorliegende Satzung hat alle diese Überlegungen außer Betracht gelassen und sich allein an der gesetzlichen Lage orientiert.

b) Vertretung der KGaA gegenüber dem Geschäftsführungsorgan

Grundsätzlich bestimmt § 112 AktG, daß die Gesellschaft gegenüber dem Vorstand durch den Aufsichtsrat vertreten wird. Da die kapitalistische Personengesellschaft von ihrer gesetzlichen Konstruktion her auf den Vorstand verzichtet, könnte man annehmen, die vorbeschriebene Regelung laufe leer und die Komplementär-Gesellschaft vertrete die KGaA auch bei Abschlüssen mit sich selbst. Die Wertungsgesichtspunkte, die Vermeidung einer Interessenkollision, bestimmen die Auslegung, daß die Komplementär-Gesellschaft wie ein Vorstand anzusehen sei. § 112 AktG finde daher analog Anwendung, mit der Folge, daß der Aufsichtsrat der Vertreter der KGaA gegenüber der Komplementär-Gesellschaft wäre[48].

Nicht zwingend ist damit die Frage beantwortet, wer die KGaA gegenüber dem Geschäftsführer oder den einzelnen Gesellschaftern der Komplementär-Gesellschaft vertritt. Der Geschäftsführer wird ausschließlich von den Gesellschaftern der Komplementär-GmbH berufen. Hierzu ist eine Mitwirkung des Aufsichtsrats jedenfalls dann nicht notwendig, wenn die Komplementär-GmbH den Anforderungen des BGH auf Rücksichtnahme bei der Berufung nachgekommen ist. Gegenüber beherrschenden Gesellschaftern der Komplementär-Gesellschaft soll aufgrund der Wertungsansätze des § 112 AktG dessen Geltung anzunehmen sein. Ausdrücklich ausgeführt wird, daß bei nicht beherrschenden Gesellschaftern der Komplementär-Gesellschaft diese die KGaA rechtsgeschäftlich vertritt[49].

c) Wettbewerbsverbot

Das gesetzlich normierte Wettbewerbsverbot des § 284 Abs. 1 AktG richtet sich zunächst gegen die Komplementär-GmbH selbst.

46 *Ihrig/Schlitt*, in: Ulmer (Fn. 35), S. 54.
47 *Hennerkes/Lorz,* DB 1997, 1388, 1391; *Sethe* (Fn. 21), S. 169.
48 *Ihrig/Schlitt*, (Fn. 46), S. 55.
49 *Ihrig/Schlitt*, (Fn. 46), S. 56.

Hier ergibt sich zum einen die Besonderheit, daß die Komplementär-GmbH & Co. KG einen Geschäftsbetrieb unterhalten wird, der mit dem Unternehmensgegenstand der KGaA zumindest teilidentisch ist. Beschränkt sich nämlich der Betrieb der Komplementär-GmbH & Co. KG auf die Übernahme der Geschäftsführungsfunktion in der KGaA, so besteht die Gefahr, daß die Komplementär-GmbH & Co. KG lediglich als Schein-GmbH & Co. KG gewertet wird und daher die persönliche Haftung der Gesellschafter besteht[50]. Soweit die Komplementär-Stellung nur durch eine GmbH ausgeführt wird ergibt sich dieses Problem nicht; sie ist gemäß § 13 Abs. 3 GmbHG Handelsgesellschaft und betreibt daher ein vollkaufmännisches Gewerbe, selbst wenn sie nur die Geschäftsführung und Vertretung der KGaA wahrnimmt.

Bei der Frage, inwieweit sich das Wettbewerbsverbot auch auf die Organe der Komplementär-GmbH erstreckt, wird wie folgt ausgeführt: Der Geschäftsführer dieser Gesellschaft ist aufgrund seiner aus dem Anstellungsvertrag resultierenden Treuepflicht, analog angewandt einem Vertrag mit Schutzwirkung zugunsten Dritter, dem Wettbewerbsverbot unterworfen[51]. Auch für den beherrschenden Gesellschafter gilt das Wettbewerbsverbot, soweit er relevanten Einfluß auf die Geschäftsleitung nehmen kann[52]. Diese Wertungen können auf die Komplementär-Gesellschaft der KGaA übertragen werden[53].

3. Hauptversammlung

Der BGH hatte in seinem Beschluß vom Februar 1997 ausgeführt, daß der Hauptversammlung die Mitwirkungsbefugnisse bei den außergewöhnlichen Geschäften nicht frei und vollständig entzogen werden könne[54]. Unklar ist bisher, ob dies nur für Publikumsgesellschaften gilt und die KGaA grundsätzlich als solche einzuordnen ist, oder ob diese Grundsätze auch auf eine Familiengesellschaft in Form

---

50 *Hennerkes/Lorz*, DB 1997, 1388, 1393; *Fischer*, DStR 1997, 1519, 1523; *Hartel*, DB 1992, 2329, 2334; *Binz/Sorg*, in: Wieselhuber (Hrsg.), Börseneinführung mit Erfolg, 1996, S. 21, 28.

51 *Tillmann/Bert*, Handbuch der GmbH & Co.: Gesellschaftsrecht, Steuerrecht, 18. Aufl. 1997, Rn. 410 m.w.N.

52 BGHZ 89, 162, 166.

53 *Ihrig/Schlitt*, (Fn. 46), S. 50.

54 BGHZ 134, 392 ff. = BB 1997, 1220; *Schilling*, BB 1998, 1905.

der KGaA[55] Anwendung finden. Da die Kapitalsammelfunktion von herausragender Bedeutung ist, wird auf diese Fragestellungen unter dem besonderen Aspekt der Verpflichtung der Publikumsgesellschaft eingegangen.

Gemäß § 285 Abs. 1 S.1 AktG haben persönlich haftende Gesellschafter nur ein Stimmrecht soweit diese Aktien halten, nicht jedoch durch Übernahme der persönlichen Haftung. Nach Satz 2 ist für einen Katalog bestimmter Entscheidungen die eigene und fremde Stimmrechtsausübung nicht möglich. Diese Wertung soll auch auf die Gesellschafter der Komplementär-GmbH anwendbar sein[56], zumindest soweit diese mehr als unwesentlich an der Komplementär-Gesellschaft beteiligt sind[57].

a) Das Widerspruchsrecht der Kommanditaktionäre nach § 164 HGB

Das Widerspruchsrecht der Kommanditaktionäre für Geschäfte, die über den gewöhnlichen Betrieb gemäß § 164 HGB hinausgehen, wird bisher in Satzungen der KGaA ausgeschlossen[58].

Diese Satzungsgestaltung kann zumindest für Publikumsgesellschaften nicht bestehen bleiben. Nach der Holzmüller-Entscheidung des BGH[59] steht fest, daß zumindest für Strukturmaßnahmen von hervorragender Bedeutung die Kompetenz der Hauptversammlung nicht ausgeschlossen werden kann. Unklar ist aber weiterhin, ob in Fällen denen eine weniger als hervorragende Bedeutung zukommt, deren Signifikanz aber über den gewöhnlichen Rahmen hinausgeht, das Widerspruchsrecht des § 164 HGB ausgeschlossen werden kann. In Ermangelung von Rechtsprechung will die Literatur dies zumindest dann zulassen, wenn der Aufsichtsrat, ein Beirat oder ein sonstiges Gremium ersatzweise dieses Recht wahrnehmen können[60]. *Priester*, auf den auch der BGH verwiesen hat, vertritt die Ansicht, ersatzweise für das Recht der Kommanditaktionäre eine entsprechende Mitwirkung des Aufsichtsrats zu konstruieren[61]. Dies kann in

55 Vgl. Definition des § 76 Abs. 6 S. 2 BetrVG von 1992.
56 *Ihrig/Schlitt*, (Fn. 46), S. 46.
57 *Ihrig/Schlitt*, (Fn. 46), S. 47.
58 Vgl. Eff Eff Fritz Fuss GmbH & Co. KG; Merck KGaA; Lindner Holding KGaA.
59 BGHZ 83, 122,133 = BB 1982, 827.
60 *Ihrig/Schlitt*, (Fn. 46), S. 67 m.w.N.
61 *Priester*, ZHR 160 (1996), 250, 262.

der Satzung durch die Verleihung des Rechts an den Aufsichtsrat geschehen, selbst das Zustimmungserfordernis einführen zu können. Darüber hinaus besteht die Möglichkeit, daß die Satzung entweder einen offenen Katalog als Beispielkatalog oder einen enumerativen, aber vollständigen Katalog vorsieht. Zu beachten ist, daß bei der Zuweisung des Zustimmungserfordernisses des Aufsichtsrats die Konkretisierung gewahrt bleibt[62].

In Kenntnis der Entscheidung des BGH vom Februar 1997 wird die Auffassung vertreten, es sei ein Akt barer Vernunft, den Kommanditaktionären die Möglichkeit zu entziehen, auf außergewöhnliche Geschäfte Einfluß zu nehmen[63] und der Hauptversammlung nicht einmal eine Kernkompetenz zu belassen. Mit der Beibehaltung des Ausschlusses der Rechte des § 164 HGB gegenüber der Hauptversammlung unter Delegierung von bestimmten Kompetenzen auf Beirat oder Aufsichtsrat zeigten sich insgesamt viele Stimmen einverstanden[64].

Andere wollen außergewöhnliche Geschäfte unabänderlich der Zustimmung der Hauptversammlung unterwerfen[65]. Dagegen wird ausgeführt, daß diese Situation zumindest bei börsennotierten KGaA ein „Horror-Szenario" sein werde[66].

b) *Erweiterung des Zustimmungsvorbehaltes des Komplementärs aus § 285 Abs. 2 AktG*

§ 285 Abs. 2 S.1 AktG lautet: Die Beschlüsse der Hauptversammlung bedürfen der Zustimmung der persönlich haftenden Gesellschafter, soweit sie Angelegenheiten betreffen, für die bei einer Kommanditgesellschaft das Einverständnis der persönlich haftenden Gesellschafter und Kommanditisten erforderlich ist. Bisher wurde davon ausgegangen, der Kreis der zustimmungspflichtigen Geschäfte lasse sich grundsätzlich erweitern, für die Zustimmung auch das Mehrheitsprinzip einführen oder einzelnen, z.B. nicht geschäftsführenden

62 *Hüffer* (Fn. 39), § 111 AktG Rn 18; unvereinbar mit Bestimmtheit sind „alle wesentlichen Geschäfte".
63 *Hommelhoff*, in: Ulmer (Fn. 35), S. 15 u. 16.
64 Vgl. auch Diskussionsbericht in: *Ulmer* (Fn. 35), S. 88.
65 *Ladwig/Motte*, DStR 1997, 1539, 1541.
66 *Hommelhoff*, in: Ulmer (Fn. 35), S. 14.

Komplementären das Zustimmungsrecht nehmen[67]. Grenzen seien nur die Fälle des gesetzlichen Ausschlusses vom Stimmrecht nach § 285 Abs. 1 AktG[68]. Es wird nunmehr einer Ausweitung dieser zustimmungspflichtigen Geschäfte nicht mehr zugestimmt[69], insbesondere die Entscheidung über die Verwendung des Bilanzgewinns nicht in den Kreis der zustimmungspflichtigen Geschäfte mit einbezogen[70].

4. Aufsichtsrat

Der Aufsichtsrat der KGaA hat gegenüber dem Aufsichtsrat der AG lediglich Überwachungs- und Informationsrechte. Ihm fehlt die Personalkompetenz, die Zustimmungskompetenz des § 111 Abs. 4 AktG, die Befugnis zur Bilanzfeststellung und die Geschäftsordnungskompetenz des § 77 Abs. 2 AktG.

Daß der Geschäftsführer der Komplementär-GmbH kein Mandat im Aufsichtsrat haben darf, ergibt sich aus § 287 Abs. 3 AktG; gleiches ergibt sich für daneben möglicherweise bestehende weitere Komplementäre auch soweit diese nicht geschäftsführend sind[71].

Die Unvereinbarkeit soll sich weiter auf die Gesellschafter der Komplementär-GmbH erstrecken und zwar auch dann, wenn diese nicht beherrschende Gesellschafter sind[72].

Soweit die persönliche Unvereinbarkeit vorliegt, soll auch das Entsendungsrecht nach § 101 Abs. 2 AktG nicht in Betracht kommen[73].

5. Beirat

Nach dem Vorschlag von *Hommelhoff*[74] wurde dem Beirat durch die Satzung unter Ausschluß der Kommanditaktionäre die Mitentscheidung bei außergewöhnlichen Geschäften und bei wichtigen Unternehmensplänen, Aktivitäten und Einzelplänen übertragen.

---

67 *Hüffer* (Fn. 30), § 285 AktG Rn. 2.
68 *Hüffer*(Fn. 30), § 285 AktG Rn. 2.
69 *Ihrig/Schlitt*, (Fn. 46), S. 69.
70 *Hennerkes/Lorz*, DB 1997, 1388, 1392.
71 *Hüffer*(Fn. 30), § 287 AktG Rn. 4.
72 *Ihrig/Schlitt*, (Fn. 46), S. 44.
73 *Ihrig/Schlitt*, (Fn. 46), S. 45.
74 In *Ulmer* (Fn. 35), S. 18.

Einen Beirat statt eines Aufsichtsrats mit bestimmten Funktionen zu betrauen, kann trotz des benötigten Mehraufwandes deshalb sinnvoll sein, weil der persönlich haftende Gesellschafter bei der Besetzung des Aufsichtsrats gemäß § 285 Abs. 1 Nr. 1 AktG nicht mitwirken kann. Dies gilt unabhängig von der Frage, ob die persönlich haftenden Gesellschafter gleichzeitig Kommanditaktionäre sind. Als solche können sie dagegen bei der Wahl eines Beirates mitstimmen.

6. Auskunftsrecht des einzelnen Kommaditaktionärs

Dem Kommanditaktionär steht das Auskunftsrecht nach § 131 AktG zu. Dieses erstreckt sich auf die Belange der KGaA und erfaßt damit auch die Rechtsbeziehungen zu der Komplementär-GmbH. Hinsichtlich der Information über die Komplementär-Gesellschaft wird ausgeführt, daß dieses Einsichtsrecht zumindest insoweit zu bejahen ist, als die begehrten Informationen in Zusammenhang mit der Komplementärfunktion der Gesellschaft stehen[75].

7. Jahresabschluß

Gemäß § 286 Abs. 1 AktG beschließt die Hauptversammlung über die Feststellung des Jahresabschlusses und zwar mit Zustimmung der Komplementär-Gesellschaft. Ebenfalls obliegt ihr die Beschlußfassung über die Gewinnverwendung. Obwohl auch hiergegen gute Argumente vorgebracht werden[76], muß es bei der gesetzlichen Regel auch hinsichtlich der Zustimmung des persönlich haftenden Gesellschafters bleiben.

D. Besonderheiten der steuerlichen Behandlung

Auf eine ausführliche Darstellung der Steuersituation muß vorliegend angesichts deren Komplexität verzichtet werden. Aufgezeigt werden allein die sich gegenüber anderen Gesellschaftsformen ergebenden Besonderheiten[77].

---

75 *Ihrig/Schütt*, (Fn. 46), S. 51.
76 *Hommelhoff*, in: Ulmer (Fn. 35), S 20.
77 Vgl. *Fischer*, DStR. 1997, 1519, 1520.; *Schmidt/Levedag*, INF 1997, 749, 751.

1. Besteuerung der KGaA

a) Körperschaftsteuer

Die KGaA mit Geschäftsleitung im Inland ist gemäß § 1 Abs. 1 Nr.1 KStG (Körperschaftsteuergesetz) unbeschränkt körperschaftsteuerpflichtig und erzielt Gewinne aus Gewerbebetrieb. Bei der Gewinnermittlung ist folgendes zu beachten. Die Zahlung an die Komplementär-Gesellschaft für den Gewinn, soweit die Komplementär-Gesellschaft eine Einlage übernommen hat, ist in der Handelsbilanz als Aufwand zu behandeln. Im Sinne des § 8 Abs. 3 KStG ist sie offene Gewinnverwendung und mindert den steuerlich zu ermittelnden Gewinn nicht.

Nach § 9 Abs.1 Nr. 1 KStG sind jedoch abziehbare Aufwendungen die Mittelverwendungen für den Teil des Gewinns, der an die Komplementär-Gesellschaft auf ihre nicht auf das Grundkapital gemachten Einlagen oder als Vergütung (Tantieme) für die Geschäftsführung erfolgte. Einlagen, die nicht auf das Grundkapital erfolgen, müssen gemäß § 281 Abs. 2 AktG Satzungsbestandteil sein. Unabhängig von den vorgenannten Geldflüssen kommt in Betracht, daß die Komplementär-Gesellschaft Wirtschaftsgüter zur Nutzung überläßt oder Darlehen gewährt. Die Zahlungen hierfür sind, zumindest soweit sie angemessen sind, vollständig als Betriebsausgabe zu erfassen, da die KGaA als eigenständiges körperschaftsteuerpflichtiges Steuersubjekt von der Steuerberechnung der Komplementär-GmbH getrennt zu erfassen ist[78]. Diese Zahlungen wurzeln allein in einem schuldrechtlichen Verhältnis und sind nicht gesellschaftsrechtlich begründet. Uneinigkeit besteht, ob zwischen der KGaA und der Komplementär-Gesellschaft eine vGA gemäß § 8 Abs. 3 KStG bestehen kann[79]. Aufgrund des Umstands, daß die Komplementär-Gesellschaft gemäß § 278 Abs. 1 AktG zwingend Gesellschafter ist, kann nicht grundsätzlich ausgeschlossen werden, daß Zahlungen nur aus Anlaß des Gesellschaftsverhältnisses gegeben sein könnten. Daher ist auch bei der KGaA im Verhältnis zum Komplementär eine vGA denkbar[80].

78 Vgl. *Hesselmann*, BB 1989, 2344, 2348.
79 Nachweise bei: *Fischer*, DStR 1997, 1519, 1519.
80 *Fischer*, (Fn. 77).

Nichtabziehbare Aufwendungen bestehen in Höhe der Hälfte der Aufsichtsratsvergütungen nach § 10 Nr. 4 KStG. Man wird hier auch die Vergütung zurechnen dürfen, die ein möglicherweise zusätzlich gebildeter Beirat für Überwachungsfunktionen bezieht, denn die KGaA ist im Gegensatz zur GmbH & Co. KG Körperschaft[81].

Besonderheiten bei der Besteuerung können sich dann ergeben, wenn die gesellschaftsrechtliche Struktur der KGaA so optimiert wird, daß der Vollhafter nicht eine einfache GmbH, sondern selbst eine GmbH & Co.KG ist (GmbH & Co. KG, AG & Co.KG). Soweit an der haftenden GmbH& Co.KG natürliche Personen beteiligt sind, ist auf diese die Tarifbegrenzung bei gewerblichen Einkünften des § 32c EStG anwendbar. Hier kommt ein Steuersatz in Höhe von 45% zur Anwendung soweit der Sockelbetrag von DM 93,700,00 überschritten wird. Nach dem Steuerentlastungsgesetz 1999/2000/2002 ist durch die Regelung des § 52 Nr. 45b EStG der Sockelbetrag für die Zeiten ab 2000 auf DM 84.780,00 herabgesetzt und die Steuerquote auf 43% festgelegt. Im Vergleich ist auf den derzeitigen Spitzensteuersatz von 53% und ab 2000 auf 48,5% zu verweisen, der bei der Gewinnausschüttung der Aktiengesellschaft gilt.

b) Gewerbeertragsteuer

In der Fassung des § 6 GewStG (Gewerbesteuergesetz) fällt für Zeiträume ab 1998 nur die Gewerbeertragsteuer an. Nach § 8 Nr. 4 GewStG sind für die KGaA die nachfolgenden Beträge, soweit sie bei der Ermittlung des Gewinns abgesetzt worden sind, wieder hinzuzurechnen: verteilte Gewinnanteile, die sich auf Einlagen, die nicht das Grundkapital betreffen, oder als Vergütung (Tantieme) für die Geschäftsführung beziehen. Dies geschieht in Übereinstimmung mit § 9 Abs. 1 Nr. 1 KStG. Zweck ist die Erfassung aller Gewinne mit Gewerbesteuer.

Gewehrt wird sich gegen die Erfassung des Festanteils der Vergütung für den persönlich haftenden Gesellschafter. Dieser Vergütungsteil sei handelsrechtlich Aufwand und steuerrechtlich Betriebsausgabe und könne daher dogmatisch nicht mehr zu den zu erfassenden Gewinnen gerechnet werden. Eine Vergleichbarkeit bestehe insoweit für Sondervergütungen für überlassene Wirtschaftsgüter[82]. Soweit

81 Vgl. *Streck, Michael*, KStG, 4. Aufl. 1995, § 10 Anm. 16.
82 *Fischer*, (Fn. 77).

der Vergütungsteil unangemessen und daher als vGA im Sinne des § 8 Abs. 3 S. 2 KStG zu qualifizieren sei, sei dieser, ebenso wie der für die persönliche Haftungsübernahme gewährte Betrag im Sinne des 9 Abs. 1 Nr. 1 KStG, hinzuzurechnen.

2. Besteuerung des Komplementärs

a) Als GmbH

Beteiligt sich die GmbH an der KGaA als Komplementärin, erzielt sie Einkünfte aus Gewerbebetrieb im Sinne der §§ 15 Abs. 1 S. 1 Nr. 3 EStG, 8 Abs. 2 KStG, die der Körperschaft- und Gewerbesteuer unterliegen. Die Übernahme der Komplementär-Stellung setzt nicht die Übernahme einer Einlage voraus, vgl. § 281 Abs. 2 AktG. Gewerbesteuerlich sind zur Vermeidung einer doppelten Belastung der dem Gewerbeertrag der KGaA über § 8 Nr. 4 GewStG hinzuzurechnende Gewinnanteil bei der Berechnung der Gewerbesteuer der GmbH gemäß § 9 Nr. 2 b GewSt zu kürzen. Schüttet die GmbH Gewinne an die Gesellschafter aus, sind diese, soweit die GmbH-Anteile im Privatvermögen gehalten werden, für die Gesellschafter Einnahmen aus Kapitalvermögen. Das Geschäftsführergehalt stellt sich als Einkommen aus nichtselbständiger Tätigkeit dar.

b) Als GmbH & Co.

Die Personengesellschaft selbst ist nicht Steuersubjekt; die an ihr beteiligten Gesellschafter werden besteuert. Die Kommanditisten erzielen als Mitunternehmer Einkünfte aus Gewerbebetrieb. Soweit die Kommanditisten neben ihrer Beteiligung an der KG zugleich Kommanditaktien halten, sind diese nicht der Mitunternehmerbeteiligung als Sonderbetriebsvermögen zuzurechnen. Begründet wird diese Ansicht wie folgt: Wenn der BFH den Standpunkt vertrete, daß Kommanditaktien, die der persönlich haftende Gesellschafter unmittelbar halte, nicht über § 15 Abs. 1 S. 1 Nr. 2 EStG als Betriebsvermögen erfaßt werden können, so müsse dieses erst recht gelten, soweit nur eine mittelbare Beteiligung bestehe[83].

83 *Fischer*, DStR 1997, 1519, 1523.

3. Besteuerung der Kommanditaktionäre

Soweit die Kommanditaktien im Privatvermögen gehalten werden, erzielen die Inhaber durch Auszahlungen von Dividenden Einkünfte aus Kapitalvermögen im Sinne des § 20 Abs. 1 Nrn. 1 u. 3 EStG. Verkaufsgewinne und Veräußerungsverluste sind grundsätzlich im Privatvermögen unbeachtlich; es wird auf die Versteuerung von Spekulationsgewinnen hingewiesen. Ausnahmen ergeben sich über die §§ 17, 23 EStG oder über § 21 UmwStG.

Wo letztlich die Kommanditaktionäre ihre Einlage halten, muß sich nach den unterschiedlichen Interessenlagen richten. Es wird darauf aufmerksam gemacht, daß wegen des erbschaftsteuerlichen Privilegs nach § 13a ErbStG (Erbschaftsteuergesetz) und der Ausgleichs- bzw. Abzugsfähigkeit von realisierten Verlusten es erstrebenswert sein könne, die Kommanditaktien einem Betriebsvermögen zuzuordnen. Ansatzpunkt könne sein, die Kommanditaktien in diesen Fällen im Betriebsvermögen der GmbH & Co.[84] oder in der GmbH zu halten[85].

Weiter ist darauf hinzuweisen, daß grundsätzlich für die Erbschaft- bzw. Schenkungsteuer als Bemessungsgrundlage der Börsenkurs bzw. der gemeine Wert der Anteile ist. Bei dem persönlich haftenden Gesellschafter wird dagegen der auf die Vermögenseinlage bei der KGaA anteilig entfallende Einheitswert des Betriebsvermögens als Bemessungsgrundlage zugeordnet. Wurde als Vollhafter eine GmbH & Co. KG als Personengesellschaft installiert (GmbH & Co. KG, AG & Co. KG), so wirkt sich dieser niedrigere Wert auf den Kommanditisten aus. Bei der einfachen Konstruktion der GmbH & Co. KGaA richtet sich der Anteilswert der haftenden GmbH nach dem gemeinen Wert. Der gemeine Wert wird regelmäßig deutlich unter dem Börsenwert liegen. Hier kann erhebliches steuerliches Gestaltungspotential im Hinblick auf einen Erb- oder Schenkungsfall realisiert werden. Diese Gestaltungskomponente kann ebenfalls bei der Frage einer Umwandlung angewandt werden.

---

84 *Fischer* DStR 1997, 1519, 1523.

85 Weitere Hinweise zur Gestaltung im Hinblick auf erbschaft- und außensteuerliche Gestaltungen bei *Schmidt/Levedag* INF 1997, 752 ff.

E. Übersicht der gegenwärtigen Gesellschaften in den besprochenen Rechtsformen

„Firma"	Ort	HRB
SchmidtBank KgaA	Hof	1798
altera pars Vermögensverwaltungs- und Beteiligungs KgaA	Bielefeld	35586
Mody Financial Consulting KGaA	Hamburg	42239
Autohaus Breisgau Prinz zu Fürstenberg KGaA	Freiburg i. Br.	1003
B. Metzler seel. Sohn & Co. KGaA	Frankfurt am Main	27515
Bankhaus Maffei & Co. KGaA	München	116480
Bankhaus Partin & Co. KGaA	Bad Mergentheim	551
Biemann Einzelhandels- und Gaststätten Betriebsgesellschaft KGaA		1289
Brückfeld Heizungs- und Sanitärtechnik KGaA	Magdeburg	7944
Claas KgaA	Harsewinkel	3027
Dr. Neuhaus Computer KGaA, Hamburg	Hamburg	28945
Düsterloh KGaA Anlage- und Beteiligungsgesellschaft	Spockhoevel	418
eff-eff Fritz Fuss GmbH & Co. KGaA	Albstadt-Ebingen	991
Elektromanufaktur Zangenstein Hanauer GmbH & Co. KgaA	Nabburg	2242
Equita Beteiligungen KGaA	Bad Homburg	6060
EUROKAI KGaA, Hamburg	Hamburg	10018

„Firma“	**Ort**	**HRB**
EUROKAI Container Terminal KGaA	Hamburg	15309
EUROKOMBI Transport KGaA	Hamburg	28178
FIDA Holding KgaA	Hamburg	48878
Franz Hoffmann Holding GmbH & Co. KGaA	München	115004
Friseur Klinck KgaA	Kiel	3976
G. Haindl'sche Papierfabriken KGaA	Augsburg	56
Gabriel Sedlmayr Spaten-Franziskaner-Bräu KgaA	München	45405
Göttinger Gruppe Vermögens- und Finanzholding KgaA	Göttingen	2103
Golf und Country Club Am Motzener See b. Berlin GmbH & Co. KGaA	Berlin	43910
Grenke Investitionen Verwaltungs KGaA	Baden-Baden	1845
HARTING KgaA	Espelkamp	1642
Hauck & Aufhäuser Privatbankiers KGaA	Frankfurt am Main	20065
Henkel KgaA	Düsseldorf	4724
Hettlage KgaA	Neuried	44551
HT FINANZ- und Beteiligungsmanagement KgaA	Königstein	4363
I. D. Herstatt KgaA	Köln	657
IHG Immobilienhandelsgesellschaft KGaA	Bielefeld	35566
JAUCH & HUEBENER KGaA	Hamburg	46883

„Firma“	**Ort**	**HRB**
Lindner Holding KGaA	Arnstorf	2811
M. M. Warburg & CO KGaA	Hamburg	56866
MAC Mode GmbH & Co. Produktion + Vertrieb KgaA	Wald OT Rossbach	6757
medi Bayreuth GmbH & Co. KGaA	Bayreuth	2775
MERCK KgaA	Darmstadt	6164
MICHELIN REIFENWERKE-KGaA	Karlsruhe	1879
Mühlbauer Holding AG & Co. KGaA	Roding	7036
Nolte möbel-industrie Holding GmbH & Co. KgaA	Germersheim	1485
Partin KgaA	Bad Mergentheim	530
Patrizier-Bräu KgaA	Nürnberg	13262
Pfefferberg-Grundstücke KGaA	Berlin	50833
REWE KGaA	Wiesbaden	10341
SAARLOR Saar-Lothringische Kohlenunion dt-frz Gesellschaft auf Aktien Union; Charbonniere Sarro-Lorraine Societe par Actions franco-alle	Saarbrücken	4631
Sal. Oppenheim jr. & Cie. KGaA	Köln	20121
Schukraft Spezialtiefbau GmbH & Co. KGaA	Tauberbischofsheim	472
SCHWARTAU GmbH & Co. KGaA	Bad Schwartau	859
Siebte Umbra Vermögens-verwaltung KGaA, Frankfurt am Main	Frankfurt	43703

„Firma“	**Ort**	**HRB**
Sixt Allgemeine Leasing KGaA	Hamburg	51968
Thomas Technologie KGaA	Düsseldorf	29820
Trinkhaus & Burckhardt KGaA	Düsseldorf	20004
Tyczka GmbH & Co. KGaA, München	Geretsried	111831
Weberbank Berliner Industrie-bank KGaA	Berlin	736
Willy Bogner GmbH & Co. KGaA, München	München	104636
WSM Weimarer Spezial-montagen- und Industrieservice GmbH & Co. Mitarbeiter-beteiligungs KGaA	Weimar	10051
1 & 1 Aktiengesellschaft & Co. KGaA	Montabaur	5762

V. Umwandlungsrecht

Unternehmen operieren oftmals nicht in der Rechtsform, die dem Unternehmen in optimaler Weise dienlich ist. Bei der Rechtsformwahl spielen Gesichtspunkte des Gesellschafts- und Steuerrechts eine Rolle. Beides hat sich geändert, aber die Unternehmen haben die Rechtsform nicht aktualisiert.

Die Möglichkeit der Wandlung von einer Rechtsform in eine andere Rechtsform ergibt sich aus dem Umwandlungsrecht. Mit Inkrafttreten des Gesetzes zur Bereinigung des Umwandlungsrechtes vom 1.1.1995 wurde das zugrundeliegende Gesetz geschaffen, nach dem sich die gegenwärtig vorhandenen Möglichkeiten der Umwandlung ergeben. Das BMF-Schreiben vom 25.3.1998[86], das die Verwaltungsauffassung zur Auslegung des Umwandlungssteuergesetzes 1995 enthält, wurde dreieinhalb Jahre nach dem zugrundeliegenden Gesetz vorgelegt. Dieser Umwandlungssteuererlaß enthält die wichtigsten Verwaltungsanweisungen auf steuerlichen Gebieten. Der Erlaß ersetzt die auf diesem Gebiet fehlenden amtlichen Richtlinien. Zudem enthalten seine Abschnitte C (Umwandlung und Organschaft) und D (gliederungsmäßige Behandlung von Verschmelzung und Spaltung) Verwaltungsanweisungen, die zuvor in der Körperschaftsteuer Richtlinie 1990 (dort Abschnitt 54, 93 und 93 a) enthalten waren.

Das Umwandlungsgesetz selbst sieht enumerativ die folgenden Umwandlungsarten vor:

Verschmelzung, Formwechsel, Spaltung, Vermögensübertragung.

A. Verschmelzung

Bei der Verschmelzung handelt es sich um die Übertragung des gesamten Vermögens eines Rechtsträgers auf einen anderen, schon bestehenden Rechtsträger (Verschmelzung durch Aufnahme) oder zweier oder mehrerer Rechtsträger auf einen neu gegründeten Rechtsträger (Verschmelzung durch Neugründung), jeweils im Wege der Gesamtrechtsnachfolge unter Auflösung ohne Abwicklung. Den

86 BStBl. I, 1998, Seite 268 ff.

Anteilsinhabern des übertragenden Rechtsträgers wird dabei im Wege des Anteilstausches eine Beteiligung an dem Übernehmenden oder neuen Rechtsträger gewährt. Die verschmelzende Umwandlung in eine Aktiengesellschaft findet für die nachstehend bezeichneten Gesellschaftsformen in die Aktiengesellschaft nach folgenden Paragraphen statt: von der Personenhandelsgesellschaft §§ 39-45, 60-77 UmwG; von der GmbH §§ 46-59, 60-77 UmwG; von der AG §§ 60-77 UmwG; von der KGaA §§ 60-77, 78 UmwG; von der eingetragenen Genossenschaft §§ 60-77, 79-98 UmwG; vom eingetragenen Verein/wirtschaftlichen Verein §§ 66-77, 99-104 UmwG. Die Möglichkeiten der verschmelzenden Umwandlung in eine KGaA ergeben sich für die Personenhandelsgesellschaft nach den §§ 39-45, 78 UmwG für die GmbH nach den §§ 45-59,78 UmwG; von der AG die §§ 60-77,78 UmwG; von der KgaA § 78 UmwG; von der eingetragenen Genossenschaft §§ 78,79-98 UmwG; von der eingetragenen Verein/wirtschaftlichen Verein die §§ 78, 99-104 UmwG.

B. Formwechsel

Ein Formwechsel bezeichnet die Änderung des Rechtsträgers unter Wahrung der rechtlichen Identität des Rechtsträgers und zwar grundsätzlich auch unter Beibehaltung des Kreises der Anteilseigner. Handelsrechtlich ist der Formwechsel für die nachfolgenden Gesellschaften in Richtung auf die Aktiengesellschaft wie folgt möglich: von der Personenhandelsgesellschaft §§ 214-225 UmwG; von der GmbH §§ 226, 238-250 UmwG; von KGaA §§ 226, 227, 238-250 UmwG; von der eingetragenen Genossenschaft §§ 258-271 UmwG; vom eingetragenen Verein/wirtschaftlichen Verein §§ 272-290 UmwG; vom Versicherungsverein auf Gegenseitigkeit die §§ 291-300 UmwG und von Körperschaften/Anstalten des öffentlichen Rechts §§ 301-304 UmwG.

Weiterhin ist der Formwechsel auf die KGaA für nachfolgend benannte Gesellschaftsformen wie folgt möglich: von der Personenhandelsgesellschaft §§ 214-225 UmwG; von der GmbH §§ 226, 238-250 UmwG; von der AG §§ 226, 238-250 UmwG; von der eingetragenen Genossenschaft §§ 258-271 UmwG; vom eingetragenen Verein/wirtschaftlichen Verein §§ 272-290 UmwG und von der Körperschaft/Anstalt des öffentlichen Rechts §§ 301-304 UmwG.

C. Spaltung

Handelsrechtlich ist hinsichtlich der Spaltung zwischen drei Formen zu unterscheiden: Aufspaltung, Abspaltung und Ausgliederung.

Bei der Aufspaltung teilt ein Rechtsträger sein Vermögen unter Auflösung ohne Abwicklung auf und überträgt die Teile jeweils als Gesamtheit im Wege der Sonderrechtsnachfolge (teilweise Gesamtrechtsnachfolge) auf mindestens zwei andere schon bestehende (Aufspaltung zur Aufnahme) oder neugegründete (Aufspaltung zur Neugründung) Rechtsträger. Die Anteile an den übernehmenden oder neuen Rechtsträgern fallen den Anteilsinhabern des sich aufspaltenden Rechtsträgers zu.

Bei der Abspaltung bleibt der übertragende, sich spaltende Rechtsträger als Rumpfunternehmen bestehen. Er überträgt ebenfalls im Wege der Sonderrechtsnachfolge einen Teil oder mehrere Teile seines Vermögens als Ganzes auf einen oder mehrere andere, bereits bestehende oder neu gegründete Rechtsträger. Die Anteilsinhaber des spaltenden Rechtsträgers erhalten Anteile an dem übernehmenden oder neuen Rechtsträger.

Die Ausgliederung entspricht im wesentlichen der Abspaltung. Die Anteile an den übernehmenden oder neuen Rechtsträgern fallen jedoch in das Vermögen des ausgliedernden Rechtsträgers.

Hinsichtlich der Abspaltung auf eine Aktiengesellschaft oder eine Kommanditgesellschaft auf Aktien gelten jeweils die gleichlautenden Paragraphen. Im einzelnen gilt folgendes: Bei der Spaltung einer Personenhandelsgesellschaft auf eine AG/KGaA greifen die §§ 125, 135, 141-146 UmwG; einer GmbH die §§ 125, 135, 138-140, 141-146 UmwG; einer AG/KGaA §§ 141-147 UmwG; einer eingetragenen Genossenschaft §§ 125, 135, 141-146, 147, 148 UmwG; eines eingetragenen Vereins/wirtschaftlichen Vereins die §§ 125, 135, 141-146 UmwG; eines Genossenschaftsprüfungsverbandes die §§ 125, 135, 141-146, 150 UmwG; eines Versicherungsvereins auf Gegenseitigkeit die §§ 125, 135, 141-146, 151 UmwG; eines Einzelkaufmannes die §§ 125-135, 141-146, 152-160 UmwG; von Stiftungen die §§ 125, 135, 138-140, 161-167 UmwG und bei Gebietskörperschaften greifen die §§ 125, 135, 141-146, 168-173 UmwG.

D. Vermögensübertragung

Bei der Vermögensübertragung ist zu unterscheiden zwischen der Vollübertragung und der Teilübertragung. Die Vollübertragung ist zu verstehen als die Übertragung des gesamten Vermögens eines Rechtsträgers auf einen anderen bestehenden Rechtsträger im Wege der Gesamtrechtsnachfolge unter Auflösung ohne Abwicklung gegen Gewährung einer Gegenleistung an die Anteilsinhaber des übertragenden Rechtsträgers, die nicht in Anteilen oder Mitgliedschaften besteht[87]. Teilübertragung ist die Aufspaltung eines Rechtsträgers durch gleichzeitige Übertragung von Vermögensteilen im Wege der Sonderrechtsnachfolge auf andere bestehende Rechtsträger oder Abspaltung eines Teiles oder mehrerer Teile des Vermögens eines Rechtsträgers im Wege der Sonderrechtsnachfolge auf einen oder mehrere bestehende Rechtsträger oder Ausgliederung eines Teils oder mehrerer Teile des Vermögens eines Rechtsträgers im Wege der Sonderrechtsnachfolge auf einen oder mehrerer bestehende Rechtsträger jeweils gegen Gewährung einer Gegenleistung, die nicht in Anteilen oder Mitgliedschaften besteht[88].

Die Durchführung der Umwandlungen eines bestehenden Rechtsträgers in eine Aktiengesellschaft oder Kommanditgesellschaft auf Aktien wird damit bereits handelsrechtlich nach einer Vielzahl von zu beachtenden Vorschriften im Sinne des Umwandlungsgesetzes durchgeführt. Daneben sind jeweils die Gründungsvorschriften der Aktiengesellschaft selbst bzw. der Kommanditgesellschaft auf Aktien zu beachten.

---

87 *Schwedhelm, Rolf*, Die Unternehmensumwandlung, 3. Aufl. 1999, S. 36.
88 *Schwedhelm*, (Fn. 87).

VI. Umwandlungssteuerrecht

Die Umwandlung eines beliebigen Unternehmens in eine börsentaugliche Gesellschaftsform muß steuerlich nach den Regelungen des Umwandlungssteuergesetzes (UmwStG) beurteilt werden. Es wird unterschieden zwischen den steuerrechtlichen Wirkungen der Umwandlung einer Personengesellschaft in eine Aktiengesellschaft und denen einer GmbH in eine Aktiengesellschaft.

A. Steuerliche Folgen der Umwandlung einer Personengesellschaft in eine Aktiengesellschaft als Neugründung

Bei der Personengesellschaft wird die Verschmelzung, die Spaltung und der Formwechsel jeweils zur Neugründung einer Aktiengesellschaft als Einbringung gemäß §§ 20-23, 25 UmwStG betrachtet. Einbringender ist der einzelne Gesellschafter, eingebracht wird sein Mitunternehmeranteil. Zivilrechtlich geht das Gesamthandsvermögen über, nicht aber die Vermögenswerte, die im Eigentum eines Gesellschafters standen und lediglich der Gesamthandsgemeinschaft überlassen wurden, sog. Sonderbetriebsvermögen. Dieses kann, sofern es zur Aktiengesellschaft übergehen soll, noch in die Personengesellschaft eingelegt oder aber im Rahmen der Umwandlung durch eine Sachkapitalerhöhung eingebracht werden. Da in diesen Fällen der Mitunternehmeranteil und das Sonderbetriebsvermögen eingebracht werden, ist das nachfolgend näher beschriebene Bewertungswahlrecht nur einheitlich auszuüben.

Durch den Formwechsel treten an Stelle der vorherigen Beteiligung an der Personengesellschaft zwangsläufig gemäß § 20 UmwStG die Anteile an der Aktiengesellschaft. Neben diesen Anteilen an der neuen Gesellschaft können andere Wirtschaftsgüter, wie beispielsweise Darlehen, gewährt werden.

Hinsichtlich der Bewertung der einzubringenden Anteile gilt folgendes: In bezug auf das einzubringende Betriebsvermögen besteht gemäß § 20 UmwStG ein Ansatzwahlrecht für jeden einzelnen der

Mitunternehmer getrennt. Als Untergrenze für das in die neu gegründete Aktiengesellschaft einzubringende Betriebsvermögen ist der Buchwert der Vermögensgegenstände der einzubringenden Personengesellschaft gemäß § 20 Abs. 2 S. 1 UmwStG zu sehen. Als Obergrenze dagegen sind die Teilwerte der einzelnen eingebrachten Vermögensgegenstände gemäß § 20 Abs. 2 S. 6 UmwStG möglich. Zwischen diesen beiden Werten ist ein Zwischenwert als Wertansatz gemäß § 20 Abs. 2 S. 5 UmwStG zulässig. Soweit die Personengesellschaft jedoch ein negatives Kapitalkonto aufweist, ist das eingebrachte Betriebsvermögen bei der Aktiengesellschaft mindestens so anzusetzen, daß sich Aktiv- und Passivposten ausgleichen, wobei das Eigenkapital gemäß § 20 Abs. 2 S. 4 UmwStG nicht zu berücksichtigen ist. In der Übernahmebilanz steht bei der Übernahme des Betriebsvermögens zu Buchwerten anstelle der Kapitalkonten der Gesellschafter das Stamm- bzw. Nennkapital inklusive der Rücklagen. Insoweit unterscheidet sich die Übernahmebilanz von der Umwandlungsbilanz. Die weiteren Bilanzpositionen sind identisch. Es wird insoweit von einer Buchwertverknüpfung gesprochen. Bei diesem Vorgang werden die in den übertragenen Wirtschaftsgütern enthaltenen stillen Reserven auf die Aktiengesellschaft übertragen. Der Veräußerungspreis entspricht demnach den Anschaffungskosten der Anteile an der Aktiengesellschaft. Die Einbringung des Betriebsvermögens erfolgt steuerneutral, denn die Personengesellschaft hat insoweit keinen zu versteuernden Veräußerungsgewinn erzielt.

Soweit in der Aktiengesellschaft nunmehr stille Reserven enthalten sind, lösen sich diese durch Verbrauch des entsprechenden Wirtschaftsgutes auf oder werden bei Verkauf des Einzelwirtschaftsgutes oder mit der Liquidation der Aktiengesellschaft spätestens realisiert. Die Versteuerung der stillen Reserven findet sodann statt.

Soweit eine Übertragung der Vermögensgegenstände der Personengesellschaft auf die Aktiengesellschaft mit Buchwerten erfolgt ist, kann man argumentieren, daß auch die überlassenen Gesellschaftsanteile an der AG nunmehr mit stillen Reserven behaftet sind. Die in diesen sog. einbringungsgeborenen Anteilen enthaltenen stillen Reserven werden erst bei dem Verkauf des Gesellschaftsanteils realisiert und besteuert. Innerhalb der Aktiengesellschaften selbst muß die Aktiengesellschaft sich hinsichtlich der Besitzzeiten des einzelnen Wirtschaftsgutes und den vorher vorgenommenen Abschreibungen so verhalten, daß die Ansätze der umwandelnden Personengesellschaft weitergeführt werden.

Davon unterscheidet sich die steuerliche Situation, wenn die eingebrachten Vermögensgegenstände zu Teilwerten und damit zu Höchstwerten angesetzt worden sind. In diesem Fall muß gemäß § 22 Abs. 3 UmwStG der Teilwert bei der Aktiengesellschaft als Anschaffungskosten angesehen werden. Für die Aktiengesellschaft wird eine Behandlung greifen müssen, die die Nutzungsdauer und die Abschreibungshöhen anhand der Teilwerte neu festlegt. Es handelt sich um einen Vorgang, der einem Fremderwerb der Wirtschaftsgüter durch die Aktiengesellschaft gleichkommt. Eine Unterscheidung bleibt jedoch dahingehend, daß im Gegensatz zur Einzelrechtsnachfolge die neu gegründete Aktiengesellschaft in die Rechtsstellung der Personengesellschaft einzutreten hat. Auf der Ebene der Gesellschafter, die einen neuen Anteil an der AG erhalten haben, wird durch den Teilwertansatz ein Veräußerungsgewinn durch Aufdeckung der bis dahin enthaltenen stillen Reserven erzielt. Dieser aufgedeckte Gewinn ist zu versteuern. Da der halbe Steuersatz nicht mehr einschlägig ist, bedarf es besonderer Gründe, um so zu verfahren.

Soweit das Vermögen von der Personengesellschaft zu Zwischenwerten in die Aktiengesellschaft übertragen wird, greifen die Regelungen der §§ 22 Abs. 2 i.V.m. 12 Abs. 3 UmStG. Realisierte stille Reserven werden versteuert. Unrealisierte, d.h. nicht aufgedeckte stille Reserven stellen erneut einbringungsgeborene Anteile dar, die erst bei späterem Verkauf besteuert werden.

Der Formwechsel wird mit der Eintragung ins Handelsregister wirksam. Dadurch ist der Tag der Eintragung grundsätzlich der steuerliche Übertragungsstichtag. Auf Antrag kann der Formwechsel abweichend auf einen Stichtag bezogen werden, der gemäß §§ 25 UmwG i.V.m. 20 Abs. 7 und 8 UmwStG maximal acht Monate vor der Anmeldung des Formwechsels zum Handelsregister liegen darf. Mit dieser Maßnahme wird vermieden, daß eine Bilanz auf den Übertragungsstichtag zusätzlich erstellt werden muß. Die Rückbeziehung gilt für die Besteuerung des Einkommens und des Vermögens, nicht jedoch für die Grunderwerb- und die Umsatzsteuer.

B. Verschmelzung, Spaltung und Formwechsel einer Personengesellschaft auf eine bestehende Aktiengesellschaft

Sofern die Verschmelzung einer Personengesellschaft auf eine bestehende Aktiengesellschaft vorgenommen wird, wird darauf verwiesen, daß es sich ebenfalls um eine Einbringung gemäß dem UmwStG handelt. Gleiches gilt für die Spaltung der Personengesellschaft auf eine Aktiengesellschaft. In Abweichung von der handelsrechtlichen Umwandlung wird der Formwechsel einer Personengesellschaft in eine Aktiengesellschaft nicht als identitätswahrende Umwandlung behandelt, sondern es finden über § 15 S. 1 UmwStG die Vorschriften der Verschmelzung Anwendung, womit die Regelungen der Einbringung auch in diesem Fall greifen.

C. Verschmelzung einer Kapitalgesellschaft auf eine Aktiengesellschaft

Eine GmbH oder eine Aktiengesellschaft kann auf eine bestehende Aktiengesellschaft (Verschmelzung durch Aufnahme) oder mit einem anderen Rechtsträger zu einer neuen Aktiengesellschaft (Verschmelzung durch Neugründung) verschmolzen werden. Soweit eine Kapitalgesellschaft in eine Aktiengesellschaft umgewandelt wird, ist nach dem UmwStG hinsichtlich der Übertragungsbilanz der übertragenden Gesellschaft ein Ansatzwahlrecht gegeben. Sie kann zwischen dem Buchwert, dem Teilwert und einen zwischen beiden Werten liegenden Ansatz wählen. Dies ergibt sich aus § 11 Abs. 1 UmwStG.

Die Inanspruchnahme des Wahlrechtes durch die übertragende Gesellschaft ist jedoch nur insoweit möglich, als daß gewährleistet bleiben muß, daß die in den übergebenden Vermögensgegenständen enthaltenen stillen Reserven bei der Aktiengesellschaft der Ertragssteuer unterliegen, während andererseits eine Gegenleistung nicht oder nur in Gesellschaftsrechten bestehen darf. Soweit die Gegenleistung in den Gesellschaftsrechten besteht, sind die Wirtschaftsgüter in der Übertragungsbilanz mit dem Werte der für die Übertragung gewährten Gegenleistung anzusetzen. Ist völlig auf eine Gegenleistung verzichtet worden, so sind die Wirtschaftsgüter gemäß § 11 Abs.

2 UmwStG mit ihrem Teilwert anzusetzen. Werden die Wirtschaftsgüter mit einem über dem Buchwert liegenden Teilwert angesetzt, so entsteht in Höhe der Differenz zwischen dem Buchwert und dem angesetzten höheren Wert ein Übertragungsgewinn, der versteuert werden muß. Hinsichtlich der Fortschreibung hat die übernehmende Aktiengesellschaft die Wertansätze der übertragenden GmbH fortzuführen. Es entsteht hinsichtlich der Bilanzen der übertragenden GmbH und der übernehmenden Aktiengesellschaft eine Buchwertverknüpfung. Die Aktiengesellschaft hat damit die Ansätze für AfA und ähnliches denen der GmbH anzugleichen und deren Werte fortzuführen. Die Aktiengesellschaft kann einen verbleibenden Verlustvortrag nach § 10d Nr. 3 S. 2 EStG für sich in Anspruch nehmen, soweit die Gesellschaft ihren Geschäftsbetrieb im Übernahmezeitpunkt noch nicht eingestellt hat. Nach § 8 Abs. 4 KStG knüpft der Verlustabzug in diesen Fällen an die rechtliche und wirtschaftliche Identität der Gesellschaft an, um so der Nutzung von Verlustvorträgen durch bloße Mantelgesellschaften zu begegnen.

Neben der Ertragssteuer ist der Regelungsbereich der §§ 11-13 UmwStG gemäß § 19 Abs. 1 UmwStG auch für die Gewerbesteuerermittlung anzuwenden. Auf der Ebene des Gesellschafters liegt ein steuerneutraler Anteilstausch im Sinne des UmwStG vor. Der Gesellschafter hat seine Anteile an der GmbH steuerneutral in Aktionärsrechte eingetauscht. Eine Ausnahme entsteht lediglich dann, wenn eine Entnahme der Anteile an der neuen Gesellschaft im Zeitpunkt der Eintragung der Verschmelzung in das Handelsregister erfolgt. Erhalten Gesellschafter im Rahmen der Verschmelzung bare Zuzahlungen oder Abfindungen, so unterliegen diese Beträge der allgemeinen Ertragsbesteuerung.

D. Spaltung einer Kapitalgesellschaft auf eine Aktiengesellschaft

Soweit eine Auf- oder Abspaltung einer Kapitalgesellschaft auf eine Aktiengesellschaft erfolgt, wird diese Umwandlung gemäß § 15 UmwStG behandelt, der eine Verweisung auf die steuerrechtlichen Vorschriften der zuvor geschilderten Verschmelzungen beinhaltet. Im einzelnen zu beachten sind die Sondervorschriften des § 15 Abs. 3 UmwStG.

E. Formwechsel einer Kapitalgesellschaft auf eine Aktiengesellschaft

Soweit ein Formwechsel von einer Kapitalgesellschaft in eine Aktiengesellschaft vorgenommen wird, handelt es sich steuerrechtlich wie auch handelsrechtlich um eine idenditätswahrende Umwandlung. Steuerlich gefundene Ergebnisse für die GmbH bestehen bei der Aktiengesellschaft fort, d.h. ertragsteuerlich und umsatzsteuerlich passiert nichts. Auf der Gesellschafterebene findet ein Anteilstausch statt, da sich hier keine, durch die Auflösung stiller Reserven bedingte zu versteuernden Gewinne ergeben.

VII. Umwandlungen von verschiedenen Rechtsformen in die Aktiengesellschaft

A. Formularbeispiel für die Umwandlung von der GmbH in die AG

Bei der Umwandlung einer GmbH in eine Aktiengesellschaft ist als Besonderheit zu berücksichtigen, daß der einzige Gesellschafter der GmbH eine Gesellschaft bürgerlichen Rechts ist, die aus mehreren Mitgliedern besteht. Eine Vermögensauseinandersetzung der BGB Gesellschaft ist zwar geplant, aber die gegenwärtigen Wertvorstellungen sind zu unterschiedlich. Daher wird die BGB-Gesellschaft zunächst beibehalten, um sie erst nach durchgeführter Umwandlung in eine AG auseinanderzusetzen. Der Wert der dann unmittelbaren Beteiligung ist angesichts von Angebot und Nachfrage leicht zu ermitteln. Eine derartige Gestaltungsvariante bietet sich auch vielfach bei der Auseinandersetzung einer Erbengemeinschaft an.

1. Umwandlungsbeschluß der Plantechnik Berliner GmbH

UR.-Nr.:

Verhandelt zu Köln am 23. Januar 1998

Vor dem unterzeichneten Notar

Dr. Klaus Pferdmenges,
Westerwaldstraße 8, 50933 Köln

erschienen:

1. Herr Rechtsanwalt Sebastian Korts, geb. am 19.8.1957, geschäftsansässig Hültzstraße 26, 50933 Köln,

er handelt nicht in eigenem Namen, sondern als Vertreter der nachbenannten acht Personen nach Maßgabe des Inhaltes der Bevollmächtigungen, die als Anlage in beglaubigter Kopie beigefügt sind:

a) Herrn Rechtsanwalt, Ingo Flück,
geb. am 1.2.1930, Bonner Straße 12, 50933 Köln

b) Frau Rechtsanwältin Viktoria Cortez,
geb. am 3.4.1940, Fürst-Pückler Straße 34, 50933 Köln

c) Herrn Wirtschaftsprüfer Felix Frohnhof,
geb. am 5.6.1950, Haselnußweg 56, 50933 Köln

d) Herrn Rechtsanwalt Dieter Brunsmann,
geb. am 7.8.1960, Hamburger Allee 78, 50933 Köln

e) Herrn Steuerberater Remo Landers,
geb. am 9.1.1970, Rheinufer 91, 50933 Köln

f) Herr Unternehmensberater Peter Berliner,
geb. am 1.1.1930, wohnhaft Marienschlossweg 1, 50933 Köln

g) Frau Gabi Hoffmann, Vermögensverwalterin,
geb. am 2.2.1940, wohnhaft Klever Straße 2, 50933 Köln

h) Frau Barbara Herstaller, Bankangestellte,
geb. am 5.5.1970, wohnhaft Eigelstein 5, 50933 Köln

Es erscheint weiter:

2. Herr Unternehmensberater Peter Berliner,
geb. am 1.1.1930, wohnhaft Marienschlossweg 1, 50933 Köln

3. Frau Gabi Hoffmann, Vermögensverwalterin,
geb. am. 2.2.1940, wohnhaft Klever Straße 2, 50933 Köln

4. Herr Martin Dickermann, Rechtsanwalt,
geb. am 3.3.1950, wohnhaft Unter Kranenbäumen 3, 50933 Köln

5. Herr Bernd Cremer, Steuerberater,
geb. am 4.4.1960, wohnhaft in Lindentalgürtel 4, 50933 Köln

6. Frau Barbara Herstaller, Bankangestellte,
geb. am 5.5.1970, wohnhaft Eigelstein 5, 50933 Köln

zu 1. bis 6. dem Notar zur Person ausgewiesen durch Bundespersonalausweise.

I.

Die Erschienenen zu 1., 2., 3. und 6. erklären:

Die Berliner Beteiligungsgesellschaft bürgerlichen Rechts bestehend aus den acht nachbenannten Gesellschaftern

Herrn Rechtsanwalt Ingo Flück,
geb. am 1.2.1930, Bonner Straße 12, 50933 Köln

Frau Rechtsanwältin Viktoria Cortez,
geb. am 3.4.1940, Fürst-Pückler Straße 34, 50933 Köln

Herrn Wirtschaftsprüfer Felix Frohnhof,
geb. am 5.6.1950, Haselnußweg 56, 50933 Köln

Herrn Rechtsanwalt Dieter Brunsmann,
geb. am 7.8.1960, Hamburger Allee 78, 50933 Köln

Herrn Steuerberater Remo Landers,
geb. am 9.1.1970, Rheinufer 91, 50933 Köln

Herr Unternehmensberater Peter Berliner,
geb. am 1.1.1930, wohnhaft Marienschlossweg 1, 50933 Köln

Frau Gabi Hoffmann, Vermögensverwalterin,
geb. am. 2.2.1940, wohnhaft Klever Straße 2, 50933 Köln

Frau Barbara Herstaller, Bankangestellte,
geb. am 5.5.1970, wohnhaft Eigelstein 5, 50933 Köln

ist zu 100% Gesellschafterin der beim Amtsgerichtes Köln unter der HRB-Nr. 2000 eingetragenen „Plantechnik Berliner GmbH“, deren Stammkapital DM 100.000 beträgt und vollständig eingezahlt ist. Jeder vorbenannte Gesellschafter hält einen gleich großen Anteil an der Plantechnik Berliner Beteiligungsgesellschaft bürgerlichen Rechts. Alle Gesellschafter sind vertreten.

II.

Die Herren Sebastian Korts, erschienen zu 1., Peter Berliner, erschienen zu 2., Frau Gabi Hoffmann, erschienen zu 3. und Frau Barbara Herstaller, erschienen zu 6. treten als Gesellschafter der Plantechnik Berliner Beteiligungsgesellschaft bürgerlichen Rechts hiermit zu einer form- und fristlosen außerordentlichen Gesellschafterversammlung zusammen:

Einstimmig wird beschlossen: Herrn Peter Berliner wird hiermit für die Umwandlung der

Plantechnik Berliner GmbH

in die

Plantechnik Berliner Aktiengesellschaft

Alleinvertretungsbefugnis für die Plantechnik Berliner Beteiligungsgesellschaft bürgerlichen Rechts erteilt. Er wird von den Beschränkungen des § 181 BGB befreit, so daß er die Plantechnik Berliner Beteiligungsgesellschaft bürgerlichen Rechts auch vertreten darf, wenn er zugleich in eigenem Namen und /oder als Vertreter Dritter handelt.

Herr Peter Berliner erklärt sich einverstanden.

Die Gesellschafterversammlung wird sodann geschlossen.

III.

Sodann erklären die Herren Sebastian Korts, erschienen zu 1., Peter Berliner, erschienen zu 2., Frau Gabi Hoffmann, erschienen zu 3. und Frau Barbara Herstaller, erschienen zu 6.:

Wir bitten, gleichzeitig handelnd für uns als Gesellschafter der Plantechnik Berliner Beteiligungsgesellschaft bürgerlichen Rechts und gleichzeitig handelnd als Gesellschafterversammlung der Plantechnik Berliner Beteiligungsgesellschaft bürgerlichen Rechts und gleichzeitig handelnd als Gesellschafterversammlung der Plantechnik Berliner GmbH um Beurkundung des nachfolgenden Umwandlungsbeschlusses gemäß §§ 190 ff., 238 ff. Umwandlungsgesetz.

Die Erschienen zu 2. und 3. erklären, daß sie zusätzlich gleichzeitig handeln als Geschäftsführer der Plantechnik Berliner GmbH. Sie erklären, daß sie in dieser Eigenschaft von den Beschränkungen des § 181 BGB befreit sind. Der Erschienene zu 2. erklärt, daß er außerdem als alleinvertretungsberechtigter Gesellschafter der Plantechnik Berliner Beteiligungsgesellschaft bürgerlichen Rechts handele. Er erklärt, daß er in dieser Eigenschaft von den Beschränkungen des § 181 BGB befreit ist.

Unter diesen Voraussetzungen halten wir unter Verzicht auf alle Formen, Fristen und Ankündigungen eine außerordentliche

Gesellschafterversammlung der Plantechnik Berliner GmbH

ab und fassen nachfolgenden Beschluß:

1. Wir verzichten gemäß § 192 Abs. 3 UmwG auf die Erstattung eines Umwandlungsberichtes im Sinne des § 192 Abs. 1 UmwG.

2. Auf die schriftliche Ankündigung des Formwechsels als Gegenstand der Beschlußfassung, spätestens zusammen mit der Einberufung der Gesellschafterversammlung, die über den Formwechsel beschließen soll, und die Übersendung des Entwurfs des Formwechselbeschlusses gem. § 230 Abs.1 UmwG wird verzichtet.

3. (§§ 194 Abs. 1 Nr. 6, 207 UmwG)
Die Beteiligten erklären, daß sie alle einstimmig für die Umwandlung stimmen. Ein Vorbehalt, dahingehend, daß nur aus Interesse für die Umstrukturierung gestimmt wird und daher der spätere Widerspruch vorbehalten ist, besteht nicht. Die Gesellschafter verzichten daher auf Abgabe eines Angebotes der Barabfindung gemäß § 207 UmwG. Darin ist der Verzicht auf die Prüfung gemäß §§ 208 i.V.m. 30 Abs. 2 S. 3 UmwG enthalten.

Nunmehr erklären die Vorbenannten nachfolgenden

4. Umwandlungsbeschluß (§ 194 Abs. 1 Nr. 1 und Nr. 2 UmwG)
Die „Plantechnik Berliner GmbH" mit dem Sitz in Köln als formwechselnder Rechtsträger i.S.v. § 191 Abs. 1 Nr. 2 UmwG wird gemäß §§ 238 ff. 190 ff. UmwG in eine Aktiengesellschaft als Rechtsträger neuer Rechtsform i.S.v. § 191 Abs. 2 Nr. 3 UmwG unter der Firma

„Plantechnik Berliner Aktiengesellschaft"

mit dem Sitz in Köln umgewandelt.

5. Die Satzung der Gesellschaft erhält die aus der mit dieser Niederschrift fest verbundenen Anlage 1 ersichtlichen Fassung, die hiermit zum Gegenstand der Verhandlung gemacht wird und auf die verwiesen und Bezug genommen wird.

6. (§ 194 Abs. 1 Nr. 3 und Nr. 4 UmwG)
Das Stammkapital der Gesellschaft beträgt DM 100.000,– und ist voll eingezahlt. Die Gesellschafterin Plantechnik Berliner Beteiligungsgesellschaft bürgerlichen Rechts hält einen Geschäftsanteil im Nennwert von DM 100.000,– Die Gesellschafterin erhält im Umtausch –

Verhältnis 1:1 – für seinen bisherigen Geschäftsanteil 20.000 Namensaktien im Nennbetrag von je DM 5,–, so daß die Gesellschafterin Aktien im Nennbetrag von insgesamt DM 100.000,– erhält. Der Nennbetrag des Grundkapitals der Aktiengesellschaft beträgt DM 100.000,–.

Die Aktien werden nach Maßgabe der angefügten Satzung beschränkt.

7. (§ 194 Abs. 1 Nr. 5 UmwG)
Sonderrechte werden bei der formwechselnden Umwandlung nicht gewährt.

8. (§ 194 Abs. 1 Nr. 7 UmwG)
Durch die formwechselnde Umwandlung entstehen für die Arbeitnehmer und deren mögliche Vertretungen keine Änderungen.

9. (§ 192 Abs. 2 UmwG)
Die Gesellschafterin der vorbezeichneten Gesellschaft versichert, daß kein Betriebsrat in dem Unternehmen vorhanden ist. Die Geschäftsführer/Vorstände sollen bei der Anmeldung versichern, daß kein Betriebsrat vorhanden ist.

10. Zum Gründungsprüfer soll gemäß § 220 Abs. 3 UmwG, § 33 Abs. 2 AktG die Wirtschaftsprüfungsgesellschaft

„Marx & Jansen, Revisions- und Treuhand GmbH“, Wirtschaftsprüfungsgesellschaft, Steuerberatungsgesellschaft mit dem Sitz in Köln

bestellt werden. Deren Einverständnis wurde vorab erbeten und ist diesem Beschluß als Anlage 2 beigefügt.

11. (Aufsichtsratbestellung gemäß § 95 AktG)
Zu Mitgliedern des ersten Aufsichtrats bestellen wir, wobei der Erschienene zu 6. sich bei der Bestellung seiner Person zum Mitglied des Aufsichtsrats der Stimme enthalten hat, die nachfolgend genannten Personen:

a) Herrn Martin Dickermann, erschienen zu 4.,
b) Herrn Bernd Cremer erschienen zu 5.,
c) Frau Barbara Herstaller erschienen zu 6.

und zwar für die Zeit bis zur Beendigung der Hauptversammlung, die über die Entlastung des Aufsichtsrats für das vierte Geschäftsjahr nach dem Beginn der Amtszeit beschließt, wobei das Geschäftsjahr, in dem die Amtszeit beginnt, nicht mitgerechnet wird.

Die Erschienen zu 4. bis 6. nehmen, jeder für sich, die Bestellung zum Aufsichtsrat an.

12. Zum Abschlußprüfer für das laufende Geschäftsjahr bestellen wir die Wirtschaftsprüfungsgesellschaft

„Marx & Jansen, Revisions- und Treuhand GmbH", Wirtschaftsprüfungsgesellschaft, Steuerberatungsgesellschaft mit dem Sitz in Köln.

Deren Einverständnis liegt vor. Es wird auf die Anlage 2 zu dieser Urkunde verwiesen.

13. Die beteiligte Alleingesellschafterin erklärt, daß sie auf alle gesetzlichen Schutzrechte verzichtet, soweit dieses gesetzlich möglich ist. Insbesondere wird unwiderruflich darauf verzichtet, die vorstehenden Beschlüsse, insbesondere den Formwechsel, anzufechten oder dagegen Klage gemäß § 195 UmwG zu erheben.

14. (§ 243 UmwG)
Den geschätzten Gründungsaufwand, die Kosten dieser Urkunde und ihres Vollzuges bis zu einer Höhe von DM 25.000,– trägt die Gesellschaft.

IV.

Die entsprechend dem Umwandlungsbeschluß vom heutigen Tage bestellten Mitglieder des ersten Aufsichtsrats traten sodann unter Verzicht auf alle Form- und Fristvorschriften nach Gesetz und Satzung zusammen und faßten einstimmig folgende Beschlüsse:

1. Zum Vorsitzenden des Aufsichtsrats wird Herr Martin Dickermann, erschienen zu 4. gewählt. Zum Stellvertreter wird Herr Bernd Cremer erschienen zu 5. gewählt.

Die Gewählten nehmen ihre Wahl an.

2. Der Vorstand soll aus zwei Personen bestehen:
- Herr Peter Berliner, Marienschlossweg 1, 50933 Köln und
- Frau Gabi Hoffmann, Klever Straße 2, 50933 Köln

werden für die Dauer von fünf Jahren zu Vorstandsmitgliedern bestellt.

Die Gewählten nehmen die Wahl an.

Der Aufsichtsrat beschließt weiterhin, Herrn Peter Berliner und Frau Gabi Hoffman von den Beschränkungen des § 181 BGB zu befreien, so daß sie die Gesellschaft auch vertreten dürfen, wenn sie zugleich in eigenem Namen und/oder als Vertreter Dritter handeln.

V.

Wir wünschen zehn Ausfertigungen dieser Verhandlung.

Erforderliche Genehmigungen werden wirksam mit dem Eingang bei dem amtierenden Notar.

Sollte eine Bestimmung dieser Urkunde aus irgendeinem Grund nichtig oder sonst unwirksam sein oder werden, so soll der übrige Teil davon unberührt gelten. Die jeweils Beteiligten sind verpflichtet mit der erforderlichen Form bei den erforderlichen Beschlüssen und Rechtshandlungen mitzuwirken, die zur Ersetzung bzw. Ergänzung der unwirksamen oder nichtigen Regelung erforderlich sind. Dabei ist diejenige zulässige Regelung zu vereinbaren, die dem am nächsten kommt was die Beteiligten bei dieser Beurkundung nachweislich gewollt haben.

Sollten zur Ersteintragung der formwechselnden Umwandlung oder des Vollzugs dieser Urkunde im weitesten Sinne im Handelsregister Nachtragsbeschlüsse oder sonstige Versicherungen, Anmeldungen oder Erklärungen vom Registergericht angefordert werden, so ist unter Befreiung von den Beschränkungen des § 181 BGB

1. Herr Rechtsanwalt Sebastian Korts, Hültzstraße 26, 50933 Köln

ermächtigt, die entsprechenden Rechtshandlungen vorzunehmen.

Diese Verhandlung wurde den Erschienenen von dem Notar vorgelesen, von ihnen genehmigt und von ihnen und dem Notar wie folgt, eigenhändig, unterschrieben nebst Anlagen

Peter Berliner	Gabi Hoffmann
Martin Dickermann	Bernd Cremer
Barbara Herstaller	Sebastian Korts

Notar

2. Gründungsbericht der Plantechnik Berliner Aktiengesellschaft

Anläßlich der formwechselnden Umwandlung der

Plantechnik Berliner GmbH

in die

Plantechnik Berliner Aktiengesellschaft

wird der nachfolgende Gründungsbericht erstellt:

I.

Die Plantechnik Berliner Beteiligungsgesellschaft bürgerlichen Rechts bestehend aus den acht gleichberechtigten und in gleichen Anteilen beteiligten nachbenannten Gesellschaftern:

Herrn Rechtsanwalt Ingo Flück,
geb. am 1.2.1930, Bonner Straße 12, 50933 Köln

Frau Rechtsanwältin Viktoria Cortez,
geb. am 3.4.1940, Fürst-Pückler Straße 34, 50933 Köln

Herrn Wirtschaftsprüfer Felix Frohnhof,
geb. am 5.6.1950, Haselnußweg 56, 50933 Köln

Herrn Rechtsanwalt Dieter Brunsmann,
geb. am 7.8.1960, Hamburger Allee 78, 50933 Köln

Herrn Steuerberater Remo Landers,
geb. am 9.10.1970, Rheinufer 91, 50933 Köln

Herr Unternehmensberater Peter Berliner,
geb. am 1.1.1930, wohnhaft Marienschlossweg 1, 50933 Köln

Frau Gabi Hoffmann, Vermögensverwalterin,
geb. am. 2.2.1940, wohnhaft Klever Straße 2, 50933 Köln

Frau Barbara Herstaller, Bankangestellte,
geb. am 5.5.1970, wohnhaft Eigelstein 5, 50933 Köln

ist zu 100% Gesellschafterin der beim Amtsgerichtes Köln unter der HRB-Nr. 2000 eingetragenen „Plantechnik Berliner GmbH“.

II.

Der unterzeichnende Herr Rechtsanwalt Sebastian Korts vertritt die vorbezeichneten Gesellschafter gemäß den Vollmachten, die als Anlage 1 bis 8 zu diesem Gründungsbericht genommen werden. Herr Rechtsanwalt Sebastian Korts tritt als Gesellschafter der Plantechnik Berliner Beteiligungsgesellschaft bürgerlichen Rechts hiermit zu einer form- und fristlosen außerordentlichen Gesellschafterversammlung zusammen:

Einstimmig wird beschlossen: Herrn Peter Berliner wird hiermit für die Umwandlung der

Plantechnik Berliner GmbH

in die

Plantechnik Berliner Aktiengesellschaft

Alleinvertretungsbefugnis für die Plantechnik Berliner Beteiligungsgesellschaft bürgerlichen Rechts erteilt. Er wird von den Beschränkungen des § 181 BGB befreit, so daß er die Plantechnik Beteiligungsgesellschaft bürgerlichen Rechts auch vertreten darf, wenn er zugleich in eigenem Namen und/oder als Vertreter Dritter handelt.

Herr Peter Berliner erklärt sich einverstanden.

Die Gesellschafterversammlung wird sodann geschlossen.

III.

Es wird sodann durch die Plantechnik Berliner Beteiligungsgesellschaft bürgerlichen Rechts der nachfolgende Bericht erstattet:

Durch notarielle Urkunde vom 23.1.1998 des Notars Klaus Pferdmenges, Westerwaldstraße 8, 50933 Köln, Ur-Nr. 17/1998, hat die Plantechnik Berliner Beteiligungsgesellschaft bürgerlichen Rechts als alleinige Gesellschafterin der beim Amtsgericht Köln unter der HRB-Nr. 2000 eingetragenen „Plantechnik Berliner GmbH" die formwechselnde Umwandlung in die „Plantechnik Berliner Aktiengesellschaft" beschlossen. Das Grundkapital beträgt 100.000,– DM, es ist eingeteilt in 20.000 Namensaktien im Nennbetrag zu je 5,– DM. Die Gesellschafterin hält einen Geschäftsanteil an der umwandelnden GmbH im Nennwert von 100.000,– DM. Die Gesellschafterin erhält im Umtausch-Verhältnis 1:1 für den bisherigen Geschäftsanteil

20.000 Namensaktien im Nennbetrag von je 5,– DM, so daß die Gesellschafterin Aktien im Nennbetrag von 100.000,– DM erhält. Der Beschluß, dem seinerseits die Satzung als Anlage beigefügt wurde, ist diesem Bericht als *Anlage 17* beigefügt. Es wird ausdrücklich darauf Bezug genommen und dieser seinerseits zum Inhalt dieses Berichts gemacht.

Zum Aufsichtsrat wurden die nachfolgenden Herren bestellt.

Herr Martin Dickermann, Rechtsanwalt,
geb. am 3.3.1950, wohnhaft Unter Kranenbäumen 3, 50933 Köln

Herr Bernd Cremer, Steuerberater,
geb. am 4.4.1960 wohnhaft Lindentalgürtel 4, 50933 Köln.

Frau Barbara Herstaller, Bankangestellte,
geb. am 5.5.1970, wohnhaft Eigelstein 5, 50933 Köln.

Diese nahmen die Bestellung an. Sie haben zum Vorsitzenden des Aufsichtsrats Herrn Martin Dickermann, zu seinem Stellvertreter Herrn Bernd Cremer gewählt. Die Gewählten haben die Wahl angenommen.

Herr Peter Berliner und Frau Gabi Hoffmann sind die Geschäftsführer der Plantechnik Berliner GmbH. Der Aufsichtsrat hat durch Beschluß vom 23.1.1998 die beiden Geschäftsführer zu Vorstandsmitgliedern nach Maßgabe der Satzung bestellt. Die beiden Vorstände sind jeweils alleinvertretungsberechtigt und von den Beschränkungen des § 181 BGB befreit. Es wird auf die Beschlußfassung zur Umwandlung verwiesen und darauf Bezug genommen. Die Beschlußfassung ist diesem Bericht als Anlage 17 beigefügt, sie wird ausdrücklich zum Inhalt dieses Berichts gemacht.

Angaben nach § 32 Abs. 3 AktG

Die Gründungsgesellschafterin, die Plantechnik Berliner Beteiligungsgesellschaft bürgerlichen Rechts, hat im Tausch gegen ihre Gesellschaftsanteile Aktien im Nennbetrag ihrer Gesellschaftsanteile erhalten. Herr Geschäftsführer Peter Berliner und Frau Gabi Hoffmann sind zum Vorstand der Aktiengesellschaft bestellt; sie sind vermittels der Plantechnik Berliner Beteiligungsgesellschaft bürgerlichen Rechts an den übernommenen Aktien beteiligt. Eine direkte Übernahme von Aktien durch ein Mitglied des Vorstands liegt nicht vor. Frau Barbara Herstaller ist zum Mitglied des Aufsichtsrats bestellt worden. Sie ist vermittels der Plantechnik Berliner Beteiligungsgesellschaft bürgerlichen Rechts an den übernommenen Aktien beteiligt. Eine direkte Übernahme von Aktien durch ein Mitglied des Aufsichtsrats liegt nicht vor. Weder ein Mitglied des Vorstands noch ein Mitglied des Aufsichtsrats hat sich einen besonderen Vorteil oder für die Gründung oder ihre Vorbereitung eine Entschädigung oder Belohnung ausbedungen. Es wird auf die Beschlußfassung zur Umwandlung verwiesen, die diesem Bericht als Anlage 17 beigefügt ist und darauf Bezug genommen.

Die Gesellschaft hat die Kosten der Umwandlung in einer geschätzten Höhe von 25.000,– DM übernommen.

Köln, den 23.1.1998

Peter Berliner Sebastian Korts

IV.

Die in diesem Gründungsbericht benannten Gesellschafter der Plantechnik Berliner Beteiligungsgesellschaft bürgerlichen Rechts treten den Erklärungen dieses Gründungsberichts höchst vorsorglich in allen Punkten bei.

Peter Berliner	Gabi Hoffmann
Barbara Herstaller	Ingo Flück
Viktoria Cortez	Felix Frohnhof
Dieter Brunsmann	Remo Landers

3. Gründungsprüfung der Plantechnik Berliner Aktiengesellschaft

Wir, die unterzeichnenden Mitglieder des ersten Vorstands und des ersten Aufsichtsrats der

Plantechnik Berliner Aktiengesellschaft

in Köln, haben den Hergang der Gründung geprüft.

Dabei haben uns vorgelegen:

1. die notarielle Urkunde des Notars Klaus Pferdmenges, Westerwaldstraße 8, 50933 Köln, Ur.-Nr.: …/1998 vom 23.1.1998 einschließlich aller Anlagen über die Gründung der Plantechnik Berliner Aktiengesellschaft mit der Feststellung der Satzung, Übernahme der Aktien, Bestellung des ersten Aufsichtsrats, Wahl des Vorsitzenden des Aufsichtsrats und seines Stellvertreters, die Bestellung der zwei Vorstandsmitglieder, die Bestellung des Gründungsprüfers und des Abschlußprüfers, und

2. der Gründungsbericht vom 23.1.1998.

Nach unseren Feststellungen entspricht der Hergang der Gründung den gesetzlichen Vorschriften. Die Angaben der Gründer über die Übernahme der Aktien, über die Einlage auf das Grundkapital und über die Festsetzungen nach §§ 26 und 27 Aktiengesetz sind richtig und vollständig. Sämtliche Aktien sind von den Gründern übernommen. Der Wert der Sacheinlagen erreicht den Nennbetrag der dafür zu gewährenden Aktien. Sondervorteile zugunsten einzelner Aktionäre, Vorstands- oder Aufsichtsratsmitglieder sind nicht eingeräumt worden. Die Satzung enthält den Mindestinhalt nach § 23 Abs. 3 und 4 Aktiengesetz, die übrigen Satzungsbestimmungen sind ebenfalls ordnungsgemäß. Gründungsaufwand ist nicht zu Lasten der Gesellschaft erstattet worden. Gegen den Ansatz der Gründungskosten bestehen keine Einwendungen. Die Gründung entspricht nach unseren Feststellungen den gesetzlichen Vorschriften.

Der Gründungsbericht ist vollständig und richtig.

Köln, den 23.1.1998

Martin Dickermann
Bernd Cremer
Barbara Herstaller
Gabi Hoffmann
Peter Berliner

4. Niederschrift über die 2. Sitzung des Aufsichtsrats der Plantechnik Berliner Aktiengesellschaft vom 23. 1. 1998

Die entsprechend dem Gründungsprotokoll vom heutigen Tag bestellten Mitglieder des ersten Aufsichtsrats

Herr Martin Dickermann, Herr Bernd Cremer, Frau Barbara Herstaller sind unter Verzicht auf alle Form- und Fristvorschriften zu ihrer zweiten Sitzung als Aufsichtsrat zusammengetreten. Die Anwesenheit der beiden Vorstandsmitglieder, des Herrn Peter Berliner und der Frau Gabi Hoffmann, sind vom Aufsichtsrat gewünscht und von diesem einstimmig beschlossen worden.

Es wurden einstimmig die nachfolgenden Beschlüsse gefaßt:

Der Aufsichtsrat hat die als Anlage 1 zu dieser Niederschrift fest eingefügte Geschäftsordnung des Vorstands einschließlich des Geschäftsverteilungsplans auf Vorschlag des Vorstands beschlossen.

Der Aufsichtsrat hat die als Anlage 2 zu dieser Niederschrift fest eingefügte Geschäftsordnung des Aufsichtsrats beschlossen.

Weiteres war nicht zu beschließen. Die zweite Sitzung des Aufsichtsrats wird geschlossen.

Köln, den 23.1.1998

Martin Dickermann
Barbara Herstaller
Gabi Hoffmann

Bernd Cremer
Peter Berliner

5. Handelsregisteranmeldung der Umwandlung der Plantechnik Berliner GmbH

An das
Amtsgericht Köln
– Registergericht –
Reichenspergerplatz 1

Köln

Betr.: Umwandlung der
Plantechnik Berliner GmbH
HRB 2000
in die Plantechnik Berliner Aktiengesellschaft

Zum Handelsregister des Amtsgerichtes Köln zu HRB Nr. 59175 überreichen wir, die unterzeichnenden Geschäftsführer der vorbenannten Gesellschaft und Vorstände der neuen Gesellschaft,

I.) Eine Ausfertigung der Urkunde des Notars Klaus Pferdmenges, Westerwaldstraße 8, 50933 Köln vom 23.1.1998 mit der Ur.-Nr. .../98, die u.a. folgendes beinhaltet:

a) Verzichtserklärung zur Erstattung eines Umwandlungsberichtes gemäß § 192 Abs. 3 UmwG und deshalb auch Entfall der Übersendung desselben nach § 230 Abs. 1 UmwG,

b) Verzichtserklärung zur Abgabe eines Abfindungsangebots und deshalb auch Entfall der Prüfung desselben,

c) Verzicht auf schriftliche Einberufung der Gesellschafterversammlung mit Bezeichnung des Formwechsels als Tagesordnungspunkt gemäß § 230 Abs. 1 UmwG und Übersendung des Entwurfs des Umwandlungsbeschlusses,

d) der einstimmig gefaßte Beschluß über die formwechselnde Umwandlung aller Gesellschafter der Plantechnik Berliner Beteiligungsgesellschaft bürgerlichen Rechts, die die einzige Gesellschafterin der Plantechnik Berliner GmbH ist,

e) Verzicht auf das Recht der Anfechtung der Beschlüsse, bzw. das Klagerecht insbesondere bzgl. des Formwechselbeschlusses nach § 195 UmwG; deshalb entfällt die gemäß §§ 16 Abs. 2 i.V.m. 198 Abs. 3 UmwG vorgesehene Negativerklärung (§§ 16 Abs. 2 S. 2, 2. Alternative i.V.m. 198 Abs. 3 UmwG),

f) Bestellung des Aufsichtsrats,

g) Niederschrift des Aufsichtsrats über seine Konstituierung, die Wahl des Aufsichtsratsvorsitzenden und des stellvertretenden Aufsichtsratsvorsitzenden,

h) Bestimmung der Anzahl der Vorstandsmitglieder und Bestellung des Vorstands,

i) sowie den Antrag auf Bestellung des zusätzlichen Gründungsprüfers.

II.) Den Gründungsbericht der Gesellschafter und neuen Aktionäre,

III.) Den Prüfungsberichts des Vorstands und des Aufsichtsrats.

Wir melden an:
die neue Rechtsform als Aktiengesellschaft unter der Firma

Plantechnik Berliner Aktiengesellschaft

mit einem Grundkapital von 100.000,– DM
mit dem Sitz in Köln und den Geschäftsräumen in der Planstraße 100, 50933 Köln,

die Neufassung der Satzung im ganzen,

die Wahl der folgenden Vorstandsmitglieder:
a) Herr Peter Berliner, Marienschlossweg 1, 50933 Köln
b) Frau Gabi Hoffmann, Klever Straße 2, 50933 Köln.

Diese vertreten die Gesellschaft und sind von den Beschränkungen des § 181 BGB befreit, so daß sie die Gesellschaft auch vertreten dürfen, wenn sie zugleich in eigenem Namen und/oder als Vertreter Dritter handeln.

Die beiden Vorstandsmitglieder zeichnen ihre Unterschriften wie folgt

(Peter Berliner) (Gabi Hoffmann)

Die abstrakte Vertretungsregelung wird gemäß § 37 Abs. 3 AktG wie folgt angegeben.

§ 6 der Satzung lautet wie folgt:

„Ist nur ein Vorstand bestellt, so vertritt dieser die Gesellschaft allein. Besteht der Vorstand aus mehreren Personen, so wird die Gesellschaft durch zwei Vorstandsmitglieder gemeinsam oder durch ein Mitglied des Vorstands zusammen mit einem Prokuristen vertreten.

Die Geschäftsordnung des Vorstands kann abweichendes bestimmen."

Die Vorstände haben Gesamtvertretung. Sie sind von den Beschränkungen des § 181 BGB befreit, so daß sie die Gesellschaft auch vertreten dürfen, wenn sie zugleich im eigenen Namen und/oder als Vertreter Dritter handeln.

Die Vorstände Herr Peter Berliner und Frau Gabi Hoffmann versichern, jeder für sich, daß ihrer Bestellung zu Vorstandsmitgliedern § 76 Abs. 3 S. 2 und 3 AktG nichts entgegensteht. Jeder von ihnen versichert, daß er niemals wegen einer Straftat nach § 283 bis 283 d StGB verurteilt wurde und daß ihm weder durch gerichtliches Urteil oder vollziehbare Entscheidung einer Verwaltungsbehörde die Ausübung eines Berufes, Berufszweiges, Gewerbes oder Gewerbezweiges untersagt worden ist und daß sie über ihre unbeschränkte Auskunftspflicht gegenüber Notar und Handelsregister von dem beglaubigenden Notar belehrt wurden.

Wir zeigen auch die in der Urkunde enthaltene Wahl der folgenden drei Aufsichtsratsmitglieder an:

a) Herrn Martin Dickermann, Unter Kranenbäumen 3, 50933 Köln,
b) Herrn Bernd Cremer, Lindentalgürtel 4, 50933 Köln
c) Frau Barbara Herstaller, Eigelstein 5, 50933 Köln

Diese nahmen die Bestellung an. Diese haben zum Vorsitzenden des Aufsichtsrats Herrn Martin Dickermann, Unter Kranenbäumen 3, 50933 Köln, zu seinem Stellvertreter Herrn Bernd Cremer, 50933 Köln gewählt. Die Gewählten haben die Wahl angenommen.

Wir erklären ausdrücklich, daß die oben bezeichneten Verzichtserklärungen in notarieller Urkunde abgegeben worden sind.

Wir versichern, daß in dem Unternehmen kein Betriebsrat besteht.

Nach Eintragung bitten wir um Übersendung eines beglaubigten Handelsregisterauszuges an die Gesellschaft und den beglaubigenden Notar.

Die unterzeichneten Gesellschafter, Vorstände und sämtliche Aufsichtsratmitglieder treten dieser Anmeldung bei.

Die in der Urkunde /98 erteilte Vollmacht für
1. Herrn Rechtsanwalt Sebastian Korts, Hültzstraße 26, 50933 Köln
gilt auch für Anmeldungen und Nacherklärungen zum Handelsregister.

Köln, den 23.1.1998

Peter Berliner Gabi Hoffmann

Martin Dickermann Bernd Cremer
Barbara Herstaller

Vorstehende, vor mir persönlich vollzogene Namensunterschriften der mir persönlich bekannten Personen beglaubige ich hiermit

a) Herr Unternehmensberater Peter Berliner,
   geb. am 1.1.1930, Marienschlossweg 1, 50933 Köln,
b) Frau Gabi Hoffmann, Vermögensverwalterin,
   geb. am 2.2.1940, Klever Straße 1, 50933 Köln,
c) Herrn Martin Dickermann, Rechtsanwalt,
   geb. am 3.3.1950, Unter Kranenbäumen 3, 50933 Köln,
d) Herr Bernd Cremer, Steuerberater,
   geb. am 4.4.1960, Lindentalgürtel 4, 50933 Köln,
e) Frau Barbara Herstaller, Bankangestellte,
   geb. am 5.5.1970, Eigelstein 5, 50933 Köln,

sowie die Namenszeichnung des vorgenannten Herrn Peter Berliner und der vorgenannten Frau Gabi Hoffmann in der Urkunde als Vorstandsmitglieder beglaubige ich hiermit öffentlich

Notar

B. Formularbeispiel für die Umwandlung eines Einzelunternehmens in die AG

Hier handelt es sich um ein in der Rechtsform eines Einzelunternehmens betriebenes Unternehmen. Vordringliches Motiv war, über die Wahl der Rechtsform für sein Produkt auch international eine Marktgeltung zu erreichen.

1. Beurkundung der Ausgliederungserklärung/Ausgliederungsplan

UR.-Nr.: 01/1998

Verhandelt zu Köln am 26.8.1998

Vor

Notar Dr. Klaus Pferdmenges

mit dem Amtssitz in Köln

erschienen,

1. Herr Peter Berliner, geb. am 1.1.1930,
   Unternehmensberater, wohnhaft in
   Marienschlossweg 1, 50933 Köln,
2. Frau Gabi Hoffmann, geb. am 2.2.1940,
   Vermögensverwalterin, wohnhaft in
   Klever Straße 1, 50933 Köln,
3. Herr Martin Dickermann, geb. am 3.3.1950,
   Rechtsanwalt, wohnhaft in
   Unter Kranenbäumen 3, 50933 Köln,
4. Herr Bernd Cremer, geb. am 4.4.1960,
   Steuerberater, wohnhaft in
   Lindentalgürtel 4, 50933 Köln
5. Frau Barbara Herstaller, geb. am 5.5.1970,
   Bankangestellte, wohnhaft in
   Eigelstein 5, 50933 Köln

zu 1. bis 5. dem Notar zur Person ausgewiesen durch Bundespersonalausweise.

Der Erschienene zu 1. erklärt :

Ich bin der alleinige Inhaber der beim Amtsgerichtes Köln unter der HRA 1000 eingetragenen Firma „Plantechnik Peter Berliner". Ich habe außer dieser Firma noch weiteres Vermögen. Ich möchte das vorbenannte Einzelunternehmen mit Stichtag auf den Ablauf des 31.12.1997 von meinem übrigen Vermögen abspalten und diesen Vermögensteil auf die neu zu gründende „Plantechnik Berliner Aktiengesellschaft" mit Sitz in Köln gegen Gewährung von Anteilen an dieser Gesellschaft übertragen (Ausgliederung zur Neugründung gemäß §§ 152 ff. UmwG).

Der Erschienene zu 1. bittet daher um Beurkundung der/des nachstehenden

Ausgliederungserklärung/Ausgliederungsplans
einschließlich der Neugründung der Aktiengesellschaft.

Ich errichte hiermit eine Aktiengesellschaft gemäß dem nachfolgenden Ausgliederungsplan, deren einziger Gesellschafter ich selbst bin und stelle den in der *Anlage 1* beigefügten Gesellschaftsvertrag fest. Dieser ist wesentlicher Bestandteil der Urkunde und wurde mitverlesen. Ich gliedere das vorbezeichnete Handelsunternehmen gemäß dem nachstehenden Ausgliederungsplan nach den §§ 152 ff. UmwG (Umwandlungsgesetz) auf die von mir gegründete Aktiengesellschaft aus.

I. Ich stelle folgenden Ausgliederungsplan auf:

1. Firma

Die Firma der neu entstehenden Aktiengesellschaft lautet:

Plantechnik Berliner Aktiengesellschaft

Sie hat ihren Sitz in Köln.

Die Firma des übertragenden Rechtsträgers, des Einzelkaufmanns, lautet:

Plantechnik Peter Berliner

2. Vermögensübertragung

Ich übertrage die nachfolgend bezeichneten Vermögensteile und alle sonstigen Aktiva und Passiva des einzelkaufmännischen Unternehmens jeweils als Gesamtheit mit allen Rechten und Pflichten auf die durch die Ausgliederung entstehende Plantechnik Berliner Aktiengesellschaft und zwar gegen Gewährung von Gesellschaftsrechten an mich. Die Spaltung erfolgt in Anwendung der §§ 152 ff., 123 Abs. 3 S. 2 UmwG.

Für die Übertragung der Gegenstände des Aktiv- und Passivvermögens auf die durch die Spaltung entstehende Gesellschaft gilt im einzelnen:

a) Auf die durch die Spaltung entstehende Gesellschaft übertragen werden alle Aktiva und Passiva des einzelkaufmännischen Unternehmens Plantechnik Berliner, die in der zum 31.12.1997 aufgestellten Schlußbilanz des einzelkaufmännischen Unternehmens enthalten sind, und zwar insbesondere die

Vermögensgegenstände des Anlage- und Umlaufvermögens gemäß Inventar und allgemeiner Beschreibung nach der dieser Urkunde hinzugefügten Anlage 2, soweit sie nicht bilanzierungspflichtig bzw. bilanzierungsfähig sind, alle dem kaufmännischen Unternehmen zu-

zuordnenden Verträge, insbesondere Pacht-, Leasing-, Liefer- oder Konzessionsverträge, Angebote und sonstige Rechtsstellungen, die ebenfalls in der Anlage 2 zu dieser Urkunde aufgeführt sind. Die Schlußbilanz auf den 31.12.1997 ist dieser Urkunde als *Anlage 3* beigefügt.

b) Von der durch die Spaltung entstehenden Gesellschaft

Plantechnik Berliner Aktiengesellschaft

übernommen werden sämtliche Verbindlichkeiten des einzelkaufmännischen Unternehmens wie aus der Bilanz ersichtlich.

c) Auf die Plantechnik Berliner Aktiengesellschaft gehen sämtliche beim einzelkaufmännischen Unternehmen bestehenden Arbeitsverhältnisse über.

d) Soweit ab dem Zeitpunkt der wirtschaftlichen Trennung gemäß der nachstehenden Ziffer 5 Gegenstände durch den Erschienenen zu 1. im regelmäßigen Geschäftsverkehr veräußert worden sind, treten die Surrogate an deren Stelle.

e) Auch alle Vermögensgegenstände, Verbindlichkeiten und Arbeitsverhältnisse des Einzelunternehmens Plantechnik Berliner, die nicht in den beigefügten Anlagen bzw. der Bilanz aufgeführt sind, gehen auf die Plantechnik Berliner Aktiengesellschaft über. Dies gilt insbesondere auch für immaterielle oder bis zur Eintragung der Spaltung in das Handelsregister des einzelkaufmännischen Unternehmens erworbenen Vermögensgegenstände, begründete Arbeitsverhältnisse und entstandene Verbindlichkeiten.

f) Grundstücke werden nicht übertragen.

3. Gewährung von Anteilen

a) Als Gegenleistung für die vorstehende Vermögensübertragung erhält der Erschienene zu 1. durch Neugründung Aktien im Nennwert von 100.000,– DM an

der Plantechnik Berliner Aktiengesellschaft.

Die Übertragung erfolgt zu Buchwerten. Soweit der Wert des auf die durch die Spaltung entstehenden Gesellschaft übertragenen Vermögens den Nennbetrag des Stammkapitals der neuen Aktiengesellschaft übersteigt, wird dieser Betrag als Darlehen des Erschienenen zu 1. bei der Aktiengesellschaft gebucht.

b) Bare Zuzahlungen sind nicht zu leisten.

c) Besondere Rechte und Vorteile wurden für den Erschienenen zu 1. oder an sonstige in § 126 Abs. 7 UmwG bezeichnete Personen nicht gewährt; außer durch die Gewährung von Vorzugsaktien zum Nennwert gemäß der nachstehenden Ziffer II. dieser Urkunde.

4. Anspruch auf den Bilanzgewinn

Ab dem in der nachfolgenden Ziffer 5. genannten Zeitpunkt hat der neu erworbene Anteil Anspruch auf den Bilanzgewinn der neuen Gesellschaft. Besonderheiten in bezug auf diesen Anspruch bestehen nicht.

5. Spaltungsstichtag

Ab dem 1.1.1998 gelten die auf die übertragenen Vermögensgegenstände und Verbindlichkeiten bezogenen Handlungen des übertragenden Rechtsträgers jeweils als für Rechnung der durch die Spaltung entstehenden Gesellschaft vorgenommen.

6. Folgen für die Arbeitnehmer und ihre Vertretungen

Die Arbeitsverhältnisse der in dem Betrieb beschäftigten Arbeitnehmer gehen nach § 613a Abs. 1 S. 1 BGB auf die „Plantechnik Berliner Aktiengesellschaft" über. Beim einzelkaufmännischen Unternehmen existiert kein Betriebsrat. Die Vorstände sollen bei der Anmeldung versichern, daß kein Betriebsrat vorhanden ist.

II. Bestimmungen nach dem Aktiengesetz

1. Das Stammkapital der Gesellschaft beträgt DM 100.000,–

Es ist eingeteilt in
- 500 Namensaktien im Nennbetrag von je DM 100,– und
- 1000 stimmrechtslosen Vorzugsaktien als Namensaktien im Nennbetrag zu je DM 50,–.

Auf § 3 Abs. 1 und Abs. 2 der als *Anlage 1* anliegenden Satzung wird verwiesen.

Der Erschienene zu 1. hält sämtliche Aktien zum Nennbetrag.

Das Stammkapital wird in voller Höhe dadurch geleistet, daß das einzelkaufmännische Unternehmen Plantechnik Berliner, eingetragen im Handelsregister des Amtsgerichtes Köln unter HRA 1000, als Ganzes mit den zugehörigen Aktiva und Passiva sowie allen Rechten und Pflichten gemäß den Bestimmungen des Umwandlungsgesetzes im Wege der Ausgliederung zur Neugründung und nach der Maßgabe des Ausgliederungsplanes auf die Gesellschaft übertragen wird.

Der Erschienene zu 1. erhält damit Aktien im Nennbetrag von insgesamt DM 100.000,–. Der Nennbetrag des Grundkapitals der Aktiengesellschaft beträgt DM 100.000,–. Damit sind alle Aktien im Nennbetrag von DM 100.000,– übernommen.

Die Aktien werden nach Maßgabe der angefügten Satzung beschränkt.

2. Sonderrechte werden bei dieser Ausgliederung zur Neugründung insofern gewährt, als daß die übernommenen stimmrechtslosen Vorzugsaktien nach Maßgabe der angefügten Satzung den dort näher beschriebenen Vorzug erhalten.

3. Zum Gründungsprüfer soll gemäß § 33 Abs. 2 AktG die Wirtschaftsprüfungsgesellschaft

„Marx & Jansen, Revisions- und Treuhand-GmbH",
– Wirtschaftsprüfungsgesellschaft, Steuerberatungsgesellschaft –

mit dem Sitz in Köln bestellt werden. Deren Einverständnis wurde vorab erbeten und ist diesem Beschluß als *Anlage 4* beigefügt.

Zum Abschlußprüfer gemäß § 30 Abs. 1 AktG wird hiermit die Wirtschaftsprüfungsgesellschaft

„Marx & Jansen, Revisions- und Treuhand-GmbH",
– Wirtschaftsprüfungsgesellschaft, Steuerberatungsgesellschaft –

mit dem Sitz in Köln bestellt. Hinsichtlich deren Einverständnis wird auf die *Anlage 4* verwiesen.

4. Zu Mitgliedern des ersten Aufsichtsrats bestelle ich die nachfolgend genannten Personen:

a) Herrn Martin Dickermann, geb. am 3.3.1950,
Rechtsanwalt, wohnhaft in
Unter Kranenbäumen 3, 50933 Köln, erschienen zu 3.)

b) Herrn Bernd Cremer, geb. am 4.4.1960,
Steuerberater, wohnhaft in
Lindentalgürtel 4, 50933 Köln, erschienen zu 4.)

c) Frau Barbara Herstaller, geb. am 5.5.1970,
Bankangestellte, wohnhaft in
Eigelstein 5, 50933 Köln erschienen zu 5.)

und zwar für die Zeit bis zur Beendigung der Hauptversammlung, die über die Entlastung für das vierte Geschäftsjahr nach dem Beginn der Amtszeit beschließt. Auf § 7 Abs. 2 der anliegenden Satzung wird verwiesen.

Die Erschienenen zu 3. bis 5. nehmen die Bestellung zum Aufsichtsrat an.

5. Der Erschienene zu 1. erklärt, daß er auf alle gesetzlichen Schutzrechte verzichtet, soweit dieses gesetzlich möglich ist. Insbesondere wird unwiderruflich darauf verzichtet, die vorstehenden Beschlüsse zu widerrufen, anzufechten oder dagegen Klage zu erheben. Er verzichtet auf die Prüfung der Ausgliederung.

III. Aufsichtsratssitzung

Die entsprechend dieser Urkunde bestellten Mitglieder des ersten Aufsichtsrats traten sodann unter Verzicht auf alle Form- und Fristvorschriften nach Gesetz und Satzung zusammen und faßten einstimmig folgende Beschlüsse:

1. Zum Vorsitzenden des Aufsichtsrats wird Herr Martin Dickermann gewählt. Zum Stellvertreter wird Herr Bernd Cremer gewählt. Die Gewählten nehmen ihre Wahl an.

2. Der Vorstand soll aus zwei Personen bestehen. Herr Peter Berliner und Frau Gabi Hoffmann, werden für die Dauer von fünf Jahren zu Vorstandsmitgliedern bestellt. Die Gewählten nehmen die Wahl an.

3. Herr Peter Berliner wird zum Vorsitzenden des Vorstands bestimmt. Er nimmt dieses an. Frau Gabi Hoffmann wird zur stellvertretenden Vorsitzenden des Vorstands bestimmt. Sie nimmt dieses an.

Der Erschienene zu 1., Herr Peter Berliner, vertritt die Gesellschaft stets einzeln und ist von den Beschränkungen des § 181 BGB befreit. Die Erschienene zu 2., Frau Gabi Hoffmann, vertritt die Gesellschaft stets einzeln.

IV. Sonstiges

1. Auf die Erstellung eines Spaltungsberichts gemäß § 127 UmwG wird im Namen des Einzelkaufmanns Herrn Peter Berliner und im Namen der neu zu gründenden Aktiengesellschaft ebenso wie im Namen des einzigen Aktionärs verzichtet.

2. Ein Ausgliederungsbericht ist nach §§ 158, 153 UmwG nicht erforderlich. Eine Ausgliederungsprüfung entfällt nach § 125 S. 2 UmwG.

3. Den geschätzten Gründungsaufwand, die Kosten dieser Urkunde und ihres Vollzugs bis zu einer Höhe von DM 20.000,– trägt die Gesellschaft.

4. Der Notar hat insbesondere darüber belehrt bzw. darauf hingewiesen,

- daß die Spaltung erst mit der Eintragung in das Handelsregister des übertragenden Rechtsträgers wirksam wird und diese Eintragung erst nach der Eintragung der neuen Gesellschaft erfolgen kann;
- daß bei der Eintragung der neu entstehenden Gesellschaft im Handelsregister der Wert des Gesellschaftsvermögens nicht niedriger sein darf als das ausgewiesene Stammkapital und daß der Gesellschafter und der übertragende Rechtsträger – mit Ausnahme des übernommenen Gründungsaufwandes – für einen etwa bestehenden Fehlbetrag haften;
- auf die Wirkungen der Eintragung nach §§ 155, 156, 157, 158, 131 UmwG und auf die Haftungsvorschriften der §§ 133, 134 UmwG;
- auf die kündigungsrechtliche Stellung der Arbeitnehmer nach § 323 UmwG sowie auf die Anwendbarkeit des § 613a BGB;
- auf eine eventuelle Schadensersatzpflicht nach § 25 UmwG;
- daß weitergehende Haftungsvorschriften bestehen können, insbesondere § 25 HGB, § 75 AO (133 Abs. 1 S. 2 UmwG).

5. Wir wünschen fünf Ausfertigungen dieser Verhandlung.

6. Erforderliche Genehmigungen werden wirksam mit dem Eingang bei dem amtierenden Notar.

7. Sollte eine Bestimmung dieser Urkunde aus irgendeinem Grund nichtig oder sonst unwirksam sein oder werden, so soll der übrige Teil davon unberührt gelten. Die jeweils Beteiligten sind verpflichtet, mit der erforderlichen Form bei den erforderlichen Beschlüssen und Rechtshandlungen mitzuwirken, die zur Ersetzung bzw. Ergänzung

der unwirksamen oder nichtigen Regelung erforderlich sind. Dabei ist diejenige zulässige Regelung zu vereinbaren, die dem am nächsten kommt, was die Beteiligten bei dieser Beurkundung nachweislich gewollt haben.

Sollten zur Ersteintragung der Ausgliederung zur Neugründung oder des Vollzugs dieser Urkunde im weitesten Sinne im Handelsregister Nachtragsbeschlüsse oder sonstige Versicherungen, Anmeldungen oder Erklärungen vom Registergericht angefordert werden, so ist unter Befreiung von den Beschränkungen des § 181 BGB Herr Rechtsanwalt Sebastian Korts, Hültzstraße 26, 50933 Köln ermächtigt, auch für Vorstand und Aufsichtsrat die entsprechenden Rechtshandlungen vorzunehmen.

Diese Verhandlung nebst Anlagen wurde den Erschienenen von dem Notar vorgelesen, von ihnen genehmigt und von ihnen und dem Notar wie folgt, eigenhändig, unterschrieben

Unterschriften

Anlage 1

Satzung der Plantechnik Berliner Aktiengesellschaft mit dem Sitz in Köln (nicht abgedruckt)

Anlage 2

Vermögensgegenstände des Anlage- und Umlaufvermögens Inventar und Beschreibung (nicht abgedruckt)

Anlage 3

Schlußbilanz Bilanz zum 31.12.1997 mit Gewinn- und Verlustrechnung (nicht abgedruckt)

Anlage 4

Einverständniserklärung der Wirtschaftsprüfungsgesellschaft (nicht abgedruckt)

Anlagen zu Urkunde Nr. 01/1998

des Notars Klaus Pferdmenges mit dem Amtssitz in Köln geschlossen.

Notar

2. Gründungsbericht gemäß § 159 UmwG und § 32 AktG

anläßlich der Ausgliederung zur Neugründung des im Handelsregister HRA 1000 in Köln eingetragenen Einzelunternehmens

Plantechnik Peter Berliner

in die

Plantechnik Berliner Aktiengesellschaft

wird der nachfolgende Gründungsbericht erstellt:

Durch notarielle Urkunde mit der Ur.Nr. 001/1998 vom 26.8.1998 des Notars Dr. Klaus Pferdmenges mit dem Amtssitz in Köln habe ich, der unterzeichnende Gründer Herr Peter Berliner, Kaufmann, geb. 1.1.1930, wohnhaft Marienschlossweg 1, 50933 Köln, als Inhaber des Einzelunternehmens

Plantechnik Peter Berliner

Amtsgericht Köln HRA 1000 die Ausgliederung zur Neugründung in die

Plantechnik Berliner Aktiengesellschaft

beschlossen. Dieser Beschluß, dem seinerseits die Satzung als Anlage beigefügt wurde, ist diesem Bericht als Anlage 1 einschließlich aller dort näher bezeichneten Anlagen beigefügt. Es wird ausdrücklich darauf Bezug genommen.

Zum Aufsichtsrat wurden die nachfolgenden Personen bestellt.

Herr Martin Dickermann, geb. am 3.3.1950,
Rechtsanwalt, wohnhaft Unter Kranenbäumen 3, 50933 Köln

Herrn Bernd Cremer, geb. am 4.4.1960,
Steuerberater, wohnhaft Lindentalgürtel 4, 50933 Köln,

Frau Barbara Herstaller, geb. am 5.5.1970,
Bankangestellte, wohnhaft Eigelstein 5, 50933 Köln,

Diese nahmen die Bestellung an. Sie haben zum Vorsitzenden des Aufsichtsrats Herrn Martin Dickermann, zu seinem Stellvertreter Herrn Bernd Cremer gewählt. Die Gewählten haben die Wahl angenommen. Es wird auf die beigefügte Anlage 1 verwiesen und darauf Bezug genommen.

Der Aufsichtsrat hat durch Beschluß vom 26.8.1997 Herrn Peter Berliner und Frau Gabi Hoffmann zu Vorstandsmitgliedern nach Maßgabe der Satzung bestellt. Herr Peter Berliner wurde zum Vorsitzenden des Vorstands bestellt. Es wird auf die beigefügte Anlage 1 verwiesen und darauf Bezug genommen.

(Angaben gemäß § 32 Abs. 3 AktG)

Der unterzeichnende Gründer, welcher Vorstand bei der neu gegründeten Aktiengesellschaft wurde, hat im Tausch gegen sein Einzelunternehmen Aktien im Nennbetrag von 100.000,– DM erhalten. Es wird auf die beigefügte *Anlage 1* verwiesen und darauf Bezug genommen.

Kein Mitglied des Vorstands oder des Aufsichtsrats hat sich einen Sondervorteil oder eine Belohnung für die Gründung oder die Vorbereitung der Umwandlung ausbedungen.

Die Gesellschaft hat die Kosten der Umwandlung in einer geschätzten Höhe von DM 20.000,– übernommen.

Es besteht eine Personenidentität zwischen dem Inhaber des Einzelunternehmens und dem Vorsitzenden des Vorstands, der gleichzeitig auch Alleingesellschafter der neu gegründeten Aktiengesellschaft ist.

Die Lage des Einzelunternehmens ergibt sich aus der in Anlage 1 anliegenden Bilanz des Jahres 1997. Weiter wird auf die diesem Bericht als *Anlage 2* beigefügte Bilanz des Einzelunternehmens für das Jahr 1996 verwiesen. Aus diesen beiden Bilanzen ergeben sich auch die Anschaffungs- und Herstellungskosten sowie die Betriebserträge der letzten beiden Geschäftsjahre. Vorausgegangene Rechtsgeschäfte, die auf den Erwerb durch die neu gegründete Gesellschaft hingezielt haben, haben nicht stattgefunden. Gegenüber dem Vorjahr 1996, das läßt sich aus den vorgelegten Bilanzen, dort insbesondere aus den Gewinn- und Verlustrechnungen ablesen, hat sich der Geschäftsverlauf positiv entwickelt. Der Umsatz konnte zu dem Vergleichsjahr 1996 um 56,9% gesteigert werden. Gleichzeitig konnte der Gewinn um 125,6% angehoben werden. Das insgesamt positive Ergebnis hat im wesentlichen zu einer Steigerung der kurzfristigen Mittel um 155,8% geführt. Nach den Auswertungen der innerbetrieblichen Buchhaltung bis zum Monat Juli 1998 ist für das gegenwärtige Jahr von einem zumindest vergleichbarem Ergebnis wie im Jahr 1997 auszugehen. Dies ergibt sich aus den als Anlage 3 beigefügten vorläufigen betriebswirtschaftlichen Auswertungen. Das vorläufige Ergebnis 6/98 beinhaltet umfangreiche Renovierungsarbeiten in Höhe von DM 60.000,–. Bereinigt man das vorläufige Ergebnis in Höhe von DM

28.654,– um die vorgenannte Zahl und rechnet diese auf 12 Monate hoch, so ergibt sich ein vorläufiges Ergebnis 12/98 vor Abschreibung in Höhe von DM 177.309,–. Unter Abzug der Abschreibungsbeträge ist mit einer Gewinnsteigerung gegenüber dem Vorjahr 1997 von mindestens 30% zu rechnen. Die abgeschlossene Neuentwicklung einer Lampe läßt erwarten, daß der Geschäftsverlauf spürbar ansteigt. Die Aufwendungen für diese Neuentwicklung sind bereits vollständig im Jahr 1997 erbracht worden. Verluste bestehen nicht. Prozesse drohen nicht und werden gegenwärtig nicht geführt. Eine Wertberichtigung von Forderungen ist nicht zu besorgen.

Hinsichtlich der Voraussetzungen des § 159 Abs. 3 UmwG lege ich hiermit als Anlage 4 eine Vermögensaufstellung vor, in der mein Vermögen den Verbindlichkeiten gegenübergestellt ist. Dabei unterteile ich die Vermögensaufstellung nach Betriebsvermögen und Privatvermögen. Ich habe jeweils die tatsächlichen Werte angesetzt. Aus der Aufstellung folgt, daß die Verbindlichkeiten sowohl im einzelkaufmännischen Bereich als auch im privaten Bereich mein Vermögen nicht übersteigen.

Ich versichere hiermit, daß die Vermögensaufstellung den gegenwärtigen Stand repräsentiert und vollständig ist.

Peter Berliner

Köln, den 26.8.1998

Anlage 1
Bilanz zum 31.12.1997 mit Gewinn- und Verlustrechnung (nicht abgedruckt).

Anlage 2
Jahresabschluß zum 31.12.1996 (nicht abgedruckt).

Anlage 3
BWA Juli 1997 (nicht abgedruckt).

Anlage 4
Vermögensaufstellung des Einzelunternehmens zu Buchwerten.

3. Gründungsprüfung

anläßlich der Ausgliederung zur Neugründung des im Handelsregister HRA 1000 in Köln eingetragenen Einzelunternehmens

Plantechnik Peter Berliner

in die

Plantechnik Berliner Aktiengesellschaft

wird durch die unterzeichnenden Mitglieder des ersten Vorstands und des ersten Aufsichtsrats der

Plantechnik Berliner Aktiengesellschaft

die nachfolgende Gründungsprüfung durchgeführt. Dazu hat uns die notarielle Urkunde 001/1998 des Notars Dr. Klaus Pferdmenges mit dem Amtssitz in Köln nebst den in der Urkunde bezeichneten Anlagen vom 26.8.1997 vorgelegen.

Nach unseren Feststellungen entspricht der Hergang der Gründung in Form der Ausgliederung zur Neugründung den gesetzlichen Vorschriften. Die Angaben des Gründers über die Übernahme der Aktien, die Einlage auf das Grundkapital und über die Festsetzungen nach §§ 26, 27 Aktiengesetz sind richtig und vollständig. Der Wert der Sacheinlage erreicht den Nennbetrag der zu gewährenden Aktien. Die Bestellung des ersten Aufsichtsrats und des ersten Vorstands sowie die Bestellung des Abschlußprüfers für das erste Geschäftsjahr sind erfolgt. Die Satzung enthält den Mindestinhalt gemäß § 23 Abs. 3 und 4 Aktiengesetz, die übrigen Satzungsbestimmungen sind ebenfalls ordnungsgemäß. Gegen den Ansatz der Gründungskosten bestehen keine Einwendungen.

Die Verbindlichkeiten des Einzelkaufmanns Herrn Peter Berliner übersteigen nicht sein Vermögen.

Der Gründungsbericht ist vollständig und richtig.

Köln, den 26.8.1998

Peter Berliner
Gabi Hoffmann
Barbara Herstaller

Martin Dickermann
Bernd Cremer

UR – Nr. 03/1998 des Notars Dr. Klaus Pferdmenges in Köln

Vorstehende vor mir persönlich vollzogene Namensunterschriften der mir inzwischen persönlich bekannten folgenden Personen:

des Unternehmensberaters Herrn Peter Berliner,
geb. 1.1.1930, wohnhaft in 50939 Köln, Marienschlossweg 1,

der Vermögensverwalterin Frau Gabi Hoffmann,
geb. 2.2.1940, wohnhaft in 50933 Köln, Klever Straße 1,

des Rechtsanwalts Martin Dickermann,
geb. 3.3.1950, wohnhaft in 50933 Köln, Unter Kranenbäumen 3,

des Steuerberaters Bernd Cremer,
geb. 4.4.1960, wohnhaft in 50933 Köln, Lindentalgürtel 4,

der Bankangestellte Frau Barbara Herstaller,
geb. 5.5.1970, wohnhaft in 50933 Köln, Eigelstein 5,

beglaubige ich hiermit öffentlich,

ebenso die vor mir vollzogenen Namenszeichnungen der vorstehend zu 1) und 2) genannten Herrn Peter Berliner und Frau Gabi Hoffmann als Vorstandsmitglieder.

Köln, den 26. August 1997

Dr. Klaus Pferdmenges

Notar

4. Anmeldung der Ausgliederung

Urkundenrolle Nummer 02/1998

Amtsgericht Köln
– Handelsregister –
Reichenspergerplatz 1
50670 Köln

Köln, den 26.8.1998

Betr.: Ausgliederung des Unternehmens des Einzelkaufmanns Peter Berliner, HRA 1000 beim Amtsgericht Köln

Zur Eintragung in das Handelsregister wird angemeldet, daß der Einzelkaufmann Peter Berliner sein einzelkaufmännisches Unternehmen, welches unter HRA 1000 beim Amtsgericht Köln eingetragen ist, mit allen Akitva und Passiva auf die dadurch neu gegründete Gesellschaft

Plantechnik Berliner Aktiengesellschaft

mit dem Sitz in Köln unter Anwendung der §§ 152 ff., 123 ff.des Umwandlungsgesetzes ausgegliedert hat.

Mit Eintragung der Ausgliederung ist die Firma erloschen.

Der Anmeldung sind beigefügt:

- beglaubigte Abschrift des Ausgliederungsplans zur Urkunde des Notars Dr. Klaus Pferdmenges mit dem Amtssitz in Köln vom 7.5.1998, Ur-Nr. 01/1998 welche in der Anlage enthält:
  die Satzung des neuen Rechtsträgers,
  eine Übersicht über das zu übertragende Vermögen,
  die Bilanz des übertragenden Rechtsträgers auf den 31.12.1997,
  die Einverständniserklärung des Gründungsprüfers;
- die Liste der Gesellschafter der übernommenen Stammeinlage;
- beglaubigte Abschrift des Gründungsberichts, welcher in der Anlage enthält:
  die Bilanz des übertragenden Rechtsträgers auf den 31.12.1996,
  eine betriebswirtschaftliche Auswertung des übertragenden Rechträgers auf den 31.7.1998,
  die Vermögensaufstellung des Kaufmanns Herrn Peter Berliner;
- beglaubigte Abschrift des Berichts über die Gründungsprüfung;
- beglaubigte Abschrift der Anmeldung zum Handelsregister bezüglich Neugründung der Aktiengesellschaft mit der Firma „Plantechnik Berliner Aktiengesellschaft" mit dem Sitz in Köln in Anwendung der Vorschriften des Umwandlungsgesetzes.

Es wird versichert, daß die Verbindlichkeiten des Einzelkaufmanns Herrn Peter Berliner sein Vermögen nicht übersteigen. Wegen der Einzelheiten wird auf den Gründungsbericht verwiesen.

Köln, den 26.8.1998

UR.-Nr. 02/1998 des Notars Dr. Klaus Pferdmenges in Köln

Vorstehende vor mir persönlich vollzogene Namensunterschrift des mir inzwischen persönlich bekannten Kaufmannes Herrn Peter Berliner, geb. 1.1.1930, wohnhaft in Marienschlossweg 1, 50933 Köln, beglaubige ich hiermit öffentlich.

Köln, den 26.8.1998

Notar

5. Anmeldung der Neugründung

UR-Nr. 03/1998

Amtsgericht Köln
– Handelsregister –
Reichenspergerplatz 1
50670 Köln

Köln, den 26.8.1998

Betr.: Neugründung der Aktiengesellschaft mit der Firma
Plantechnik Berliner Aktiengesellschaft
mit dem Sitz in Köln
in Anwendung der Vorschriften des Umwandlungsgesetzes
(§§152 ff., 123 ff.)

Zur Eintragung in das Handelsregister wird angemeldet, daß der Einzelkaufmann Herr Peter Berliner sein einzelkaufmännisches Unternehmen, welches unter HRA 1000 beim Amtsgericht Köln eingetragen ist mit allen Aktiva und Passiva auf die dadurch neu gegründete Gesellschaft

Plantechnik Berliner Aktiengesellschaft

mit dem Sitz in Köln unter Anwendung der §§ 152 ff., 123 ff. des Umwandlungsgesetzes ausgeliedert hat.

Herr Peter Berliner ist Inhaber des übertragenden Rechtsträgers, des im Handelsregister des Amtsgerichts Köln unter HRA 1000 eingetragenen Einzelunternehmens.

Über dies wird versichert, daß die Vorstandsmitglieder über ihre diesbezügliche unbeschränkte Auskunftspflicht gegenüber Notar und Handelsregister vom beglaubigenden Notar belehrt worden sind. Weiterhin wird versichert, daß sie nach § 51 Abs. 2 des Gesetzes über das Zentralregister und das Erziehungsregister in der Fassung der Bekanntmachung vom 22.7.1976 (BGBl. S. 2005) von dem beglaubigenden Notar belehrt worden sind.

Die Vertretungsbefugnis ist allgemein wie folgt geregelt:

§ 5 der Satzung

Der Vorstand der Gesellschaft besteht aus einer oder mehreren Personen. Der Aufsichtsrat bestimmt die Zahl der Mitglieder des Vorstands. Der Aufsichtsrat kann einen Vorsitzenden des Vorstands ernennen. Der Aufsichtsrat kann jedes Vorstandsmitglied von den Bestimmungen des § 181 BGB befreien.

Der Vorstand gibt sich mit Zustimmung des Aufsichtsrats eine Geschäftsordnung.

§ 6 Vertretung

Ist nur ein Vorstand bestellt, so vertritt dieser die Gesellschaft allein. Besteht der Vorstand aus mehreren Personen, so wird die Gesellschaft durch zwei Vorstandsmitglieder gemeinsam oder durch ein Mitglied des Vorstands zusammen mit einem Prokuristen vertreten. Die Geschäftsordnung des Vorstands kann abweichendes bestimmen.

Die Vertretungsbefugnis des neu bestellten Vorstandsmitgliedes Peter Berliner, der seine Namensunterschrift wie folgt zeichnet, ist im Einzelfall wie folgt geregelt: Das Vorstandsmitglied Peter Berliner, Unternehmensberater in Köln, vertritt die Gesellschaft stets einzeln und ist von den Beschränkungen des § 181 BGB befreit. Er ist zum Vorsitzenden des Vorstands ernannt.

Die Vertretungsbefugnis des neu bestellten Vorstandsmitgliedes Gabi Hoffmann die ihre Namensunterschrift wie folgt zeichnet, ist im Einzelfall wie folgt geregelt: Das Vorstandsmitglied Gabi Hoffmann, Vermögensverwalterin in Köln, vertritt die Gesellschaft stets einzeln. Sie ist zum stellvertretenden Vorsitzenden des Vorstands ernannt.

Die Vorstandsmitglieder zeichnen ihre Namensunterschrift wie folgt:

Peter Berliner Gabi Hoffmann

Die Geschäftsräume der Gesellschaft befinden sich in der Steinsstraße, 50933 Köln

Wir zeigen auch die in der Urkunde enthaltene Wahl der folgenden drei Aufsichtsratsmitglieder an:

Herr Martin Dickermann, geb. 3.3.1950,
Rechtsanwalt, wohnhaft in Unter Kranenbäumen 3, 50933 Köln

Herr Bernd Cremer, geb. 4.4.1960,
Steuerberater, wohnhaft in Lindentalgürtel 4, 50933 Köln,

Frau Barbara Herstaller, geb. 5.5.1970,
Bankangestellte, wohnhaft in Eigelstein 5, 50933 Köln

Diese nahmen die Bestellung an. Sie haben zum Vorsitzenden des Aufsichtsrats Herrn Martin Dickermann und zu seinem Stellvertreter Herrn Bernd Cremer gewählt. Die Gewählten haben die Wahl angenommen.

Beide Vorstandsmitglieder erklären gemäß § 16 Abs. 2 S. 2 Halbs. 2 UmwG, daß eine Anfechtung ausgeschlossen ist und daher eine Negativerklärung nach § 16 Abs. 2 S. 1 UmwG entbehrlich ist.

Nach Eintragung bitten wir um Übersendung eines beglaubigten Handelsregisterauszugs an die Gesellschaft und den beglaubigenden Notar.

Die unterzeichneten Gesellschafter, Vorstände und sämtliche Aufsichtsratsmitglieder treten der Anmeldung bei.

Die in der Urkunde 01/1998 des beglaubigenden Notars erteilte Vollmacht für Herrn Rechtsanwalt Sebastian Korts, Hültzstraße 26, 50933 Köln, gilt auch für Anmeldungen und Nacherklärungen zum Handelsregister.

Köln, den 26.8.1998

C. Formularbeispiel für die Umwandlung einer OHG bzw. BGB-Gesellschaft in eine AG

Hier wurde eine BGB-Gesellschaft die bisher in der Rechtsform der OHG betrieben wurde, in eine Aktiengesellschaft umgewandelt. Mit diesem Schritt sollten möglicherweise in der Zukunft auftretende erbrechtliche Probleme abgeschwächt werden.

Die Gesellschafter haben die Aufsichtsräte nicht am Beschluß teilnehmen lassen, so daß diese die Wahl nicht annehmen und daher auch noch keinen Vorsitzenden wählen konnten. Weiter verdeutlicht der Beschluß, daß die Frage des Gründungsprüfers nicht geklärt war. Beide Beschlüsse wurden außerhalb der notariellen Urkunde durchgeführt. Es bleibt dem Gericht vorbehalten, in diesem Fall ergänzenden Schriftverkehr mit dem Wirtschaftsprüfer dahingehend zu führen, ob er als Gründungs- und als Abschlußprüfer in Betracht kommt.

1. Umwandlungsbeschluß

UR.-Nr. /1998

Verhandelt zu Köln 7. August 1998

Vor dem unterzeichneten Notar
Dr. Klaus Pferdmenges mit Amtssitz in Köln

erschienen, ausgewiesen durch Vorlage ihrer deutschen Personalausweise:

1. Herr Peter Berliner, geb. 1.1.1930, Unternehmensberater, wohnhaft in 50933 Köln, Marienschlossweg 1,

2. Frau Gabi Hoffmann, geb. 2.2.1940, Vermögensverwalterin, wohnhaft in 50933 Köln, Klever Straße 2,

beide hier handelnd im eigenen Namen und in ihrer Eigenschaft als geschäftsführungs- und alleinvertretungsberechtigte Gesellschafter der im Handelsregister des Amtsgerichts Köln unter HRA 1000 eingetragenen offenen Handelsgesellschaft mit der Firma Plantechnik Berliner OHG mit Sitz in Köln. Die Gesellschaft betreibt die Planung und Ausführung von Elektro-Installationen und Beleuchtungsanlagen.

Die Erschienenen erklärten:

I.

1. Gesellschafter der vorgenannten offenen Handelsgesellschaft der Firma Plantechnik Berliner OHG mit Sitz in Köln sind

a) der zu 1. erschienene Herr Peter Berliner
mit einer Kapitaleinlage von DM 500.000,–

b) die zu 2. erschienene Frau Gabi Hoffmann
mit einer Kapitaleinlage von DM 500.000,–

Die Stimmen der Gesellschafter entsprechen dem Nennbetrag ihrer Kapitaleinlagen.

Herr Peter Berliner und Frau Gabi Hoffmann sind beide jeweils allein zur Geschäftsführung und zur Vertretung berechtigt.

2. Die Gesellschafter beabsichtigen, die Gesellschaft nach den Vorschriften der §§ 190 ff. des Umwandlungsgesetz in eine Aktiengesellschaft umzuwandeln.

3. Wir verzichten hiermit ausdrücklich auf die Erstattung eines Umwandlungsberichts (§ 192 UmwG) sowie auf die Unterbreitung eines Abfindungsangebots (§ 207 UmwG) sowie auf alle Form- und Fristvorschriften für die Einberufung einer Gesellschafterversammlung und die Ankündigung des Formwechsels als Gegenstand der Beschlußfassung (§ 216 UmwG).

II.

Sodann treten die Erschienen zu 1. und 2. als Gesellschafter der Plantechnik Berliner OHG zu einer Gesellschaftsversammlung zusammen und fassen einstimmig den folgenden

Umwandlungsbeschluß

1. Die Gesellschaft soll durch Formwechsel die Rechtsform einer Aktiengesellschaft erhalten.

2. Die Firma der Gesellschaft in der Rechtsform der Aktiengesellschaft lautet:

Plantechnik Berliner Aktiengesellschaft.

Die Aktiengesellschaft hat ihren Sitz in Köln.

3. Das Grundkapital der Aktiengesellschaft beträgt DM 200.000,–

Daran sind die Gesellschafter wie folgt beteiligt:
a) Herr Peter Berliner und
b) Frau Gabi Hoffmann
mit jeweils 20.000 Aktien im Nennwert von DM 5,–, ergibt jeweils DM 100.000,–, so daß beide Gesellschafter zusammen 40.000 Stück im Nennwert von DM 5,– halten.

Im einzelnen ergeben sich Art, Zahl und Umfang der Beteiligung der bisherigen Gesellschafter der offenen Handelsgesellschaft an der künftigen Aktiengesellschaft, die einen Bestandteil dieses Umwandlungbeschlusses ist.

4. Inhaber besonderer Rechte in der offenen Handelsgesellschaft gibt es nicht, insbesondere werden Rechte nach §194 Abs. 1 Nr. 5 UmwG in der Aktiengesellschaft nicht eingeräumt.

5. Die Arbeitsverhältnisse mit den Arbeitnehmern der Gesellschaft werden von ihr auch in neuer Rechtsform fortgesetzt. Auswirkungen mitbestimmungsrechtlicher und tarifvertraglicher Art ergeben sich nicht. Dem Aufsichtsrat der Aktiengesellschaft werden Vertreter der Arbeitnehmer nicht angehören, da die Gesellschaft weniger als 500 Arbeitnehmer beschäftigt.

6. Die Satzung der Aktiengesellschaft ergibt sich aus der diesem Protokoll beigefügten und festen Bestandteil bildenden Anlage 1.

7. In den Aufsichtsrat der Gesellschaft werden gewählt

a) Herr Martin Dickermann, geb. am 3.3.1950, Rechtsanwalt, wohnhaft in 50933 Köln, Unter Kranenbäumen 3,
b) Herr Bernd Cremer, geb. am 4.4.1960, Steuerberater, wohnhaft in 50933 Köln, Lindentalgürtel 4
c) Frau Barbara Herstaller, geb. am 5.5.1970, Bankangestellte, wohnhaft in 50933 Köln, Eigelstein 5.

Ihre Amtszeit endet mit der Beendigung der Hauptversammlung, die über die Entlastung für das erste Voll- oder Rumpfgeschäftsjahr beschließt.

8. Zum Abschlußprüfer für das erste Voll- oder Rumpfgeschäftsjahr wird Herr Wirtschaftsprüfer Diplom-Kaufmann Eberhard Ehrlich, von der Wirtschaftsprüfungsgesellschaft Marx & Jansen, Revisions- und Treuhand GmbH, Wirtschaftsprüfungsgesellschaft, Steuerberatungsgesellschaft, Treustraße 6, 50933 Köln, bestellt.

III.

Sämtliche Gesellschafter verzichten hierdurch bereits jetzt auf eine Klage gegen die Wirksamkeit des vorstehenden Umwandlungsbeschlusses (§ 16 Abs. 2 Satz 2 UmwG).

IV.

Die Erschienenen bevollmächtigen – jeweils einzelvertretungsbefugt und von den Beschränkungen des § 181 BGB befreit – den Notariatsangestellten des amtierenden Notars

Herrn Hermann Helfer, geschäftsansässig in 50933 Köln, Notarstraße 100,

Änderungen und Ergänzungen dieser Verhandlung für die Erschienenen zu beschließen und zum Handelsregister anzumelden.

V.

Der Notar hat auf folgendes hingewiesen:

Die beiden bisherigen geschäftsführungsbefugten Gesellschafter der OHG sind bei Verletzung ihrer Sorgfaltspflicht gesamtschuldnerisch verpflichtet, den Gläubigern der OHG den Schaden zu ersetzen, den diese durch den Formwechsel erleiden.

Der Formwechsel wird erst wirksam, wenn die neue Rechtsform Aktiengesellschaft in dem für sie zuständigen Register eingetragen ist.

Soweit Rechte an den Gesellschaftsanteilen an der OHG bestehen sollten, setzen sich diese an den künftigen Aktien fort.

Wird die Aktiengesellschaft unter Verstoß gegen § 220 Abs.1 UmwG in das Handelsregister eingetragen, ist der Formwechsel wirksam. In diesem Fall ist jeder Gesellschafter, der für den Formwechsel gestimmt hat, verpflichtet, den Fehlbetrag zum vereinbarten Grundkapital in Geld zu leisten.

Das Registergericht wird die Eintragung des Formwechsels bekannt machen. Darin werden die Gläubiger der OHG auf folgendes Recht hingewiesen: Wenn sie binnen sechs Monaten nach der Bekanntmachung ihren Anspruch nach Grund und Höhe gegenüber der AG schriftlich anmelden und glaubhaft machen, daß die Erfüllung ihrer Forderung durch den Formwechsel gefährdet wird, können sie Sicherheitsleistung verlangen, sofern sie nicht schon die Befriedigung ihrer Forderung beanspruchen können.

Diese Niederschrift nebst Anlage 1 wurde den Erschienenen in Gegenwart des Notars vorgelesen, von ihnen genehmigt und eigenhändig, wie folgt, unterschrieben:

Peter Berliner   Gabi Hoffmann

Notar

Anlage 1
Satzung der Aktiengesellschaft mit der Firma Plantechnik Berliner Aktiengesellschaft (hier nicht abgedruckt).

2. Niederschrift über die 1. Aufsichtsratssitzung der Plantechnik Berliner Aktiengesellschaft vom 7. August 1998

Der Aufsichtsrat hat in Anwesenheit der Aufsichtsratsmitglieder, Herrn Martin Dickermann, Herrn Bernd Cremer und Frau Barbara Herstaller, am 7.8.1998 in der Zeit von 15.00 bis 15.30 Uhr getagt.

Unter Verzicht auf alle Formen und Fristen wurden nachfolgende Beschlüsse einstimmig getroffen:

Es wurde Frau Barbara Herstaller zur Schriftführerin gewählt. Herr Martin Dickermann wurde zum Vorsitzenden des Aufsichtsrats gewählt. Herr Bernd Cremer wurde zum stellvertretenden Vorsitzenden gewählt. Diese haben, jeder für sich, die Bestellung angenommen.

Der Aufsichtsrat bestellt Herrn Peter Berliner und Frau Gabi Hoffmann zu Mitgliedern des Vorstands für die Dauer von drei Jahren.

Die Gewählten sind jeweils alleinvertretungsberechtigt und von den Beschränkungen des § 181 BGB befreit, soweit dem nicht § 112 AktG entgegensteht.

Dickermann   Köln, den 7. August 1998

3. Umwandlungs- und Gründungsbericht der Gründer der Plantechnik Berliner Aktiengesellschaft Köln

Als Gesellschafter der Plantechnik Berliner OHG, Köln, die durch Umwandlungsbeschluß vom 7.8.1998 formwechselnd in eine Aktiengesellschaft umgewandelt werden soll, und zugleich als Gründer der Plantechnik Berliner Aktiengesellschaft, Köln, erstatten wir über den Hergang der Umwandlung und der Gründung folgenden Bericht:

1. Die Satzung der Gesellschaft ist am 7.8.1998 festgestellt worden (UR.-Nr. .../1998 des Notars Dr. Korrekt, Köln).

2. Das Grundkapital der Gesellschaft beträgt DM 200.000,–. Es ist eingeteilt in 40.000 Stück stimmberechtigte Stammaktien im Nennbetrag von je DM 5,–.

3. Wie aus dem Beschluß über die Umwandlung/Gründung der Gesellschaft ersichtlich, haben wir die Aktien der Plantechnik Berliner Aktiengesellschaft wie folgt übernommen:

Peter Berliner
20.000 Stammaktien Gesamtbetrag DM 100.000,–

Frau Gabi Hoffmann
20.000 Stammaktien Gesamtbetrag DM 100.000,–

4. Über die Angemessenheit der Leistung der Gesellschaft für die aufgrund des Umwandlungsbeschlusses erfolgende Übertragung des Vermögens der Plantechnik Berliner OHG auf die Plantechnik Berliner Aktiengesellschaft machen wir folgende Angaben:

a) Der Wert des eingebrachten Vermögens der Plantechnik Berliner OHG wurde mit mindestens DM 200.000,– angesetzt. Der Formwechsel erfolgt handels- und steuerrechtlich zum Buchwert auf Basis der fortgeführten Bilanz der Plantechnik Berliner OHG vom 31.12.1997, aufgestellt durch die Wirtschaftsprüfungsgesellschaft Marx & Jansen, Revisions- und Treuhand GmbH, Wirtschaftsprüfungsgesellschaft, Steuerberatungsgesellschaft, Köln.

Die Kapitalaufbringung zum Zeitpunkt des Umwandlungsvorgangs wurde auf Basis eines Vermögensstatus zum 30.6.1998 nachgewiesen. Die Kapitalaufbringung wird durch die Wirtschaftsprüfungsgesellschaft Marx & Jansen, Revisions- und Treuhand GmbH, Wirtschaftsprüfungsgesellschaft, Steuerberatungsgesellschaft, Köln im Rahmen einer Gründungsprüfung überprüft.

b) Die Plantechnik Berliner OHG hat außerhalb des Umwandlungsbeschlusses keine die Plantechnik Berliner Aktiengesellschaft betreffenden Rechtsgeschäfte abgeschlossen, die auf den Übergang des Vermögens der Plantechnik Berliner OHG auf die Aktiengesellschaft hingezielt haben.

c) Die Anschaffungs- und Herstellungskosten der aufgrund des Formwechsels der Plantechnik Berliner Aktiengesellschaft zuzurechnenden Vermögensgegenstände aus den letzten beiden Jahren vor Feststellung der Satzung ergeben sich aus der nachfolgenden Zusammenstellung der Zugänge zum Anlagevermögen:

Gemäß Anlagenspiegel stellt sich die Entwicklung der Zugänge des Anlagevermögens in den Jahren 1996 und 1997 wie folgt dar:

(aa)	Immaterielle Vermögensgegenstände:	Zugänge 1996: DM	0,–
		Zugänge 1997: DM	1.266,–
(bb)	Sachanlagen:	Zugänge 1996: DM	367.404,–
		Zugänge 1997: DM	239.682,–

d) Die Plantechnik Berliner OHG hat in den Geschäftsjahren 1996 und 1997 folgende Umsätze und Betriebserträge (Jahresüberschüsse) erzielt:

<u>Geschäftsjahr 1996</u>

Umsatz	DM 6.500.000,–
Jahresüberschuß	DM 895.000,–

<u>Geschäftsjahr 1997</u>

Umsatz	DM 4.445.000,–
Jahresüberschuß	DM 213,000,–

e) Der Geschäftsverlauf der letzten beiden Jahre der Gesellschaft ist durch zurückgehende Umsätze und gleichartige Ergebnisse gekennzeichnet. Die Ursache dafür liegt im wesentlichen in einer gesamtwirtschaftlichen negativen Phase der Lampenindustrie. Weiterhin kommt aufgrund von weltweiten Fertigungen erhöhte Preiskonkurrenz hinzu. Dies hat dazu geführt, daß zur Sicherung der Beschäftigungspolitik und der Bindung des Know how der Arbeitnehmer Preisreduktionen akzeptiert wurden.

Die Gesellschaft hat in den letzten beiden Jahren zwar die Beschäftigung sichern können, bei einzelnen Produkten wurden Verluste erwirtschaftet. Hier wurden sachliche wie personelle Maßnahmen ergriffen. Bestimmte fertigungstechnisch sehr aufwendige Produkte werden nicht mehr produziert, andere werden erst bei bestimmten Mindestabnahmemengen gefertigt.

Für das Jahr 1998 wird als Folge der in 1997 ergriffenen Maßnahmen eine positive Entwicklung und ab 1998 wieder eine Umsatz- und vor allem Ertragssteigerung erwartet.

Die Liquiditätslage der Gesellschaft ist zufriedenstellend. Die Gesellschaft konnte ihren Zahlungsverpflichtungen stets termingerecht nachkommen.

f) Wir stellen daher fest:

Der Gesamtwert der im Rahmen der formwechselnden Umwandlung erfolgenden Sacheinlage ist mindestens so hoch wie der Gesamtnominalbetrag der gewährten Aktien. Die Leistungen der Aktiengesellschaft für die im Rahmen der Umwandlung vollzogene Sacheinlage sind angemessen.

5. Zu Mitgliedern des ersten Aufsichtsrats haben die Gründer gemäß § 31 Abs. 1 S. 2 AktG folgende Personen bestellt.

a) Herr Martin Dickermann, Rechtsanwalt, Köln,
b) Herr Bernd Cremer, Steuerberater, Köln,
c) Frau Barbara Herstaller, Bankangestellte, Köln

Der erste Aufsichtsrat hat zu seinem Vorsitzenden das Aufsichtsratsmitglied Herrn Martin Dickermann und zu dessen Stellvertreter das Aufsichtsratsmitglied Herrn Bernd Cremer bestellt.

Der Aufsichtsrat hat Herrn Peter Berliner und Frau Gabi Hoffmann zu Vorstandsmitgliedern bestellt. Beide Vorstandsmitglieder sind in den Grenzen des § 112 AktG von den Beschränkungen des § 181 BGB befreit.

Zum Abschlußprüfer für das erste Geschäftsjahr wurde die Wirtschaftsprüfungsgesellschaft Marx & Jansen, Revisions- und Treuhand GmbH, Wirtschaftsprüfungsgesellschaft, Steuerberatungsgesellschaft, Köln, Treustraße 6 in 50933 Köln, bestellt.

9. Bei der Gründung haben die folgenden Mitglieder des Vorstands Aktien übernommen:

a) Herr Peter Berliner
b) Frau Gabi Hoffmann

10. Mitglieder des Aufsichtsrats haben Aktien nicht übernommen. Auch für Rechnung eines Mitglieds des Vorstands oder des Aufsichtsrats sind bei der Gründung keine Aktien übernommen worden.

11. Weder ein Mitglied des Vorstands noch ein Mitglied des Aufsichtsrats hat sich einen besonderen Vorteil oder für die Umwandlung/Gründung oder ihre Vorbereitung eine Entschädigung oder Belohnung ausbedungen.

12. Gemäß § 14 der Satzung hat die Plantechnik Berliner Aktiengesellschaft die Umwandlungs-/Gründungskosten, die auf DM 25.000,– geschätzt werden, übernommen.

Köln, den 7.8.1998

Peter Berliner Gabi Hoffmann

4. Umwandlungs- und Gründungsprüfungsbericht der Mitglieder des Vorstands und des Aufsichtsrats der Plantechnik Berliner Aktiengesellschaft, Köln

Als Mitglieder des Vorstands und des Aufsichtsrats der Plantechnik Berliner Aktiengesellschaft, Köln, erstatten wir über den Hergang der Umwandlung der Plantechnik Berliner OHG, Köln, in eine Aktiengesellschaft und über die Gründung der Plantechnik Berliner Aktiengesellschaft den folgenden Prüfungsbericht:

Zur Prüfung haben uns folgende Unterlagen vorgelegen:

- Beglaubigte Abschrift der notariellen Niederschrift über die formwechselnde Umwandlung der Plantechnik Berliner OHG, Köln, in die Plantechnik Berliner Aktiengesellschaft, Köln, und die Bestellung des ersten Aufsichtsrats vom 7.8.1998;
- Umwandlungs- und Gründungsbericht der Gründer der Plantechnik Berliner Aktiengesellschaft vom 7.8.1998;
- Niederschrift über die Bestellung des Vorstands durch den Aufsichtsrat vom 7.8.1998;
- Bilanzen der Plantechnik Berliner OHG zum 31.12.1996 und zum 31.12.1997, aufgestellt durch die Wirtschaftsprüfungsgesellschaft Marx & Jansen, Revisions- und Treuhand GmbH, Wirtschafts-

prüfungsgesellschaft, Steuerberatungsgesellschaft, Treustraße 6, 50933 Köln;
- Vermögensstatus der Plantechnik Berliner OHG zum 30.6.1998.

Von uns wurde die Umwandlung/Gründung geprüft. Gegenstand der im Rahmen der formwechselnden Umwandlung der Plantechnik Berliner OHG in die Plantechnik Berliner Aktiengesellschaft erfolgenden Sacheinlage ist das gesamte sich im Gesamthandsvermögen der Gesellschafter der Plantechnik Berliner OHG befindende Vermögen dieser Gesellschaft. Die Umwandlung bzw. der Formwechsel erfolgt im Wege der Gesamtrechtsnachfolge.

Die Angaben der Gründer/Gesellschafter über die Übernahme der Aktien, die Einlagen auf das Grundkapital und die Festsetzung nach §§ 26 und 27 AktG sind richtig und vollständig. Die Angaben der Gründer zum Gesellschaftsverlauf und zur Lage der umgewandelten Gesellschaft sind zutreffend. Die Gründung entspricht nach unseren Feststellungen den gesetzlichen Vorschriften. Sondervorteile zugunsten einzelner Aktionäre sind nicht ausbedungen worden.

Gemäß § 14 der Satzung hat die Plantechnik Berliner Aktiengesellschaft die Umwandlungs-/Gründungskosten, die auf DM 25.000,– geschätzt werden, übernommen. Einwendungen gegen diesen Ansatz sind nicht zu bemerken. Zu Lasten der Gesellschaft ist ein Aufwand an Aktionäre oder andere Personen als Entschädigung oder als Belohnung für die Umwandlung/Gründung oder ihre Vorbereitung nicht gewährt worden.

Köln, den 11.8.1998

Peter Berliner	Gabi Hoffmann
Martin Dickermann	Bernd Cremer
Barbara Herstaller	

5. Gründungsprüfungsbericht gemäß §§ 197, 220 Abs. 3 UmwG in Verbindung mit § 34 Abs. 2 AktG

a) Auftrag und Auftragsdurchführung

Mit Beschluß des Amtsgerichts Köln vom 19.9.1998 ist die Gesellschaft, für die ich unterzeichne, gemäß §§ 220 Abs. 2, 197 UmwG i. V. mit § 33 Abs. 3 AktG zum Gründungsprüfer bestellt worden.

Den Umfang meiner Prüfung bestimmen §§ 220 Abs. 3, 197 UmwG i. V. § 34 Abs. 1 AktG. Die Prüfung erstreckte sich insbesondere auf den Vorgang der Gründung durch Formwechsel, die Einlage auf das Grundkapital und die Festsetzung nach §§ 26, 27 AktG sowie darauf, ob der Wert der Sacheinlage den Nennbetrag der gewährten Aktien erreicht. Darüber hinaus prüfte ich den gesetzlich vorgeschriebenen Bericht über den Hergang der Gründung sowie den Bericht über die Gründungsprüfung durch die Mitglieder des Vorstands und Aufsichtsrats.

Folgende Unterlagen haben mir zur Verfügung gestanden:

- Beglaubigte Abschrift der notariellen Niederschrift über die formwechselnde Umwandlung Plantechnik Berliner OHG, Köln, in die Plantechnik Berliner Aktiengesellschaft, Köln, und die Bestellung des ersten Aufsichtsrats vom 7.8.1998.
- Umwandlungs- und Gründungsbericht der Gründer der Plantechnik Berliner Aktiengesellschaft vom 7.8.1998.
- Umwandlungs- und Gründungsprüfungsbericht der Mitglieder des Vorstands und Aufsichtsrats der Plantechnik Berliner Aktiengesellschaft vom 7.8.1998.
- Niederschrift über die Bestellung des Vorstands durch den Aufsichtsrat vom 7.8.1998.
- Bilanzen der Plantechnik Berliner OHG, Köln, zum 31.12.1996 und zum 31.12.1997, aufgestellt durch die Wirtschaftsprüfungsgesellschaft Marx & Jansen, Revisions- und Treuhand GmbH, Wirtschaftsprüfungsgesellschaft, Steuerberatungsgesellschaft, Treustraße 6, 50933 Köln.
- Vermögensstatus der Plantechnik OHG zum 30.6.1998.

Auskunft haben mir die Gesellschafter Herr Peter Berliner und Frau Gabi Hoffmann gegeben

b) Darstellung und Beurteilung der Gründung

Der Formwechsel der Plantechnik Berliner OHG, eingetragen unter Nr. 12600 im Handelsregister des Amtsgerichts Köln, in eine Aktiengesellschaft erfolgt nach den Bestimmungen der §§ 190 bis 225 UmwG, wobei der formwechselnde Rechtsträger in der in dem Umwandlungsbeschluß bestimmten Rechtsform der Aktiengesellschaft weiter besteht.

In der Gesellschafterversammlung am 11.7.1998 haben die Gesellschafter der Plantechnik Berliner OHG, Herr Peter Berliner und Frau Gabi Hoffmann, den Formwechsel der Plantechnik Berliner OHG in die Plantechnik Berliner Aktiengesellschaft beschlossen.

Das Grundkapital der Aktiengesellschaft beträgt DM 200.000,– und ist eingeteilt in Stammaktien zum Nennwert von je DM 5,–. Herr Peter Berliner und Frau Gabi Hoffmann haben jeweils 20.000 Aktien übernommen, so daß sie jeweils mit DM 100.000,– am Grundkapital beteiligt sind.

Die Satzung wurde durch notarielle Beurkundung des Beschlusses der Gesellschafterversammlung am 7.8.1998 festgestellt (UR-Nr. /1998 des Notars Dr. Korrekt, Köln).

Die Gesellschafter haben auf die Erstattung eines Umwandlungsberichts nach § 192 UmwG gemäß dem notariell beurkundeten Protokoll vom 7.8.1998 (UR-Nr. /1998 des Notars Dr. Korrekt, Köln) verzichtet.

Im notariell beurkundeten Umwandlungsbeschluß vom 11.7.1998 (UR-Nr. /1998 des Notars Dr. Korrekt, Köln) haben die Gesellschafter zu den Mitgliedern des ersten Aufsichtsrats

- Herrn Martin Dickermann, Rechtsanwalt, Unter Kranenbäumen 1, 50933 Köln,
- Herrn Bernd Cremer, Steuerberater, Lindentalgürtel 4, 50933 Köln
- Frau Barbara Herstaller, Bankangestellte, Eigelstein 5, 50933 Köln

gewählt und den Abschlußprüfer für das erste Geschäftsjahr bestellt.

In der Aufsichtsratssitzung der Plantechnik Berliner AG vom 7.8.1998 wurden zu Mitgliedern des Vorstands bestellt:

- Herr Peter Berliner, Marienschlossweg 1, 50933 Köln
- Frau Gabi Hoffmann, Klever Straße 2, 50933 Köln.

Der Bericht der Gründer über den Hergang der Gründung und der Bericht der Mitglieder des Vorstands und Aufsichtsrats über die Gründungsprüfung liegen vor.

Die Satzung enthält die notwendigen Angaben über die Firma und den Sitz der Gesellschaft, den Unternehmensgegenstand und das Grundkapital sowie den Nennbetrag, Zahl und Gattung der Aktien. Der Vorstand besteht aus einer oder mehreren Personen. Sondervorteile oder Entschädigungen für die Gründung sind nicht ausbedungen. Der Gegenstand der durch den Formwechsel bewirkten Sacheinlage ist in der Satzung beschrieben. Gegen die Ordnungsmäßigkeit der übrigen Satzungsbestimmungen sind keine Einwände zu erheben.

c) Gegenstand und Bewertung der Kapitalaufbringung

Zum Nachweis der Werthaltigkeit darüber, daß der Nennbetrag des ausgewiesenen Grundkapitals durch das Vermögen des formwechselnden Rechtsträgers gedeckt ist, hat die Plantechnik Berliner OHG einen Vermögensstatus zum 30.6.1998 erstellt, der als Anlage zu diesem Bericht wiedergegeben ist.

Dieser Vermögensstatus zum 30.6.1998 wurde aus der Bilanz zum 31.12.1997 und der laufenden Buchführung des ersten Halbjahres 1998 abgeleitet.

Die immateriellen Vermögensgegenstände, der derivativ erworbene Geschäfts- und Firmenwert sowie die Sachanlagen wurden uns im einzelnen nachgewiesen. Sie sind mit Anschaffungskosten vermindert um planmäßige Abschreibungen bewertet. Der Firmenwert wird über 15 Jahre abgeschrieben. Der Materialbestand ist zu Anschaffungskosten bewertet. Ein Abschlag war nicht durchzuführen, da die Marktpreise des Materialbestands kontinuierlich gestiegen waren. Hinweise für eine Überlagerung des Materialbestands lagen nach Stichproben nicht vor. Angearbeitete Aufträge sind zum Stichtag mit den erwarteten abrechenbaren Beträgen, denen die aufgelaufenen Einzelkosten zuzüglich anteiliger Gemeinkosten zugrunde liegen, bewertet und unter Abzug erhaltener Anzahlungen und einem Sicherheitsabschlag von 10 % angesetzt. Die Bankguthaben sowie die Bankverbindlichkeiten sind durch eine Saldenbestätigung nachgewiesen.

Der Vermögensstatus zeigt, daß die Vermögenswerte die Schulden um weit mehr als DM 200.000,– übersteigen. Das ausgewiesene Grundkapital von DM 200.000,– wird demnach durch das Reinvermögen gedeckt.

Bei meiner Prüfung sind keine Umstände oder Vorgänge bekannt geworden, die zu einem geänderten Geschäftsverlauf oder einer Veränderung der Lage der Plantechnik Berliner OHG geführt haben.

Insbesondere ist keine erkennbare Schmälerung der vorstehenden Substanz in der Zeit vom 1.7.1998 bis zum Zeitpunkt meiner Prüfung bekannt geworden.

d) Gründungsbericht und Gründungsprüfung

Die Angaben des Berichts über den Hergang der Gründung durch die Gründer sind richtig und vollständig.

Einwände gegen den Bericht des Vorstands und des Aufsichtsrats über die Gründungsprüfung sind nicht zu erheben.

e) Prüfungsfeststellungen

Zum Nachweis der Kapitalaufbringung hat die Plantechnik Berliner OHG einen Vermögensstatus zum 30.6.1998 zugrunde gelegt, aus dem sich ein Reinvermögen ergibt, das den Nennbetrag der dafür gewährten Aktien erreicht.

Die Angaben im Gründungsbericht der Gründer vom 7.8.1998 sind nach unseren Prüfungsfeststellungen richtig und vollständig. Gleiches gilt für den Gründungsprüfungsbericht der Mitglieder des Vorstands und des Aufsichtsrats vom 7.8.1998. Die Gründer haben mir alle erbetenen Unterlagen bereitwillig zur Verfügung gestellt und alle erbetenen Auskünfte erteilt.

Das Prüfungsergebnis fasse ich in der folgenden Schlußbemerkung zusammen:

„Nach dem abschließenden Ergebnis unserer pflichtgemäßen Prüfung nach §§ 197, 220 Abs. 3 UmwG, § 34 AktG bestätige ich aufgrund der mir vorgelegten Urkunden, Bücher und Schriften sowie der mir erteilten Aufklärungen und Nachweise, daß die Angaben der Gründer im Gründungsbericht richtig und vollständig sind. Der Wert der Sacheinlagen erreicht den Wert der dafür zu gewährenden Aktien."

Köln, den 20.9.1998

für Wirtschaftsprüfungsgesellschaft Marx & Jansen, Revisions- und Treuhand GmbH, Wirtschaftsprüfungsgesellschaft, Steuerberatungsgesellschaft,

Dipl.-Kfm. Karl Jansen
Wirtschaftsprüfer

6. Handelsregisteranmeldung

UR.-Nr. .../1998

An das
Amtsgericht
– Handelsregister –
Reichensberger Platz 1
50670 Köln

Betr.: HRA 1000 Plantechnik Berliner OHG
hier: Formwechsel der OHG in eine Aktiengesellschaft

Wir, die Unterzeichneten, überreichen anliegend:

1. Gesellschafterbeschluß vom 11.7.1998, UR.-Nr. 01/1998 des Notars Dr. Korrekt in Köln betreffend Formwechsel der OHG in eine Aktiengesellschaft,
2. beglaubigte Abschrift der Urkunde vom 7.8.1998, UR.-Nr. 02/1998 des Notars Dr. Korrekt in Köln,
3. Nachweis über die Zuleitung des Entwurfs des Umwandlungsbeschlusses an den Betriebsrat,
4. Gründungsbericht der Gründer,
5. Prüfungsbericht der Mitglieder des Vorstands und des Aufsichtsrats,
6. Prüfungsbericht des Gründungsprüfers,
7. Ermittlung des der Aktiengesellschaft zur Last fallenden Gründungsaufwandes,
8. Beschluß des Aufsichtsrats über die Bestellung der Mitglieder des Vorstands,

und melden den Formwechsel der OHG in die Rechtsform der Aktiengesellschaft zur Eintragung in das Handelsregister an.

Gründer der Plantechnik Berliner Aktiengesellschaft sind die Gesellschafter der „Plantechnik Berliner OHG“, nämlich

1. Herr Peter Berliner, Personalien
2. Frau Gabi Hoffmann, Personalien

Das Grundkapital der Plantechnik Berliner Aktiengesellschaft beträgt DM 200.000,– (Deutsche Mark zweihunderttausend). Das Grundkapital ist eingeteilt in vierzigtausend Aktien zum Nennbetrag von je DM 5,– (Deutsche Mark fünf). Die Aktien lauten auf die Namen Aktionäre.

Mitglieder des ersten Aufsichtsrats sind:

1. Herr Martin Dickermann, geb. am 3.3.1950, Rechtsanwalt, wohnhaft in 50933 Köln, Unter Kranenbäumen 3,
2. Herr Bernd Cremer, geb. am 4.4.1960, Steuerberater, 50933 Köln, Lindentalgürtel 4,
3. Frau Barbara Herstaller, geb. am 5.5.1970, Bankdirektor, wohnhaft in 50933 Köln, Eigelstein 5.

Zu Mitgliedern des Vorstands der Plantechnik Berliner Aktiengesellschaft wurden bestellt:

1. Herr Peter Berliner, geb. 1.1.1930, Unternehmensberater, wohnhaft in 50933 Köln, Marienschlossweg 1,
2. Frau Gabi Hoffmann, geb. 2.2.1940, Vermögensverwalterin, wohnhaft in 50933 Köln, Klever Straße 2.

Der Vorstand besteht aus einer oder mehreren Personen.

Besteht der Vorstand aus mehreren Personen, so kann der Aufsichtsrat bestimmen, daß einzelne Vorstandsmitglieder allein oder mit einem Prokuristen zur Vertretung der Gesellschaft befugt sind; weiterhin kann Befreiung von den Beschränkungen des § 181 BGB erteilt werden, soweit dem nicht § 112 AktG entgegensteht.

Besteht der Vorstand nur aus einer Person, vertritt diese allein.

Herr Peter Berliner und Frau Gabi Hoffmann sind jeweils alleinvertretungsberechtigt und von den Beschränkungen des § 181 BGB befreit, soweit dem nicht § 112 AktG entgegensteht. Sie zeichnen ihre Unterschriften wie folgt:

Herr Peter Berliner Frau Gabi Hoffmann

Wir, die unterzeichneten Vorstandsmitglieder, versichern, daß wir nicht wegen einer Konkursstraftat nach den §§ 283 bis 283d StGB verurteilt worden sind und daß uns weder durch gerichtliches Urteil noch durch vollziehbare Entscheidung einer Verwaltungsbehörde die Ausübung eines Berufes, Berufszweiges, Gewerbes oder Gewerbezweiges untersagt worden ist und wir über unsere unbeschränkte Auskunftspflicht gegenüber dem Gericht durch den Notar belehrt worden sind.

Der Notar ist zur getrennten und beschränkten Antragstellung befugt, ebenso auch zur Antragsrücknahme.

Köln, den 14.8.1998

Peter Berliner	Gabi Hoffmann
Martin Dickermann	Bernd Cremer
Barbara Herstaller	

UR.-Nr. .../1998

Hiermit beglaubige ich, jeweils vor mir vollzogen, die in der Anmeldung befindlichen Unterschriftszeichnungen sowie die unter der Anmeldung befindlichen Unterschriften von

1. Herrn Peter Berliner, geb. 1.1.1930, Unternehmensberater, wohnhaft in 50933 Köln, Marienschlossweg 1,
2. Frau Gabi Hoffmann, geb. 2.2.1940, Vermögensverwalterin, wohnhaft in 50933 Köln, Klever Straße 2,

sowie die ebenfalls vor mir vollzogenen, unter der Anmeldung befindlichen Unterschriften von

3. Herrn Martin Dickermann, geb. 3.3.1950, Rechtsanwalt, wohnhaft in 50933 Köln, Unter Kranenbäumen 3,
4. Herrn Bernd Cremer, geb. 4.4.1960, Steuerberater, wohnhaft in 50933 Köln, Lindentalgürtel 4,
5. Frau Barbara Herstaller, geb. 5.5.1970, Bankangestellte, wohnhaft in 50933 Köln, Eigelstein 5,

ausgewiesen durch Vorlage ihrer deutschen Personalausweise.

Köln, den 14.8.1998

Notar Dr. Korrekt in Köln

VIII. Börsen, Börsengesetze und Börsenplätze

Börse ist eine staatliche Veranstaltung, die den Zweck verfolgt, regelmäßig Kaufleute durch Bereitstellung geeigneter Organisationsformen in die Lage zu versetzen, persönlich oder kommunikativ nicht am Verhandlungsort befindliche, durch Standardisierung fungibilisierte Handelsobjekte oder Kontrakte bzw. Optionen auf diese Objekte öffentlich zu standardisierten Vertragsbedingungen zu handeln[89].

Die gesetzlichen Regelungen finden sich u.a. im Börsengesetz (BörsG), in der Verordnung über die Zulassung von Wertpapieren zur amtlichen Notierung an einer Wertpapierbörse (Börsenzulassungsverordnung – BörsZulV), im Gesetz über den Wertpapierhandel (Wertpapierhandelsgesetz – WpHG), im Wertpapier-Verkaufsprospektgesetz (VerkaufsprospektG), im Gesetz über die Verwahrung und Anschaffung von Wertpapieren (Depotgesetz -DepotG), im Gesetz über Kapitalanlagegesellschaften (KAGG) und anderen.

Börsenplätze in Deutschland sind die Orte Frankfurt (86,26%) Stuttgart (4,60%), Düsseldorf (2,80%), Berlin (2,10%), München (1,87%), Hamburg (1,37%), Bremen (1,00%) und Hannover (0,26), Bei den Prozentangaben ist anzumerken, daß der Gesamtumsatz 1.298,75 Mrd. DM beträgt und sich alle genannten Zahlen insofern relativieren lassen, als daß die Frankfurter Zahl den gesamten Xetra-Umsatz auf sich vereinigt, unabhängig in welcher Regionalbörse dieser erzielt wird. Hamburg präsentiert den Start-up-Market; Bremen benennt den Mittelstandsmarkt; München den Prädikatsmarkt und die Berliner den Freiverkehr. Stuttgart präsentiert sich als „Börse für Kleinanleger" und macht mit der Euwax – European Warrant Exchange – auf sich aufmerksam. Damit sind in Stuttgart mehr als 8000 der insgesamt gelisteten 9000 Warrants präsent und Stuttgart hat damit 53 % des Warrant Gesamtumsatzes.

International profiliert sich die Deutsche Börse AG, ein seit 1992 bestehender Zusammenschluß von Banken und Maklern, zusammen mit dem Londoner Stock-Exchange um einen einheitlichen europäi-

89 *Hielscher, Udo,* Fischer Börsenlexikon, Frankfurt S. 1128.

schen Aktienmarkt zu schaffen. Es soll ein einheitlicher elektronischer Markt für den Kassahandel geschaffen werden, auf welchem die 300 größten Aktienwerte gehandelt werden.

Die Deutsche Börse AG vereinbarte im Juni 1998 mit der amerikanischen NASDAQ, daß eine Arbeitsgruppe gemeinsame Geschäftsfelder überprüfen werde[90].

Als Börsensegmente werden unterschieden: Amtlicher Handel, Geregelter Markt, Freiverkehr, Telefonhandel und daneben der Neue Markt.

A. Amtlicher Handel

Rechtsgrundlage des Amtlichen Handels sind die §§ 36 bis 49 BörsG und gemäß § 38 BörsG die Börsenzulassungsverordnung in ihrem ersten Kapitel (§§1-12).

Die Voraussetzungen einer Zulassung sind die Erfüllung nachfolgender Bedingungen. Gemäß § 2 BörsZulV muß der Kurs der Neuemission mindestens 2,5 Mio. DM betragen. Des weiteren muß der Emittent nach § 3 BörsZulV drei Jahre als Unternehmen bestanden haben, die Jahresabschlüsse für diesen Zeitraum sind zu veröffentlichen. Die auf den Markt zu gebenden Aktien müssen breit gestreut werden. Dies ist gemäß § 9 BörsZulV der Fall, wenn 25% der Aktien vom Publikum erworben wurden. Neben diesen Grundvoraussetzungen ist der Antrag auf Börsenzulassung gemäß § 48 BörsZulV zu stellen. Diesem Antrag sind u.a. ein vom Emittenten und vom Kreditinstitut unterschriebener Entwurf eines Börsenprospekts (§§ 13 bis 47 BörsZulV), ein Handelsregisterauszug, die Satzung der Gesellschaft und die letzten Jahresabschlüsse beizulegen. Liegen sämtliche Unterlagen vor, wird der Zulassungsantrag auf Kosten des Emittenten im Bundesanzeiger nach § 49 BörsZulV und anderweitig veröffentlicht. Die Zulassung, die nicht vor Ablauf von drei Werktagen seit der ersten Veröffentlichung des Zulassungsantrags erfolgen darf, ist in die im selben Pflichtblatt erfolgende Veröffentlichung des Prospekts nach §§ 50, 51 BörsZulV aufzunehmen. Am dritten Werk-

---

90 *Rödl, Bernd/Zinser, Thomas*, Going Public: der Gang mittelständischer Unternehmen an die Börse, 1999, S. 45.

tag nach Erscheinen des Prospekts kann die Notierungsaufnahme der Wertpapiere erfolgen.

Der Zulassungsantrag erfolgt ausschließlich über Kreditinstitute.

Amtlich notiert werden im Kassahandel jene Aktien, die Gegenstand eines Zulassungsverfahrens vor der Zulassungsstelle der Börse gewesen sind. Für den amtlichen Handel ist kennzeichnend, daß die Mitwirkung von Kursmaklern nach § 30 Börsengesetz (BörsG) zwingend für die Präsenzbörse vorgeschrieben ist. Die elektronische Börse macht dagegen die Funktion des Maklers bei der Feststellung des Börsenpreis (§ 35 BörsG) überflüssig.

B. Geregelter Markt

Dieses Marktsegment wurde 1987 nach dem Vorbild des Londoner „Unlisted Securities Market" bzw. dem „Official paralell Market" aus Amsterdam errichtet[91]. Der Einsicht, daß junge innovative Unternehmen unter einem Mangel an Eigenkapital leiden, sollte mit diesem Markt begegnet werden.

Rechtsgrundlage sind die §§ 71 ff. BörsG und die sich über § 72 BörsG ergebenden Börsenordnungen. Diese sind übereinstimmend ausgeführt, so daß sich einheitliche Standards für die Zulassung zum geregelten Markt nennen lassen (vgl. §§ 49 bis 58 Börsenordnung für die Frankfurter Wertpapierbörse oder §§ 45-54 der Börsenordnung für die Bayerische Wertpapierbörse).

Das Mindestemissionsvolumen beträgt DM 500.000,– wobei keine Vorschriften in bezug auf einen Streubesitz für bestimmte Anteile bestehen. Auch besteht an das Unternehmen keine Anforderung hinsichtlich dessen Dauer des Bestehens, so daß Neugründungen die Zulassung zum Geregelten Markt beantragen können.

Der Zulassungsantrag kann von einem Wertpapierdienstleister gestellt werden, die Mitwirkung einer Bank ist nicht zwingend. Für den Wertpapierdienstleister sind die fachliche Eignung sowie die erforderliche Zuverlässigkeit für die Beurteilung des Emittenten notwendig. Auch müssen ein ordnungsgemäßer Börsenhandel und ein

91 *Rasch, Sebastian*, Der Aktienmarkt für kleine und mittelgroße Unternehmen, 1996, S. 113. a.a.O., 113.

hinreichender Schutz des Publikums gewährleistet sein. Typische Bankdienstleistungen wie Kurspflege, Zahlstellen- und Hinterlegungsdienst, Bogenerneuerung und Aktienumtausch erfordern jedoch eine finanzielle und technische Mindestausstattung.

Dem Zulassungsantrag ist ein Unternehmensbericht beizufügen. Die Anforderungen an diesen sind nicht so hoch wie die des Prospekts im Amtlichen Markt.

Nach § 10 der Gebührenordnung für die Frankfurter Wertpapierbörse sind nur die Hälfte der Gebühren zu entrichten, die bei einer Zulassung zum Amtlichen Handel festzusetzen wären.

An diesem Markt werden nicht zum Amtlichen Handel zugelassene Wertpapiere gehandelt. Die Preisfeststellung wird nicht von amtlich bestellten Kursmaklern, sondern von freien Börsenmaklern bzw. „Freimaklern" durchgeführt. Es erfolgt eine nichtamtliche, aber börsengesetzlich geregelte Notierung des Börsenkurses, die ebenfalls der gesetzlichen Handelsüberwachung unterliegt.

Gegenwärtig sind etwa 150 Unternehmen an diesem Markt notiert. Als Gründe für die Zurückhaltung in diesem Bereich werden zum einen die geringen Publizitätsanforderungen an die notierten Gesellschaften genannt. Zum anderen wird den Banken vorgeworfen, daß sie ein zu geringes Interesse bei dieser Emissionsbegleitung hätten. Als wichtigster Grund soll die geringe Liquidität dieses Marktes insbesondere ausländische Investoren abhalten, sich in diesem Marktsegment zu beteiligen[92].

C. Freiverkehr

Gemäß § 78 BörsG können Wertpapiere, die weder zum amtlichen Handel noch zum geregelten Markt zugelassen sind, zum Freiverkehr zugelassen werden, wenn durch Handelsrichtlinien eine ordnungsgemäße Durchführung des Handels und der Geschäftsabwicklung gewährleistet erscheint. Eine staatliche Aufsicht in diesem Marktsegment ist nicht gegeben, sondern der Handel steht unter der Aufsicht des jeweiligen Börsenvorstands. Der Handel wird nach den börsenindividuellen „Richtlinien für den Freiverkehr" abgewickelt.

92 *Rödl/Zinser*, (Fn. 90), S. 53.

Über die Einbeziehung von Wertpapieren in den Freiverkehr entscheiden die Freiverkehrsausschüsse nach den Freiverkehrsrichtlinien. Für Frankfurt entscheidet der an der Frankfurter Börse von der Vereinigung Frankfurter Effektenhändler e.V. gebildete Redaktionsausschuß. Ein Kreditinstitut muß nach den Frankfurter Freiverkehrsrichtlinien den Einbeziehungsantrag stellen. Hiervon wird insbesondere für ausländische Werte Gebrauch gemacht, für die das antragstellende Kreditinstitut ein Bedürfnis sieht. Es werden in diesem Segment auch regionale Werte gehandelt, die in anderen Märkten eine Zulassung haben.

Etwa 75 % aller ausländischen Aktien werden hier notiert, wobei der Markt nur etwa 1% Umsatz ausmacht[93]. Negative Erfahrungen der Anleger hinsichtlich der Fungibiliät der einmal erworbenen Anteile spielen dabei ebenso eine Rolle, wie die Zurückhaltung der Banken. In gleicher Weise ist die fehlende Ad-hoc-Verpflichtung ein Faktor der der Attraktivität dieses Marktes entgegenwirkt.

Dennoch sind die Neuemissionen des Freiverkehr zu beachten[94]. Für Start up Companies sind die Anforderungen des Neuen Marktes nicht immer zu erreichen. Das Emissionsvolumen ist jedoch denkbar gering und wird im einstelligen Millionenbereich eingeordnet.

D. Telefonverkehr

Neben den bisher genannten Formen des Börsenhandels findet insbesondere zwischen Banken ein nicht geregelter Handel von börsennotierten und nicht börsennotierten Aktien statt. Obgleich dieser Handel keinerlei Kontrolle unterliegt, haben sich zwischen den beteiligten Banken bestimmte Handelsusancen entwickelt. Die im Telefonhandel zustande kommenden Kurse werden in Listen nicht notierter Werte veröffentlicht[95].

93 DAI Fact Book, 1996.
94 AG-Report 3/1998, R 86.
95 *Rödl/Zinser*, (Fn. 90), S. 68.

E. Der „Neue Markt“ an der Frankfurter Wertpapierbörse

Tag der Ersteintragung der „Frankfurter Wertpapierbörse Aktiengesellschaft“ war der 1.8.1990 mit einem Stammkapital von DM 180.000,–. Das Stammkapital wurde bis zum 22.4.1991 auf 21 Mio. erhöht, zum 16.12.1992 erfolgte die Umbenennung der Gesellschaft in „Deutsche Börse Aktiengesellschaft“. Das Stammkapital wurde im Juli 1993 auf 36,7 Mio. erhöht und nach Verschmelzung mit der DTB Deutsche Terminbörse GmbH vom 24.5 1994 der Unternehmensgegenstand weitestgehend geändert. Gegenwärtig bestehen Überlegungen, die Gesellschaft selbst an die Börse zu geben.

Diese Gesellschaft führte am 10.3.1997 den sog. Neuen Markt als neues Handelssegment – eingegliedert in das Börsensegment Geregelter Markt – an der Frankfurter Wertpapierbörse ein. Die gesetzliche Ermächtigung für dieses Marktsegment ist in der Form realisiert, daß ein Unternehmen, welches die Zulassung zum Neuen Markt möchte, eine Zulassung zum Geregelten Markt der Frankfurter Wertpapierbörse beantragen und erhalten muß. Mit dem gleichzeitig zu stellenden Antrag auf Zulassung zum Neuen Markt verzichtet der Antragsteller auf die Aufnahme seiner Notierung im Geregelten Markt. Über die Zulassung zum Neuen Markt entscheidet der Vorstand der Deutschen Börse AG. Damit findet eine öffentlich rechtliche Zulassung gleichzeitig mit einer privatrechtlichen Zulassung statt. Der Neue Markt ist damit Geregelter Markt im Sinne von Art. 16 der Wertpapierdienstleistungsrichtlinie, § 2 Abs.1 WpHG und Art. 1 der Insiderrichtlinie.

Eine hohe Transparenz der notierten Unternehmen, die Schaffung einer hohen Liquidität für jeden Einzelwert, strenge Zulassungsvoraussetzungen zur Erhöhung des Anlegerschutzes und Vorgaben bezüglich des Emissionsvolumens und des Streubesitzes sollen eine möglichst hohe Fungibilität der Anteile gewährleisten und mit der Haltepflicht der Altaktionäre die Aktie gleichzeitig vor starken Kurseinbrüchen schützen.

Der Neue Markt soll die Zahl der Börseneinführungen (Going public) kleinerer und mittlerer Unternehmen erhöhen, die auf dem Weg der Risikokapitalzufuhr ihre vertikale und horizontale Eigenkapitalquote verbessern können. Dadurch soll sich außerdem ihr Potential erhöhen, langfristige Fremdfinanzierungen zu einem dann möglichen niedrigeren Zins durchzuführen[96].

Unternehmen, die am Neuen Markt gelistet werden wollen, müssen die folgenden Zugangsvoraussetzungen erfüllen:

- Der Emittent muß ein Eigenkapital von mindestens 1,5 Mio. ECU nachweisen.
- Das voraussichtliche Emissionsvolumen muß mindestens 5 Mio. ECU betragen.
- Der Mindestnennwert der Emission muß 500.000,– DM betragen.
- Die Anzahl der für den Streubesitz vorgesehenen Aktien sollte mindestens 20 Prozent, wenn möglich jedoch mehr als 25 Prozent betragen, um zusammen mit den Anforderungen hinsichtlich des Emissionsvolumens eine ausreichende Marktgängigkeit („Fungibilität") der zugelassenen Aktien sicherzustellen.
- Die bisherigen Eigentümer müssen sich für zumindest sechs Monate verpflichten, keine Aktien zu verkaufen. Die Haltepflicht soll eine Belastung der Kurse durch einen zu schnellen Zustrom einer großen Anzahl von Aktien verhindern.
- Bei der Erstemission sind nur Stammaktien zugelassen.
- Das Unternehmen anerkennt den Übernahmekodex der Börsensachverständigenkommisson beim Bundesfinanzministerium.
- Der Emittent verpflichtet sich zur Veröffentlichung kursbeeinflussender Tatsachen nach § 15 WpHG.
- Für die erstmalige Zulassung von Aktien ist eine Barkapitalerhöhung erforderlich, aus der mindestens 50 Prozent des zu plazierenden Emissionsvolumens stammen sollen. Der die Erhöhung des Grundkapitals übersteigende Kapitalzufluß aus der Kapitalerhöhung muß in voller Höhe dem Emittenten zufließen. Hiermit wird sichergestellt, daß der gesamte Verkaufserlös der Aktien aus der Kapitalerhöhung dem Unternehmen und nicht den Aktionären zufließt.
- Das Unternehmen muß mindestens ein Jahr als Unternehmen bestehen, ein Alter von drei Jahren wird als ideal angesehen.

---

96 *Martin*, AG 1998, 224.

- Das Unternehmen ist verpflichtet, mindestens zwei Designated Sponsors (Betreuer) zu benennen, die ihre Aufgabe für die Dauer von jeweils mindestens zwölf Monaten wahrnehmen. In bestimmten Marktsituationen – z.B. im Falle eines erhöhten Liquiditätsbedürfnisses in kleinen Werten – können sich zwei Designated Sponsors pro Titel ergänzen und mehr Liquidität zur Verfügung stellen.
- Der Emissionsprospekt ist grundsätzlich in Deutsch und Englisch zu erstellen[97].

Das Zulassungsverfahren entspricht grundsätzlich dem des Geregelten Marktes. Hinsichtlich des privatrechtlichen Teils der Zulassung zum Neuen Markt müssen sich die Interessenten vor der formellen Antragstellung Vertretern eines von der deutschen Börse AG eingesetzen Gremiums vorstellen. Nach den Kriterien Wachstum und Innovation entscheidet dieses über die Zugehörigkeit zum Neuen Markt[98].

Für die Zulassung selbst ist der Emissionsprospekt (so die Wortwahl der Deutschen Börse AG) oder der Verkaufsprospekt entscheidend. Er muß folgende Angaben enthalten[99].

- Detaillierte Darstellung der Vermögens-, Finanz- und Ertragslage sowie der Risikofaktoren, „die einen erheblichen negativen Einfluß auf die wirtschaftliche Lage des Emittenten haben oder dessen Geschäftserfolg gefährden können“.
- Bilanzen und GuV-Rechnungen für die letzten drei dem Zulassungsantrag vorausgegangenen Geschäftsjahre. Sie müssen nach IAS (International Accounting Standards) oder US-GAAP (United Staates General Accepted Accounting Principles) erstellt werden bzw. eine Überleitungsrechnung enthalten. Die Deutsche Börse AG kann den Emittenten ausnahmsweise für zwei Jahre von dieser Verpflichtung befreien. Liegt der Stichtag des letzten in den Prospekt aufgenommenen Jahresabschlusses zum Zeitpunkt des Antrags auf Zulassung mehr als vier Monate zurück, so ist dem Prospekt eine Zwischenübersicht beizufügen, deren Stichtag nicht länger als zwei Monate zurückliegen darf.

---

97 Deutsche Börse AG, Special, Zulassung am Neuen Markt, Frankfurt 1998.
98 *Rödl/Zinser* (Fn. 90 S. 61).
99 Tz 4.1.16 des Regelwerks des Neuen Marktes.

- Angaben über das Unternehmen, die Geschäftstätigkeit, Geschäftsführungs- und Aufsichtsorgane sowie Beteiligungsverhältnisse.
- Darlegung von wichtigen, den Geschäftsverlauf beeinflussenden Tatsachen, wie zum Beispiel Rechtsstreitigkeiten, Unterbrechungen der Geschäftstätigkeit in den letzten Jahren.
- Angaben zu den Einzelheiten der Kapitalmaßnahmen (Zeitablauf, Anzahl und Art der Aktien, Nettoerlös der Emission und Verwendungszweck).

Vor der Veröffentlichung wird der Prospekt durch den Zulassungsausschuß und die Deutsche Börse AG geprüft.

Die Anforderungen am Neuen Markt liegen damit über den Anforderungen im Geregelten Markt. Ein Übergang vom Geregelten Markt zum Neuen Markt ist daher möglich.

Folgeverpflichtungen entstehen für den Emittenten nachdem seine Aktien zugelassen sind. So muß er jede Änderung der Rechte der zugelassenen Aktien im Pflichtblatt bekannt geben. § 15 WphG verpflichtet ihn über kursbeeinflussende Tatsachen unverzüglich die Geschäftsführung der Börse zu unterrichten.

- Die spätestens zwei Monate nach Quartalsende zu veröffentlichenden, in Deutsch und Englisch abgefaßten Quartalsberichte müssen erkennen lassen, wie sich die Geschäftstätigkeit entwickelt hat. Der jeweils nachfolgende Quartalsbericht schließt die vorangegangenen Zeiträume mit ein. Ein vierter Quartalsbericht entfällt zugunsten des Jahresabschlusses.
- Die Quartalsberichte müssen eine GuV-Rechnung, den zeitanteiligen Jahresüberschuß pro Aktie, die Anzahl der Mitarbeiter und eine Kapitalflußrechnung enthalten.
- Der Termin der Hauptversammlung und Mitteilungen über die Gewinnausschüttung sind zu veröffentlichen.
- Der Jahresabschluß muß, wenn er rechtlich maßgeblich ist, zusätzlich zum Abschluß nach HGB, nach IAS oder US-GAAP erstellt werden, wobei eine Überleitungsrechnung der deutschen Rechnungslegung nach IAS oder US GAAP anerkannt wird[100].

---

100 Vgl. Deutsche Börse AG, Special, Folgepflichten am Neuen Markt.

- Mindestens einmal pro Jahr ist ein Unternehmenskalender zu erstellen, der die wichtigen Termine wie Hauptversammlung, eine Bilanzpressekonferenz oder eine Analystenveranstaltung enthält.

Der klassische Parketthandel ist für diesen Marktbereich seit dem 12.10.1998 eingestellt. Der Handel geschieht über das elektronische System XETRA. Seit diesem Zeitpunkt ist der Begriff des Betreuers durch den des Designated Sponsor ersetzt.

Der Handel ist in Form eines hybriden Handelssystems organisiert, das die Elemente eines Auktionsmarktes mit dem Market-Maker Systems verbindet. Die Preisfeststellung obliegt einem Freimakler als Skontoführer. Dieser sammelt alle erteilten Kauf- und Verkaufsaufträge im Orderbuch und ermittelt daraus denjenigen Preis, der den größtmöglichen Umsatz an Wertpapieren gestattet. Er unterliegt dem Meistausführungsprinzip. Zu diesem Börsenpreis sind sodann alle unlimitierten oder höher limitierten Kaufaufträge und alle niedriger limitierten Verkaufsaufträge auszuführen.

Die Werte des Neuen Marktes haben in Frankfurt im Regelfall durchschnittlich drei Betreuer. Es handelt sich dabei um zugelassene Börsenhändler, die durch die Wahrnehmung einer Market-Maker Funktion für eine schnelle Orderausführung und Markttiefe sowie eine Mindestliquidität in dem von ihm betreuten Wertpapier sorgt. Dieser ist verpflichtet, auf Anfrage verbindliche Kauf- und Verkaufskurse anzugeben, zu denen er selbst Papiere auf eigene Rechnung übernimmt. Dadurch können Marktteilnehmer darauf vertrauen, daß sie Aktien stets wieder verkaufen können. Für den Emittenten bedeutet diese Einrichtung, daß sein Wert keinen Preisabschlag angesichts mangelnder Fungibilität hinnehmen muß.

Der Betreuer muß zu Beginn der Börsensitzung und bei mindestens der Hälfte aller Anfragen der preisfestellenden Kursmakler für mindestens 500 Aktien (5 DM Nennwert) Geld und Briefkurse (An- und Verkauf) stellen. Der Unterschied zwischen ihnen, spread genannt, darf nicht mehr als 4 Prozent betragen. Falls ohne seine Hilfe Angebot und Nachfrage nicht auszugleichen sind, hat er für 500 Titel auf der nicht ausreichenden Marktseite einzutreten. Durch die konkrete Zuordnung der Betreuer zu Werten haben diese eine profunde Marktkenntnis ihrer Unternehmen. Sie beraten diese daher in Fragen des Kapitalmarktes. Hier sind Dienstleistungen zu nennen wie

Ad-hoc-Publizität, Organisation von Analystenmeetings, Veranstaltung von Road Shows und in Fragen der Finanzmarktkommunikation (Investor Relation).

F. NASDAQ

Der NASDAQ (National Association of Securities Dealers Automated Quotations) ist ein Teil des amerikanischen Aktienmarktes. Einen sog. first market bilden die beiden nationalen Wertpapierbörsen NYSE (New York Stock exchange) auch als Wall Street oder Big Board bezeichnet und AMEX (American Stock Exchange) zusammen mit fünf Regionalbörsen (Boston, Cincinnati, Midwest, Pacific, Philadelphia). Der second market wird auch als Over-the Counter (OTC) bezeichnet und von der National Association of Securities Dealers (NASD) organisiert. Dieser OTC Markt besteht aus vier Marktsegmenten, von denen die ersten beiden unter der Bezeichnung NASDAQ geführt werden.

Am NASDAQ National Market System (NASDAQ-NMS) werden über 3000 Werte gehandelt, die etwa 95 % des Börsenumsatzes des NASDAQ ausmachen. Der NASDAQ Smallcup Market umfaßt etwa 1000 Titel. Als dritte Stufe gibt es den Pink Sheet Market für ca. 11.000 Titel, die eine Zulassung zum NASDAQ nicht schaffen (Non-NASDAQ-OTC stocks). Die NASD bietet in vierter Stufe über ein Bulletin Board für rund 9000 Non-NASDAQ-OTC-Werte die Veröffentlichung von Handelsabsichten an.

Um eine Zulassung zur NASDAQ zu erhalten, muß ein Unternehmen weitreichende Zulassungsvoraussetzungen (initial listing requirements) der SEC (Security exchange commission) erfüllen und für die weitere Notierung bestimmte Voraussetzungen dauernd erfüllen (continued listing requirements)[101].

Soweit Aktien deutscher Unternehmen gleichzeitig an diesem Markt und in Deutschland gelistet waren, bleibt festzuhalten, daß in Deutschland höhere Umsätze erzielt wurden[102].

---

101 Zum amerikanischen Markt: *Rasch*, (Fn. 91), S. 144 f.

102 AG Report 2/1998, R 84.

G. EASDAQ

1995 wurde in Brüssel die EASDAQ (European Association of Securities Dealers Automated Quotation) als das europäische Pendant mit Sitz in Brüssel zu dem NASDAQ gegründet. Im Regelwerk und der Organisation vergleichbar, haben die Börsen ein Kooperationsabkommen vereinbart, wonach eine duale Notierung an beiden Börsen ermöglicht wird. Die Emittenten unterliegen unter anderem den nachfolgenden Zulassungsvoraussetzungen:

- Das Unternehmen muß drei Jahre bestehen.
- Zum Zeitpunkt der Zulassung muß die nach IAS oder US-GAAP erstellte Bilanz ein Vermögen von mindestens 3,5 Mio. ECU, Kapital und Kapitalrücklagen von mindestens 2 Mio. ECU sowie mindestens 100.000 Stück frei verfügbare Titel (Free Float) ausweisen.
- Prospekte sind in Englisch oder in einer anderen von der EASDAQ zu bestimmenden Sprache zu veröffentlichen.
- Ein vom Emittent zu benennender Sponsor hat dafür Sorge zu tragen, daß der Emittent hinsichtlich der Zulassungsbedingungen und bezüglich des Antragsverfahrens beraten wird und nach der Zulassung weiter die Mindestvoraussetzungen erfüllt.
- Offenlegung der Verträge mit den Vorstands- und Aufsichtsratsmitgliedern.
- Halteverpflichtung der Gründer.

Trotz der bereits in 1997 gelisteten 20 Werten befand sich kein deutscher Titel darunter. In 1997 sind dagegen 23 Neuemissionen zu verzeichnen gewesen.

Bemerkenswert ist, daß die Deutsche Bank durch die Übernahme von Herstallers Trust siebentgrößter Aktionär der Börse mit einem Anteil von 5,8% ist. Damit hat diese einen Sitz im Aufsichtsrat. Gleichzeitig sei erinnert, daß die Deutsche Bank Förderer des Konkurrenten, des Neuen Markts und des europäischen Netzwerkes der wachstumsbörsen EURO.NM ist[103].

103 AG-Report 1/1999, R 18.

H. Euro NM

Die Börsen von Amsterdam (NMAX Nieuwe Markt), Brüssel (Euro.NM), Paris (Nouveau Marché) und Frankfurt (Neuer Markt) haben ihre Kräfte in einem Verbund Euro NM eingebracht, um damit ein Netzwerk von Eigenkapitalmärkten für Wachstumswerte zu schaffen. Dieser Zusammenschluß ist auch als Antwort auf die Schaffung des EASDAQ zu sehen. In diesem Verbund sollen einheitliche Regelungen zur Schaffung einer euopäischen Aktienkultur für kleinere und mittlere Unternehmen mit hohem Wachstumspotential geschaffen werden.

I. Dual Listing

Neben der Konzeption, sich an einer deutschen Börse zu präsentieren, sei es an einem oder mehreren Börsenhandelsplätzen in Deutschland, wird von einem „Dual Listing" gesprochen, soweit sich ein Börsenkandidat entscheidet, nicht nur an einem Markt, sondern an einem zweiten Markt eine Parallelnotierung durchzuführen. Motiv für ein Dual Listing kann sein, daß ein enormes Volumen von Emissionen am Markt plaziert werden muß. Hier kann eine gleichzeitige Notierung an einem deutschen Börsenplatz und beispielsweise an dem amerikanischen Handelsplatz NASDAQ eine sehr breite Rücklaufquote bringen.

Weiter ist zu überlegen, ob beispielsweise ein Unternehmen, welches insbesondere in Europa beheimatet ist, neben der deutschen Plazierung auch eine Emission an der EASDAQ in Brüssel plant.

Es ist festzustellen, daß ein Dual Listing eine sehr deutliche Positionierung bei den Kunden, Mitarbeitern und den Wettbewerbern ergibt. Darüber hinaus wird ein größerer Bekanntheitsgrad erreicht. Der Image-Gewinn, den ein Unternehmen aus dieser Vorgehensweise ziehen kann, kann von unerhörter Bedeutung sein. Die Möglichkeit von Mitarbeiterbeteiligungsplänen kann sich an unterschiedlichen Indexzahlen der beiden verschiedenen Börsen orientieren. Es ist jedoch zu beachten, daß ein Dual Listing erhöhte Emissionskosten mit sich bringt, da nach den Regeln beider Märkte die Vorschriften zu beachten sind.

IX. Index/Indizes

Neben den Börsen, Börsenplätzen und Börsensegmenten bestehen Gruppierungen von zusammengefaßten Aktien, die ihrerseits unter bestimmten Begriffen bekannt sind. Es handelt sich um die Bezeichnung von einem Index. Ein Index ist eine Kennzahl, die aufgrund von Durchschnittskursen einer bestimmten Reihe von Aktien ermittelt wird. In der Folge kann man leicht einen Gesamteindruck vom Marktgeschehen vermittelt bekommen und dies trotz vielfältiger und zum Teil stark voneinander abweichender Preisverläufe der einzelnen Werte.

Der bekannteste dieser Börsenbarometer ist der Dow Jones Index. Mr. Charles H. Dow betrieb im 19. Jahrhundert einen Finanzdienst und veröffentlichte ab 1897 zwei Indizes, von denen einer 20 Eisenbahngesellschaften und der andere 12 Industrieunternehmen erfaßte. Für Amerika ist nach wie vor der Dow Jones Index, wenn auch mit anderen Werten, ein wichtiger Börsenbarometer. Aus Japan ist der Nikkei Index, in England der FTSE und in Frankreich der CAC 40 bekannt.

In Deutschland sind verschiedene Indizes bekannt. Das bedeutendste Kursbarometer ist der Deutsche Aktienindex, kurz DAX. Dieser wurde 1987 durch die Deutsche Börse eingeführt und wird seit dem 1.7.1987 veröffentlicht. Der DAX ist ein sog. Performance- oder auch total-return-Index. Er erfaßt nicht nur die Kursveränderung, sondern in ihn fließen auch die reinvestierten Dividenden oder Erlöse aus der Veräußerung von Bezugsrechten mit ein. Dadurch werden marktfremde Einflußfaktoren eliminiert und nur Kursänderungen gezeigt, die auf dem Angebot an und der Nachfrage nach Aktien beruhen. Verglichen mit einem reinen Kursindex wird ein Performance Index sich daher immer ein wenig besser entwickeln. Bei der Berechnung des DAX erfolgt eine Gewichtung der Kurse der einzelnen Unternehmen nach ihrer Marktkapitalisierung. Daher wird der Kurs einer Aktie der Allianz oder von Daimler Crysler, die mit einem Anteil von ca. 10% im Index vertreten sind, 20 mal so hoch gewichtet, wie der Kurs z.B. einer Karstadt Aktie, die mit einem Gewicht von 0,5% im DAX 30 Index enthalten ist. Im Gegensatz dazu gewichtet z.B. der Dow Jones Index die Kurse aller Aktien gleich, so daß keine Gewichtung nach der Größe und Marktkapitalisierung des Unternehmens erfolgt.

Der DAX bildet eine Indexfamilie, unter der eine Reihe von weiteren Indizes mit unterschiedlicher Schwerpunktsetzung und Zielrichtung veröffentlicht werden:

Der DAX 30 umfaßt die 30 größten und umsatzstärksten Aktienwerte (sog. Blue Chips), die zusammen etwa 60 % der gesamten Aktienmarktkapitalisierung und etwa 83 % der Aktienumsätze ausmachen[104]. Damit stellt er die Standardwerte zusammen und dies nach den Kriterien des Umsatzes und der Marktkapitalisierung eines Unternehmens. Er ist die Basis für DAX-Futures, DAX-Optionen und Optionen auf DAX-Futures, die alle an der EUREX gehandelt werden.

Der MDAX besteht aus 70 Werten, die die bedeutendsten Werte nach den DAX 30 Werten darstellen. Diese Werte werden in das Mid-Cap Segment eingeordnet, d.h. als Werte aus der „zweiten Reihe“. Mit ihm werden ca. 8% des gesamten Börsenumsatzes durchgeführt[105]. Die Zusammenstellung des MDAX basiert auf den gleichen Kriterien wie beim DAX 30. Da in diesem Index keiner der 70 Werte zu hoch gewichtet werden soll, ist der Anteil am Gesamtindex auf 10% pro Wert beschränkt. Der MDAX ist ein Laufindex, d.h. er wird minütlich errechnet und publiziert. Das Chance/Risiko Profil ist wie bei den Werten des DAX 230 als durchschnittlich anzusehen.

Zusammen bilden die beiden Indizes DAX 30 und MDAX den DAX 100. Aufgrund seiner Breite wird er als Gradmesser für die Börsenentwicklung geschätzt. Aus den Werten des DAX 100 berechnet und veröffentlicht die Deutsche Börse darüber hinaus zehn (ab April 1999 nur noch 9[106]) Branchenindizes. Der Brancheneinteilung entsprechend erfolgt eine Berechnung für die Branchen Automobil und Verkehr, Banken, Bau, Chemie und Pharma, Eisen und Stahl, Elektro, Handel und Konsum, Maschinenbau, Versicherungen sowie Versorger.

Auch für den Neuen Markt wird ein Wert genannt, so daß auch dieser ein eigener Index ist. Der Neue Markt wird als Index für junge Wachstumsunternehmen aus High-Tech Branchen herangezogen

104 AG Report 3/1999, R 76.
105 S. Fn. 105.
106 S. Fn. 105.

und bildet ein eigenes Handelssegment der Frankfurter Wertpapierbörse. Aufgrund des hohen Chance/Risiko Profils der Werte gelten besondere Zulassungsvoraussetzungen für Emittenten: Sie müssen ein Emissionsvolumen von mind. 10 Mio. DM aufbringen, wobei Streubesitz möglich ist. Die Bilanzierung muß nach internationalen Standards erfolgen, regelmäßige Analysten- und Investorenveranstaltungen sind vorgeschrieben. Die Quartalsberichterstattung hat in deutscher und englischer Sprache stattzufinden und die Akzeptanz des Übernahmekodex wird erwartet. Schließlich sind zur Erhöhung der Liquidität des Wertes mindestens zwei Designated Sponsors zu beauftragen.

Die Deutsche Börse AG hat zum 1.7.1999 den Neuer Markt Blue Chip Index eingeführt. Dieser umfaßt die 50 größten Unternehmen des Neuen Marktes. Am Neuen Markt sind gegenwärtig 115 Unternehmen mit einer Marktkapitalisierung von rund 47 Mrd. Euro notiert. Auswahlkriterium zur Aufnahme in den Index ist Marktkapitalisierung und Börsenumsatz. Seine Zusammensetzung wird halbjährlich überprüft. Ein Austausch erfolgt zu den Verkettungsterminen im März oder September jedoch erstmals im März 2000.

Am 26. 4.1999 hat die deutsche Börse AG ihr neues Marktsegment SMAX (small cup exchange) gestartet[107]. Damit ist auch diesbezüglich ein Index, der Smax-All Share-Index, zu erkennen. Die Gründe, warum die Frankfurter Börse den SMAX einführt, waren, daß bestimmte kleine Aktien vielversprechende Daten aufwiesen, jedoch wegen mangelnder Transparenz oder zu geringer Liquidität im Handel von Anlegern nicht beachtet wurden. Durch die Zuordnung zu einem Marktsegment will die Börse hier gegensteuern. Dennoch bedarf die Aufnahme in dieses Marktsegment der Erfüllung der nachfolgenden Mindestanforderungen. SMAX-Unternehmen müssen Quartalsberichte spätestens zwei Monate nach Abschluß der Periode veröffentlichen. Der Jahresabschluß muß spätestens vier Monate nach Jahresabschluß erfolgen. Ausreichend ist die Veröffentlichung nur in deutscher Sprache. Um die Liquidität dieser Werte zu erhöhen, müssen Standard-Small-Caps ein Kreditinstitut oder einen Finanzdienstleister als sog. Designated Sponsor in Xetra beauftragen. Die Gesellschaft muß einen Free float von mindestens 20 % ihres Kapi-

107 AG Report 5/1999, R 160.

tals als an der Börse frei handelbarem Betrag haben. Im weiteren müssen die Marktteilnehmer den Übernahmekodex anerkennen. Eine gleichzeitige Zugehörigkeit zum MDAX oder zum Neuen Markt ist nicht möglich. Die Teilnahme am SMAX ist jedoch gleichzeitig möglich mit einer Zulassung im Amtlichen Handel oder Geregelten Markt.

Innerhalb des Qualitätssegmentes SMAX ist der SDAX am 21.6.1999 gestartet. Er umfaßt die 100 größten inländischen Unternehmen. Das gesamte Segment ist gegenwärtig mit 104 Unternehmen besetzt, die eine Marktkapitalisierung von knapp 20 Mrd. Euro aufweisen. Die Zusammensetzung wird vierteljährlich überprüft; ein Austausch erfolgt zu den Verkettungsterminen im März, Juni, September und Dezember.

Daneben besteht noch der CDAX, wobei „C" für „composite" steht und eine Reihe von Aktienindizes kennzeichnet, die nur branchenspezifische Aktien berücksichtigen. Er umfaßt die an der Frankfurter Börse im Amtlichen Handel in D-Mark notierten deutschen Aktien und setzt sich derzeit ungefähr aus 343 Werten zusammen, die in 16 branchenspezifische Subindizes aufgeteilt sind. Durch diese Aufspaltung wird dem Marktteilnehmer die Möglichkeit gegeben die Entwicklung einzelner Branchen untereinander zu vergleichen oder die Entwicklung einer Branche der Gesamtmarktentwicklung gegenüberzustellen. Außerdem eröffnet der CDAX den Vergleich von Entwicklungen von Einzelwerten in bezug auf die Branchenentwicklung, z.B. der Daimler Crysler Aktie im Vergleich zum CDAX-Automobil. Schließlich ermöglicht er die Erkennung von Konjunkturanfälligkeit einer bestimmten Branche, indem eine Beobachtung der Branche über einen längeren Zeitraum gewährleistet wird.

Schließlich gibt der Stand des VDAX an, welche Volatilität die Marktakteure innerhalb der nächsten 45 Tage für den DAX erwarten. Der Begriff der Volatilität bedeutet etwa soviel wie „Flatterhaftigkeit" oder „Auf und Ab" und bezeichnet gemeinhin das Schwankungsmaß der Variabilität von Wertpapierkursen, Zinssätzen und Devisen.

Daneben sind der Nemax und der Nemax50 zu nennen, beides Indizes, die seit dem zweiten Halbjahr 1999 bekannt sind. Der Nemax50 ist ein Orientierungssystem des Neuen Marktes.

Ausreichend sind im Tagesgeschehen die oben genannten länderbezogenen Indizes nicht. Insbesondere durch die Zusammenführung von vielen europäischen Währungen zum gemeinsamen EURO ist das Bestreben zu einem Index zu finden, der „EURO-Land“ repräsentiert und mithin einen anerkannten Europa Benchmark zu schaffen. Hier scheint sich in der Praxis der Dow-Jones-Euro-Stoxx durchzusetzen.

Stoxx ist ein gemeinsames Unternehmen der deutschen, der schweizerischen und der französischen Börse zusammen mit dem US Verlag Dow Jones. Dieses Unternehmen bildet mehrere Index Gruppen. Aus dem Gesamtindex für ganz Europa, dem Dow Jones Stoxx mit insgesamt über 660 Aktiengesellschaften, wird der Dow Jones Euro Stoxx abgeleitet, der ca. 320 Aktien enthält und in elf Euroländern gültig ist. Zusätzlich zu diesen beiden Gesamtindizes exisitieren jeweils spezielle Sektor- und Blue Chip Indizes.

Diese Blue Chip Indizes sind zum einen der Dow-Jones-Euro-Stoxx-50 mit 50 Unternehmen aus europäischen Ländern, die der Euro Währung beigetreten sind, und zum anderen der Dow-Jones-Stoxx-50 als ein Index, in dem 50 Unternehmen vertreten sind, die unabhängig von der Währung zusammengestellt wurden.

Ab dem 15.6.1999 sind drei neue Regelungen bei der Zusammensetzung der STOXX Indizes zu berücksichtigen:

– Die 16 paneuropäischen Länder und die 10 Euroland Staaten werden künftig als zwei unterschiedliche Regionen betrachtet („Eine-Region-Regel“). Die Auswahl der Blue Chips erfolgt demnach unter regional europäischen Aspekten. Für die Aufnahme in die beiden Indizes ist künftig die Marktkapitalisierung des Unternehmens maßgeblich, um jede Branche über die entsprechende Marktkapitalisierung in den Indizes zu 60% abzubilden. Nach dieser Regelung besteht in Zukunft die Möglichkeit, für zwei oder mehrere große Unternehmen einer Branche eines Landes Bestandteil dieses Benchmarks zu werden.
– Es werden zukünftig alle Blue Chips automatisch für die Selektionsliste qualifiziert (automatische Qualifizierungsregel), um eine höhere Transparenz der Indizes und eine leichtere Implementierung zu gewährleisten. Gleichzeitig wird die Konstanz der Liste der Auswahl-Kandidaten höher und auf diese Weise auch anstehende Veränderungen in den Indizes besser vorhersehbar.
– Unternehmen, die aus einer Fusion oder Übernahme hervorgegangen sind, nehmen automatisch den Platz des Vorgänger-Un-

ternehmens ein, sofern diese weiterhin die Aufnahmekriterien der Indizes erfüllen (Fusions-/Übernahme-Regel).

Als Konkurrenz zu dem zuvor beschriebenen Euro Index hat die FTSE, ein Gemeinschaftsunternehmen der Londoner Börse und der Financial Times, den FTSE-Euro- Stars gestartet. Der neue Index umfaßt die 29 größten Unternehmen der Euro-Länder, die sich wie folgt zusammensetzen: acht französische, sieben niederländische, drei spanische und drei italienische Unternehmen stehen neben acht deutschen Titeln. Hintergrund der Schaffung eines derartigen neuen Index ist das Bestreben, einen Referenz Index für die geplante Allianz von acht europäischen Aktienbörsen zu einem paneuropäischen Aktienmarkt zu schaffen.

Für die Beobachtung des Weltmarktes hat sich die Beachtung des Morgan Stanley Capital International MSCI-Index als üblicher Index erwiesen. Der Vergleich von nationalen Indizes wird gewöhnlich durch die unterschiedlichen Berechnungsmethoden, die verschiedene Gewichtung der Aktien, die unterschiedliche Art und Weise, wie Dividendenzahlungen, Kapitalerhöhungen u.s.w. bereinigt werden, und dem abweichenden Grad, mit dem die jeweiligen Aktienmärkte berücksichtigt werden, erheblich erschwert. Dies war der Anlaß, einen einheitlichen Index für alle wirtschaftlich bedeutenden Länder weltweit zu berechnen. Die Aktien für die entsprechenden MSCI-Indizes werden so ausgewählt, daß die jeweiligen Marktstrukturen angemessen repräsentiert und ungefähr 60% des betreffenden Börsenkapitals erfaßt werden. Es werden Unternehmen mit geringer, mittlerer und hoher Börsenkapitalisierung berücksichtigt. Schließlich erfolgt eine Aufnahme der Aktien nach Branchentypus.

Unabhängig von den verschiedenen Indizes gibt der Beta-Faktor Auskunft über die Frage, ob ein einzelner Wert ein volatilistischer Wert, also eine Aktie mit einer intensiven Kursbewegung, ist. Der Beta-Faktor gibt an, ob eine einzelne Aktie in ihrer Eigendynamik bei Kursveränderungen stärkere bzw. schwächere Kursschwankungen durchläuft. Beta-Faktoren der Aktien werden aus der Beobachtung vergangener Kursbewegungen mit Hilfe statistischer Verfahren gewonnen. Ein Beta-Wert von 1 ist definiert als ein dem Indexverlauf genau entsprechender Kursschlag. Ein größerer Wert als 1 bedeutet, daß diese Aktie in der Vergangenheit Kursveränderungen zeigte, die intensiver waren als die jeweiligen Indexbewegungen. Ein Beta-Wert kleiner als 1 bedeutet somit einen schwächeren Ausschlag. Erfahrungsgemäß finden sich Aktien mit hohen Beta-Werten unter den marktbereiten Standardwerten, defensive Werte finden sich eher als Nebenwerte in den Bereichen Versorgung und Ernährung.

X. Emissionspreisfindung

Im folgenden werden die verschiedenen Methoden vorgestellt, nach denen sich der Preis einer Aktie bei der Börseneinführung berechnet.

Die Aktien sollen und müssen zu einem Preis am Markt untergebracht werden, der die Interessen des emittierenden Unternehmens im höchsten Maße befriedigt. Zum einen hat das Unternehmen das Interesse für den Unternehmensteil, der durch die Aktie repräsentiert wird, einen möglichst hohen Rücklauf im Sinne von erzielbarem Eigenkapital und damit einen hohen Kaufpreis zu erzielen. Zum anderen hat das Unternehmen insgesamt das Bedürfnis, den gesamten Block von Aktien, den es emittieren möchte, insgesamt am Markt unterzubringen, damit ein gefestigter Kurs des Unternehmens durch seinen Börsenpreis vorhanden ist. Es ist insgesamt das Problem zu bewältigen, wie viele Aktien mit welchem Volumen, zu welchem Preis, mit welchen Kosten am Markt untergebracht werden können.

A. Preisfeststellung als betriebswirtschaftliches Bewertungsproblem

Grundsätzlich ist davon auszugehen, daß die Aktie den prozentualen Wert des Unternehmens darstellt, den sie mit ihrem Nennkapital im Verhältnis zum Stammkapital hat. Soweit das Unternehmen einen höheren Wert hat als das Stammkapital nominell darstellt, repräsentiert die Aktie auch einen entsprechend höheren Wert. Es ist daher der Wert des Unternehmens zu ermitteln, um den Wert einer Aktie zu finden. Mit diesem Verständnis könnte es möglich sein, daß die klassischen Mittel der betriebswirtschaftlichen Unternehmensbewertung geeignet sein können, den richtigen Preis für die Aktie bzw. für den repräsentierten Vermögensanteil an dem Unternehmen erreichen.

Die Methoden der Unternehmensbewertung sind jedoch nicht derart standardisiert, daß diese alle einen einheitlichen Ansatzpunkt finden. Zum einen kann davon ausgegangen werden, daß Unternehmensbewertung zweckgerichtet vorgenommen wird. Dies kann bedeuten, daß vorab nach dem Interesse desjenigen gefragt wird, der die Unternehmensbewertung in Auftrag gibt, um sodann festzustellen, welcher Wert für diesen Zweck der richtige ist. Der Käufer eines Unternehmens wird einen Maximalpreis versuchen zu begründen, den er aus seiner eigenen Unternehmenskonzeption nicht unterschreiten darf, während der Verkäufer eines Unternehmens einen Mindestpreis im Kopf hat, der seiner Vorstellung nach den Wert des Unternehmens repräsentiert. Dabei kann es vorkommen, daß der Minimalwert des Verkäufers von einem idealen Käufer ausgeht, der die Halbfertigprodukte oder Fertigprodukte des Unternehmens in einem gut organisierten Vertriebsnetz vertreiben kann, so daß sich die vermeintlichen Zukunftsaussichten aus den bisherigen Gewinnen sogar verbessern und ein sehr hoher Wert in Betracht kommt. Der Käufer wiederum hat das Problem, daß möglicherweise nur ein Teilprodukt des zu erwerbenden Unternehmens seinen Vorstellungen entspricht und er aufgrund dessen erhebliche Umstellungskosten befürchtet. Beide Ansätze betreffen nicht unmittelbar das typische Verhalten des Anlegers am Kapitalmarkt. Er stellt für die Bewertung allein auf das Unternehmen in seiner aktuellen Beschaffenheit ab; Ertragswert- und Substanzverfahren sowie insbesondere Mischformen aus beiden Varianten stellen somit für ihn die klassischen Verfahren zur Unternehmensbewertung dar. Weit verbreitet sind die Ertragswertmethoden, wie das Kurs-Gewinn-Verhältnis (KGV) und das IdW-Verfahren. Daneben ist das Discounted-Cash-Flow-Analysis (DCFA) zu benennen[108].

Die Banken versuchen Emissionspreise nach dem DVFA/SG[109] Verfahren zu berechnen. Die vorbezeichneten Berechnungsverfahren zur Feststellung eines Unternehmenswertes werden im nachfolgendem wie folgt dargestellt:

Das Kurs-Gewinn-Verhältnis, auch als price/earnings-ratio (per) bezeichnet, ist ein Verfahren, welches auf einfachsten Kennziffernvergleichen beruht. Es ergibt sich aus dem Verhältnis des Börsenkurses zum Gewinn der Aktie bzw. aus dem Verhältnis des Preises des Unternehmens zu dem Gewinn des Unternehmens. Das KGV kann daher mathematisch wie folgt angegeben werden:

---

108 Vgl. *Serfling/Pape/Kressin*, AG 1999, 294 ff.

109 Deutsche Vereinigung für Finanzanalyse und Anlageberatung/Schmalenbach Gesellschaft.

KGV= Preis des Unternehmens: Gewinn des Unternehmens bzw.

KGV= Börsenkurs: Gewinn je Aktie

Der Preis bzw. der Börsenkurs des Unternehmens bestimmt sich dementsprechend und läßt sich mathematisch wie folgt ausdrücken:

Preis des Unternehmens = KGV x Gewinn des Unternehmens

bzw. Börsenkurs = KGV x Gewinn je Aktie

Besonders leicht läßt sich diese Kennziffernmethode dann durchführen, wenn von dem betreffenden Unternehmen bereits an der Börse Notierungen vorhanden sind. Ungleich schwieriger wird es, wenn dem Unternehmen seine Erstemission bevorsteht. Für eine Vergleichsberechnung muß sodann auf börsennotierte Unternehmen der gleichen Branche zurückgegriffen oder vielleicht sogar Rückrechnungen aus den im Ausland notierten Unternehmen der gleichen Branche durchgeführt werden. Aus den so gewonnenen Informationen ist nach statistischen Ansatzpunkten ein Mittelwert zu bilden, der den Branchendurchschnitt darstellt. Aus diesem Branchendurchschnitt kann sehr grob wiederum der KGV für das betreffende Unternehmen rückgeschlossen werden. Bei derartigen Rückschlüssen muß berücksichtigt werden, ob das konkret zur Emission anstehende Unternehmen sodann eher über dem Branchendurchschnitt oder unterhalb des Branchendurchschnittes anzusiedeln ist; es muß eine weitere Angleichung vorgenommen werden.

Soweit die Emissionsbanken nach dem DVFA/SG Verfahren vorgehen, ist darauf hinzuweisen, daß die Deutsche Vereinigung für Finanzanalyse und Anlageberatung (DVFA) in Zusammenarbeit mit der Schmalenbach-Gesellschaft (SG) eine Kennzahl entwickelt hat, die unbeeinflußt von Sonderfaktoren und bilanzrechtlichen Spielräumen die Ertragskraft eines Unternehmens darstellen soll. Ansatzpunkt einer von beiden Unternehmen gemeinsam ermittelten Zahl war die Überlegung, daß, um einen erforderlichen Ertragsvergleich von Unternehmen untereinander durchführen zu können, der Jahresüberschuß um Sondereinflüsse oder dispositionsbedingte Aufwendungen und Erträge bereinigt werden muß. Mit den außerordentlichen Aufwendungen und Erträgen sind die gemeint, die bei der Gliederung der Gewinn- und Verlustrechnung nach dem HGB als solche in den speziellen Positionen bereits ausgewiesen werden.

Die ungewöhnlichen Aufwendungen und Erträge sind solche, die nicht in diesen Sonderpositionen der Gewinn- und Verlustrechnung enthalten sind, die für den Geschäftsbetrieb des Unternehmens dennoch ungewöhnliche Vorgänge sind. Hierzu gehören jedoch nicht Sachverhalte, die aufgrund unternehmenspolitischer Entscheidungen, wie z.B. Anlaufkosten für bestimmte neue Produkte, Forschungs- oder Entwicklungsaufwendungen oder Werbekampagnen vorgenommen werden. Soweit diese Vorgänge die Unternehmensstruktur tiefgreifend verändern, müssen sie bereinigt werden. Wenn von dispositionsbedingten Aufwendungen und Erträgen gesprochen wird, ist damit der Ansatzpunkt gemeint, daß die im Bilanzrecht ermöglichten Bewertungs- und Ermessensspielräume in vergleichbarer Weise bewertet werden müssen. Bereits diese grobe Darstellung zeigt, daß sich auch nach einem Ergebnis DVFA/SG weiterhin Restrisiken in der Bewertung des Kursgewinnverhältnisses nicht ausschließen lassen. Es ist insbesondere zu berichten, daß die Verantwortlichen im Unternehmen diese besonderen Ansatzpunkte oftmals anders sehen, als die Analysten der emittierenden Bank.

Ergänzend wird darauf aufmerksam gemacht, daß die wesentlichen Regelungen der Überarbeitung der seit 1996 geltenden Empfehlung der DVFA/SG im DB 1998, 2537 ff. veröffentlicht wurden. Die Bewertung des Good will wird beispielsweise verändert erfaßt. Eine Verminderung der Gewinnerwartung gegenüber der alten Berechnungsmethode von durchschnittlich 12 bis 15% für die DAX Werte sei möglich[110].

Der Hauptfachausschuß des Instituts der Wirtschaftsprüfer hat mit seiner Veröffentlichung HFA 2/1983 eine Unternehmensbewertung vorgestellt, die eine einheitliche Bewertung ermöglichen soll, basierend auf der Überlegung, daß der Wert eines Unternehmens sich einzig und allein nach dessen Eigenschaft bestimmen läßt, Einnahmeüberschüsse zu erwirtschaften. Da sich diese Bewertungsüberlegungen aus der Investitionsrechnung ableiten lassen, ist der Barwert der zukünftigen Überschüsse der Einnahmen über die Ausgaben der richtige Wert des Unternehmens. Das IDW-Verfahren zieht die letzten fünf Jahre heran, um eine Grundlage zur Ableitung der bereinigten Vergangenheitsergebnisse zu haben. Sodann werden diese Zahlen der Vergangenheit anhand der inzwischen eingetretenen Verän-

110 AG Report 7/99, R 274.

derungen modifiziert. Zunächst werden die bilanziellen Einflüsse, die Auswirkungen auf die Gewinnverwendung haben, insbesondere Rücklagenbildung oder auch Erträge aus der Auflösung von stillen Reserven, eliminiert. Anschließend werden die externen Einflüsse, insbesondere die Sonderposten, aufgrund ungewöhnlicher oder außergewöhnlicher Geschäftstätigkeit heraus gerechnet. Sodann wird auf Grundlage der bereinigten Vergangenheitsergebnisse die zukünftige Entwicklung bei Aufwand und Ertrag festgelegt. Durch Zinszurechnungen im Laufe des zukünftigen Planungszeitraumes wird gewährleistet, daß sich die Zahlen der unterschiedlichen Jahre vergleichen lassen.

Das Discounted-Cash-Flow-Analysis geht ebenso wie das vorbenannte IDW-Verfahren von einer Kapitalwertmethode aus. Hier wird jedoch eine Abzinsung der künftigen finanzwirtschaftlichen Überschüsse errechnet. Ansatzpunkt zur Rechnung des Kapitalwerts ist der Cash-Flow. Dieser ergibt sich grundsätzlich aus den Aus- und Einzahlungen zwischen Unternehmen und Dritten, jedoch ohne die Eigentümer. Der für die Eigentümer zukünftig zu erwartende Überschuß aus den Zahlungsströmen zwischen dem Unternehmen und Dritten ist der Nutzen, an dem sich orientiert wird. Der Unternehmenswert nach dem Discounted-Cash-Flow-Analysis, welches den Ausgangspunkt der Berechnung bildet geht vom Ergebnis vor Steuern und Zinsen aus. Die Ertragssteuern sind abzuziehen und Abschreibungen hinzuzurechnen. Vorgenommene Rückstellungen sind zu neutralisieren. Das Zwischenergebnis aus dieser Rechnung ist der Brutto-Cash-Flow. Dieser wird vermindert um die Investitionen in das Anlagevermögen und das Umlaufvermögen abzüglich des kurzfristigen Kapitals. Letzteres wird als working capital bezeichnet. Aus dieser Berechnung erhält man den Netto-Cash-Flow auch free Cash-Flow genannt. Dabei handelt es sich um den Finanzmittelüberschuß, der zur Zahlung der Kapitalzinsen, der Tilgung der Fremdkapitalien und zur Zahlung der Dividende zur Verfügung steht. Der Unternehmenswert ist sodann die Summe aller free Cash-Flows der Zukunft, welche mit dem Gesamtkapital Kostensatz nach Steuern abgezinst werden.

Wie in dem vorhergehenden Abschnitt erkennbar geworden ist, besteht eine hohe Unsicherheit, wie letztendlich der durch die Aktie vermittelte Vermögenswert zu bewerten ist. Der Wirtschaftsprüfer des emittierenden Unternehmens wird möglicherweise einen höheren Unternehmenswert finden als der Wirtschaftsprüfer, der im Auftrag der Emissionsbank versucht, einen Preis für die Aktie zu finden, zu dem die Emission sicherlich vom Markt aufgenommen wird.

Hier sind die nachfolgenden Verfahren der Preisfestsetzung bekannt.

B. Preisfeststellung durch vertragliche Vereinbarung – Festpreis

Mit Festpreisverfahren ist die Einigung zwischen emittierendem Unternehmen und Bank gemeint, bei der sich die Bank verpflichtet, ein mengenmäßig bestimmtes Aktienpaket am Markt zu übernehmen bzw. im Zweifelsfall selbst zu bezahlen. Dabei hat die Bank die Möglichkeit, einen Gewinn dadurch zu erzielen, daß die Plazierung zu einem höheren Preis vorgenommen wird, als der, der dem Unternehmen zufließt. Das Festpreisverfahren war bis 1994 das übliche Verfahren, nach denen Börsenemissionen in Deutschland durchgeführt wurden.

C. Preisfeststellung durch das Bookbuilding-Verfahren

Eine andere Form der Ermittlung des Emissionspreises der Aktien ist das Bookbuilding-Verfahren. Dieses wurde 1994 von der Dresdner Bank bei der Plazierung der eigenen Aktien und sodann bei der Aktienemission der Lufthansa AG angewandt. Im internationalen Bereich, wo die Emissionen auch plaziert werden sollten, war es notwendig geworden, die Modalitäten des insbesondere amerikanischen Marktes zu übernehmen.

Ansatzpunkt des Bookbuilding-Verfahrens ist im wesentlichen, daß die emittierende Bank keine Übernahmegarantie hinsichtlich des Umfangs des zu emittierenden Aktienpakets übernimmt. Üblicherweise verpflichtet sich das Bankinstitut zur Übernahme der Plazierungsleistung und vereinbart einen Preis. Erst sekundär kann eine Verpflichtung zur Übernahme der Aktien zu einem bestimmten Mindestpreis hinzutreten. Üblicherweise erhalten die Konsortialbanken die volle Garantieprovision für die übernommenen Quoten, die zugesagt wurden. Die Verkaufsprovision wird jedoch von den am Markt untergebrachten Aktien abhängig ausgezahlt.

Ein solches Bookbuilding-Verfahren verläuft in mehreren Teilabschnitten. Es gibt zunächst die Pre-Marketing-Phase, in welcher der Bekanntheitsgrad durch Pressekonferenzen, Research-Berichten und Equity Story an die Öffentlichkeit gebracht wird. In dieser Phase wird auch der Preis im Sinne einer Preisspanne nach den Einschätzungen des Unternehmens und der Konsortialbank festgelegt. In einer zweiten Phase wird die Preisspanne dem interessierten Markt bekannt gegeben. Investor Relations-Aktivitäten werden im Sinne von Road Shows, Einzelgesprächen und Unternehmenspräsentationen sowohl durch die Konsortialbanken als auch durch das Unternehmen selbst durchgeführt. In einer dritten Phase der Order-Taking Phase findet eine Zusammenführung der Nachfrage nach Identität, Investortyp und Preisvorstellung statt. Die Phase Vier ist als pricing und Zuteilungsphase bezeichnet. Innerhalb dieser Phase wird der Emissionspreis sodann konkret festgelegt und die Zuteilung der Aktien zu den ausgerichteten Investoren wird vorgenommen. In der Phase Fünf, der sog. Greenshoe-Phase, wird eine weitere Marktpflege durch Konsortialführer am Sekundärmarkt vorgenommen.

1. Pre-Marketing Phase

In dieser Phase ist die substanzielle Arbeit im Sinne der Unternehmensstrukturierung durchgeführt worden. Das emittierende Unternehmen kennt den eigenen Marktwert inzwischen und hat genaue Vorstellungen von einem möglichen Börsenpreis. Mit der Konsortialbank, neudeutsch auch Lead-Manager genannt, ist aufgrund auch börsenanalytischer Unternehmensbewertung ein Preis festgelegt worden. In Zusammenarbeit mit den Konsortialbanken ist damit auch die Equity Story fertiggestellt worden. Ausführlich sind in dieser Equity Story die Marktsituation einschließlich der möglichen Wettbewerber sowie Ziele und Strategien zu deren Verwirklichung ausführlich dargestellt.

Road-Shows können je nach dem Volumen des emittierenden Unternehmens wörtlich verstanden werden oder sind lediglich kleine Gesprächskreise, die bei potentiellen Investorengruppen durchgeführt wurden.

2. Marketing Phase

Die Marketing Phase entwickelt sich aus der Pre-Marketing Phase. Sie hat ihren ersten Ansatzpunkt, sobald das emittierende Unternehmen, die Preisspanne, in welcher die Emission durchgeführt werden soll, benennen kann. Die Marketing Aktivitäten aus der vorherigen Phase werden auf Grundlage der Zahlen intensiviert.

3. Order-Taking Phase

Auch die nachfolgend beschriebene Order-Taking-Phase entwickelt sich aus der Marketing Phase. Die Phase beginnt in dem Moment, in dem die emittierenden Konsortialbanken die Zeichnungsscheine der Aktien erfassen und diese an den Konsortialführer zur Erfassung zurückgeben. Bei dieser Konsortialbank wird das Orderbuch geführt. Die Zeichnungen im Orderformular erhalten insbesondere verbindliche Zusagen des Investors hinsichtlich des ihm vorgestellten Preislimits im Zusammenhang mit der Zeichnungsgröße.

Je ausführlicher das Zeichnungsformular ausgeführt ist und je genauer das emittierende Unternehmen zusammen mit der Konsortialbank den Markt kennt, desto sicherer kann gesagt werden, welcher neuer zusätzlicher Aktionär hinter den einzelnen Zeichnungen steckt. Durch diese Kenntnis kann das Unternehmen sehr klar erkennen, ob ein institutioneller Anleger mit einem bestimmten Marktinteresse in dem Unternehmen vertreten sein möchte. Es ist ebenfalls vorstellbar, daß durch die Zeichnungsscheine erkannt wird, daß lediglich eine breite Streuung erfolgt. Beide Ansatzpunkte können für das Unternehmen von hohem Interesse bei der Zuteilung sein. In derartigen Situationen ist erkennbar, ob die Konkurrenz des emittierenden Unternehmens sich einkauft, oder ob lediglich Kapital von kleinen Anlegern eingesammelt wird, die keinerlei Interesse an einer späteren Einflußnahme haben.

4. Pricing und Zuteilungsphase

Die im Orderbook gesammelten Informationen können, sobald ein dem zu emittierenden Volumen adäquat gegenüberstehendes Investitionsvolumen erreicht ist, zur Verteilung gelangen.

Oftmals ist sehr früh erkennbar, daß zwar alle Aktien plaziert werden können, ausgehend von der zuvor angegebenen Preisspanne letztlich aber nur der Mindestbetrag den tatsächlichen Durchschnittspreis bildet. In diesen Fällen sollte nicht zugewartet werden, bis durch weitere Zeichnungsscheine das Niveau der Zeichnung insgesamt steigt. Die Aktien werden sodann von den Konsortialbanken im Wege des directet location den Investoren zugeteilt und verbleibende Aktien im Rahmen der Free Retention frei verteilt.

Im Idealfall sind mit dieser Vorgehensweise alle Aktien zu einem bestmöglichen Preis bei einem überschießenden Anteil von Nachfragern verteilt.

5. Greenshoe-Phase

Die nachfolgende Phase dient mehreren Zwecken. Zum einen gehen die Konsortialbanken davon aus, daß bei den Erstzeichnungen eine Vielzahl von Aktionären sind, die unmittelbar nach Zuteilung die Aktien an den Markt zurückgeben wollen, weil sie darauf spekulieren, daß die Nachfrage der Aktien danach unmittelbar weiter steigt. Sie steigen lediglich in die Zuteilung ein, um diesen ersten Mitnahmeeffekt zu erzielen.

Zum anderen kann es sein, daß sich das emittierende Bankenkonsortium diesen Effekt zu Nutze machen, aber keine eigenen Aktien zeichnen möchte. Die Konsortialbanken werden daher mit dem emittierenden Unternehmen einen Optionsvertrag in der Form durchführen, daß, wenn alle Aktien zu einem bestimmten Preis am Markt plaziert werden können, die Konsortialbanken einen gewissen Mindestsatz, den sog. green shoe, nochmals zu den Originalkonditionen von dem Unternehmen erwerben können. Auch hier wird der Effekt ausgenutzt, daß eine Überzeichnung der Aktien hinsichtlich des Volumens zur Verfügung steht.

Des weiteren ist bei den Banken das sog. Overloadment zu beobachten. Hier werden die von den Aktionären unmittelbar nach der Emission zurückzugebenden Aktien von den Banken an diejenigen Aktionäre zurückgegeben, die im Zuteilungsverfahren eine Zuteilung über dem Emissionsvolumen erhalten haben. Die Banken überbuchen quasi das ihnen zustehende Volumen, aufgrund der vereinbarten green-shoe-Option, allerdings ohne hierdurch ein Risiko einzugehen. Im Zweifelsfall muß die Bank die Aktien am Kapitalmarkt zurückerwerben.

D. Preisfeststellung durch Auktionsverfahren

Daneben gibt es ein weiteres Verfahren zur Preisfindung. Es ist das Auktionsverfahren. Der Computer-Telefonie-Softwarehersteller Trius EDV und Telekommunikations GmbH ist das erste Unternehmen, daß sich bei seinem Börsengang zum Auktionsverfahren im Jahr 2000 entschlossen hat. Begründet wird dieses Verfahren damit, daß beim Bookbuilding-Verfahren sog. Zeichnungsgewinne bei der ersten Notiz in sehr hohem Maße stattfinden. Das Gewinnpotential der Gesellschaft werde dabei nicht unbedingt ausreichend berücksichtigt. Im Auktionsverfahren werde dagegen der Zeichnungsanreiz nicht gesehen. Ebenso wie beim Bookbuilding-Verfahren erfolge die Angabe eine Preisspanne, die jedoch nur als Orientierung für die limitierten Kaufaufträge gedacht sei. Eine Einflußnahme auf die Zeichnenden ermögliche dieses Verfahren nicht.

XI. Wertpapierhandelsgesetz

Mit dem Gesetz über den Wertpapierhandel und zur Änderung börsenrechtlicher und wertpapierrechtlicher Vorschriften[111] ist das Wertpapierhandelsgesetz (WpHG) errichtet worden, durch das die EG-Insiderrichtlinie[112] sowie die EG-Transparenzrichtlinie[113] in deutsches Recht umgesetzt worden sind. Wesentlicher Inhalt ist das strafbewehrte Verbot von Insidergeschäften und die Verpflichtung zur Ad-hoc-Publizität von kursrelevanten Tatsachen.

Während die Insiderstrafbestimmungen seit dem 1.8.1994 gelten, sind die Vorschriften über die Ad hoc-Publizität zum 1.1.1995 in Kraft getreten. Neu in Kraft getreten ist das Gesetz zur Umsetzung von EG-Richtlinien zur Harmonisierung bank- und wertpapieraufsichtsrechtlicher Vorschriften vom 22.10.1997[114]. Es beinhaltet in Art. 2 Änderungen des Wertpapierhandelsgesetzes, im Bereich der Insiderbestimmungen eine redaktionelle Anpassung, im Rahmen der Ad hoc-Publizität insbesondere den Verzicht auf die Hinweisbekanntmachung im Bundesanzeiger. Weitere Änderungen beruhen auf Art. 3 des Dritten Finanzmarktförderungsgesetzes vom 24.3.1998, das zum 1.4.1998 in Kraft getreten ist[115]. Sie sehen u. a. eine Erleichterung für Auslandsemittenten vor, denen das Bundesaufsichtsamt für den Wertpapierhandel gestatten kann, die Mitteilung nach § 15 Abs. 2 WpHG gleichzeitig mit der Veröffentlichung nach § 15 Abs. 3 WpHG vorzunehmen (sog. Auslandsemittentenprivileg).

A. Insider-Recht

Die Definition eines Insiderpapiers ergibt sich aus § 12 WpHG. Dabei handelt es sich primär um die Papiere, die an einer inländischen Börse zum Handel zugelassen sind. Das sind die mit amtlicher Notierung im Geregelten Markt sowie die an der deutschen Terminbör-

---

111 Zweites Finanzmarktförderungsgesetz v. 26.7.1994, BGBl. I 1994, 1749 ff.
112 89/592/EWG v. 13.11.1989.
113 88/627/EWG v. 12.12.1988.
114 Sog. Richtlinienumsetzungsgesetz, BGBl. I 1997, 2517 ff.
115 BGBl. I 1998, 536 ff.

se zugelassenen Wertpapiere. Der Zulassung steht es gleich, wenn der Antrag auf Zulassung entweder gestellt oder öffentlich angekündigt wurde – Handel per Erscheinen[116]. Zu den Insiderpapieren zählen ebenfalls die Wertpapiere des Freiverkehrs, nicht jedoch die im außerbörslichen Telefonverkehr gehandelten Werte oder die Werte des grauen Kapitalmarkts[117]. Nicht nur die in § 2 Abs. 2 WpHG definierten Wertpapiere werden als Insiderpapiere bezeichnet, sondern ebenfalls die in § 12 Abs. 2 WpHG aufgeführten Derivate. Ansonsten wäre es Insidern ein leichtes, das Verbot des Insiderhandels in Wertpapieren durch den Erwerb von Instrumenten zu umgehen, deren Preisbildung maßgeblich von der Kursentwicklung derjenigen Papiere beeinflußt wird, die oder auf deren Emittenten sich die vorhandenen Insiderinformationen beziehen[118].

Der Begriff des Insiders unterteilt sich in den Primär- und in den Sekundär-Insider. Der Sprachgebrauch geht zurück auf einen Entwurf zur Schaffung eines deutschen Insider-Rechts, dem Megede-Entwurf[119]. Zu den Primär-Insidern im Sinne des § 13 Abs. 1 WpHG gehört kumulativ, daß der Täter eines der personenbezogenen Merkmale der Nummern 1 bis 3 erfüllt und – als sachbezogenes Merkmal – Kenntnis von einer Insider-Tatsache hat. Zu den Primär-Insidern gehören die Mitglieder der Geschäftsführung, der Aufsichtsorgane sowie die persönlich haftenden Gesellschafter des Emittenten oder eines mit dem Emittenten verbundenen Unternehmens. Weiterhin fallen unter die Gruppe der Primär-Insider diejenigen, die aufgrund ihres Berufs, ihrer Tätigkeit oder ihrer Aufgabe bestimmungsgemäß Kenntnis von einer Insider-Tatsache genommen haben. Hierzu gehören insbesondere die Berater des Unternehmens, Steuerberater, Wirtschaftsprüfer, Rechtsanwälte, Emissionsberater oder die Banken.

Sekundär-Insider ist gemäß § 14 Abs. 2 WpHG derjenige, der Kenntnis von einer Insider-Tatsache hat, aber kein Primär-Insider im Sinne des § 13 Abs. 1 WpHG ist. Hier ist die Sekretärin zu nennen, die ein vertrauliches Gespräch mithört oder der Fahrer, der in Ausübung seines Berufs zufällig von der Insider-Tatsache erfährt.

---

116 Vgl. *Assmann, Heinz-Dieter/Schneider, Uwe H.*, Wertpapierhandelsgesetz, 2. Aufl. 1999 § 12 Rn. 2.

117 *Assmann/Schneider* (Fn. 117), Rn. 4 und 5.

118 Vgl. *Assmann/Schneider* (Fn. 117), Rn. 7.

119 Vgl. *Assmann/Schneider* (Fn. 117), § 13 Rn. 1; vgl. *Volk*, BB 1999,66.

Das Gesetz definiert in § 13 Abs. 1 WpHG die Insider-Tatsache als Tatsache, die nicht öffentlich bekannt ist und sich auf einen oder mehrere Emittenten von Insiderpapieren oder auf Insiderpapiere bezieht und geeignet ist, im Falle ihres öffentlichen Bekanntwerdens den Kurs der Insiderpapiere erheblich zu beeinflussen.

Tatsachen sind der äußeren Wahrnehmung zugängliche Geschehnisse oder Zustände der Außenwelt. Bloße Gerüchte[120], Meinungen oder ähnliches gehören nicht dazu. Zu beachten ist, daß das Tatbestandsmerkmal der Tatsache weitere Sachverhalte erfaßt, als die publizitätspflichtige Tatsache nach § 15 WpHG. Es gibt daher Tatsachen, die zwar Insider-Tatsachen sind, aber noch nicht der Ad hoc-Publizität unterliegen.

Eine Tatsache ist nur dann eine Insider-Tatsache, wenn sie nicht wirklich bekannt ist. Die Begründung des Regierungsentwurfs formuliert, daß eine Tatsache als öffentlich bekannt anzusehen sei, wenn es einer unbestimmten Anzahl von Personen möglich sei, von ihr Kenntnis zu nehmen. Dieser Definition liegt ein Konzept zugrunde, das als „Bereichsöffentlichkeit" in der Literatur bekannt ist[121]. Die Publikation der Information braucht damit nicht über die Massenmedien zu erfolgen, vielmehr genügt die Veröffentlichung der Insider-Tatsache bereits mittels allgemein zugänglicher Informationssysteme[122].

Insider-Tatsachen sind letztlich nur solche Tatsachen, welche darüber hinaus geeignet sind, im Falle ihres öffentlichen Bekanntwerdens den Kurs des Papiers erheblich zu beeinflussen. Die Frage der Kurserheblichkeit ist sowohl vom Gesetzesentwurf, seiner Begründung und der Literatur als eine Frage betrachtet worden, die der Würdigung der Umstände des konkreten Einzelfalls unterliegt. Ob eine Tatsache geeignet ist, im Falle ihres öffentlichen Bekanntwerdens den Kurs des Papiers erheblich zu beeinflussen, ist einer objektiv-nachträglichen, auf den Zeitpunkt des Insider-Handelns bezogenen und die Umstände des Einzelfalls berücksichtigenden Prognose zu entnehmen. Dabei sind objektive Maßstäbe anzulegen. Dennoch ist weiterhin unklar, ab welchem Schwellenwert davon ausgegangen werden kann. Einigkeit scheint zumindest dahingehend zu bestehen, daß jede zum Zeitpunkt der Vornahme des Insider-Geschäfts zu erwartende Kurs-

120 Hess. VGH, BB 1999, 75 mit BB-Kommentar *Mennicke*.

121 Vgl. *Assmann/Schneider* (Fn. 120) Rn. 41.

122 Begr. RegE Zweites Finanzmarktförderungsgesetz, BT-Drs. 12/6679, 46.

änderung von mindestens 5 % als erheblich betrachtet werden kann[123]. Das Erheblichkeitskriterium wurde auf den Schwellenwert zurückgeführt, der einen Kursmakler verpflichtet, aufgrund vorliegender Aufträge vorhersehbare Abweichungen vom zuletzt notierten Kurs mit einem Plus- oder Minuszusatz zu kennzeichnen. Dies ergibt sich aus § 8 Abs. 1 der Bedingungen für Geschäfte an den deutschen Wertpapierbörsen. Nach einer anderen Definition ist das Kursänderungspotential erheblich kursrelevant, wenn es die übliche Volatilität übersteigt. Generell, auch für marktbezogene Insider-Tatsachen, ist von einer erheblichen Kursrelevanz immer dann auszugehen, wenn sich aus der Sicht des handelnden Insiders der Verkauf oder der Erwerb des betroffenen Wertpapiers lohnt[124].

Der Verbotstatbestand ergibt sich aus § 14 Abs. 1 des WpHG. Der erste der dort aufgezählten drei Regelungsbereiche gilt für den Primär- und Sekundär-Insider, während die nachfolgenden zwei Regelungsbereiche für die Primär-Insider gelten. Beiden Insidern ist es nach § 14 Abs. 1 Nr. 1 WpHG verboten, die Kenntnis von einer Insider-Tatsache mit dem Ziel auszunutzen, durch Geschäfte mit dem entsprechenden Insiderpapier für sich oder einen anderen einen wirtschaftlichen Vorteil zu erlangen. Dem Primär-Insider ist es darüber hinaus verboten, einem anderen eine Insider-Tatsache unbefugt mitzuteilen oder zugänglich zu machen oder einem anderen auf Grundlage seiner Insider-Kenntnis den Kauf oder Verkauf von Insiderpapieren zu empfehlen.

Ein Ausnutzen von Insider-Wissen liegt vor, wenn der Insider von seinem Wissensvorsprung in der Hoffnung Gebrauch macht, für sich oder einen anderen einen Vorteil zu erlangen, der als Verstoß gegen den Grundsatz der Chancengleichheit angesehen werden muß[125].

Eine Insider-Tatsache wird dann ausgenutzt, wenn in Kenntnis der Art oder des Umfangs einer Order, die im Fall ihres Bekanntwerdens geeignet ist, die Kursentwicklung von Insiderpapieren erheblich zu beeinflussen, Papiere dieser Art erworben oder veräußert werden, bevor der Auftrag öffentlich bekannt wird. Es handelt sich bei diesen Fällen um solche, die als Vor-, Mit- oder Gegenlaufen (auch als Front-Running) bezeichnet werden.

---

123 Vgl. *Assmann/Schneider* (Fn. 120) Rn. 69.

124 Vgl. *Süssmann*, AG 1997, 63–65.

125 Vgl. *Assmann/Schneider* (Fn. 117), § 14 Rn. 25.

Werden Wertpapiere auch ohne Kenntnis von Insider-Tatsachen gehandelt, ist kein Ausnutzen gegeben. Schwer ist die Abgrenzung insoweit, als Makler, Market-Maker oder Fernsehkommentatoren zeitgleich zu ihren Empfehlungen Wertpapiere kaufen bzw. verkaufen. Hingegen stellt die Umsetzung einer eigenen unternehmerischen Entscheidung, die nicht durch anderweitig erlangtes Insider-Wissen beeinflußt ist, kein Ausnutzen dar. Bei einem Beteiligungserwerb schafft der Käufer erst durch seine Entscheidung die Insider-Tatsache. Die Verwirklichung dieser Entscheidung durch Käufer an der Börse stellt kein Ausnutzen der Tatsache, sondern die Ausführung der Entscheidung. Etwas anderes würde jedoch gelten, wenn innerhalb der Due Diligence-Prüfung Umstände bekannt werden, die einen Kauf oder Zukauf hervorrufen, der vorher nicht geplant war. Gleiches Beispiel gilt beim Rückkauf eigener Aktien am Markt.

Die Vorfeldtatbestände des § 14 Abs. 1 Nrn. 2 und 3 WpHG betreffen so den Primär-Insider. Diesem ist es verboten, eine Insider-Tatsache einem anderen unbefugt mitzuteilen oder zugänglich zu machen. Mit dieser Vorschrift wird Art. 3 a der EG-Insiderrichtlinie in nationales Recht umgesetzt. Sinn des Weitervergabeverbots ist es, den ordnungsgemäßen Verlauf des Wertpapierhandels bereits in einem sehr frühen Stadium zu schützen. Eine Mitteilung einer Insider-Tatsache an einen anderen ist gegeben, wenn die Tatsache willentlich Gegenstand einer Information an einen oder mehrere Dritte ist. Dabei ist es unerheblich, ob dem Dritten erkennbar ist, daß es sich um eine Insider-Tatsache handelt[126]. Weiterhin darf die Information nicht unbefugt weitergegeben werden. Als Abwägungsgrundlage wird auf die in Art. 3a der EG-Insiderrichtlinie zu entnehmenden Formel zurückgegriffen, derzufolge die in der Ausübung einer Arbeit, eines Berufs oder einer Aufgabe erfolgte Weitergabe einer Insider-Tatsache keine Verletzung des Weitergabeverbots darstellt. Unstreitig ist damit die gesetzlich vorgeschriebene Weitergabe von Informationen gedeckt. Denn insoweit ist sichergestellt, daß der Empfänger einer derartigen Insider-Tatsache wiederum als Primär-Insider durch die Verpflichtung des Wertpapierhandelsgesetzes verpflichtet ist. Demgegenüber ist die Weitergabe an Personen, die ihrerseits nicht dem Mitteilungs- und Empfehlungsverbot unterliegen, als unbefugt anzusehen, soweit keine Rechtfertigungsgründe vorliegen. Letztlich noch

126 Vgl. *Assmann/Schneider* (Fn. 126), Rn. 42.

nicht entschieden ist, ob das Auskunftsrecht des Aktionärs in der Hauptversammlung nach § 131 Abs. 1 AktG Rechtfertigung für die Weitergabe von Insiderinformationen ist. Die Auskunft, die gleichzeitig Insider-Tatsache ist, wird jedoch für die Urteilsfindung des Aktionärs bei der Entlastung des Vorstands Entscheidungskriterium sein können. Die Bekanntgabe der Tatsache gegenüber der Hauptversammlung stellt jedoch noch keine Bereichsöffentlichkeit her. Es ist daher anzuführen, daß der Vorstand sich vor der Hauptversammlung vergewissern sollte, daß alle zu veröffentlichenden Insider-Tatsachen auch tatsächlich vorab veröffentlicht worden sind[127]. Soweit der Vorstand die Mitteilung von Insider-Tatsachen in der Hauptversammlung als einen Verstoß gegen §§ 38 Abs. 1 Nr. 2, 14 Abs. 1 Nr. 2 WpHG betrachtet und sich auf das Aussageverweigerungsrecht nach § 131 Abs. 3 Nr. 5 AktG beruft, wird er sich vergegenwärtigen müssen, daß er eine Ordnungswidrigkeit hinsichtlich der nicht rechtzeitigen Veröffentlichung einer nach dem Ad hoc-Gesetz unterliegenden Insider-Tatsache nach §§ 39, 15 AktG zu verantworten hat.

Oftmals ergibt sich aus den Verträgen hinsichtlich eines Aktienpools die Verpflichtung, die einzelnen Inhaber von Aktienpools unverzüglich mit neuen Informationen zu versorgen. Diese Verpflichtung führt insbesondere bei Familiengesellschaften oftmals dazu, daß ein Aktienpool vor dem Bekanntwerden einer Tatsache versucht, eine Entscheidung herbeizuführen. Die Weitergabe innerhalb von Aktienpools ist nicht möglich, da insofern eine wettbewerbsverzerrende Bevorzugung stattfinden würde[128].

In gleicher Konsequenz kann eine Querinformation innerhalb eines Unternehmens/Konzerns über verschiedene Geschäftssparten hinweg im Sinne einer horizontalen Information nicht akzeptiert werden. Eine Aktiengesellschaft muß zur Vermeidung von Interessenkonflikten besondere organisatorische Maßnahmen, etwa in Gestalt von Chinese-Walls, treffen. Insbesondere bei dem Bestreben, Wertpapiere nur auf Geschäftssparten bezogen zu emittieren (Sparten – Spin off), muß eine derartige Trennung strikt durchgehalten werden. Die Weitergabe von Insider-Tatsachen an Journalisten, bzw. an die Presse ist eine befugte Weitergabe dann, wenn sie „an die Presse“ und nicht an einen einzelnen Journalisten erfolgt.

127 Vgl. *Assmann/Schneider* (Fn. 126), Rn. 50 und 51.
128 Vgl. *Assmann/Schneider* (Fn. 126), Rn. 54 b.

1995 sind sieben Fälle an die Staatsanwaltschaft weitergeleitet worden und zwei rechtsgültige Strafbefehle ergangen. 1996 wurden 17 Fälle an die Staatsanwaltschaft übergeben, zusätzlich vier Strafbefehle ausgestellt. Die geringe Quote mag damit zusammenhängen, daß durch die Einschaltung von Auslandskonten die Kontrolle des Bundesaufsichtsamtes für Wertpapiere umgangen werden kann. Staaten, die nicht der EU angehören, erteilen den deutschen Aufsichtsbehörden häufig keine Auskunft.

B. Ad-hoc-Publizität

Zu den wichtigsten Punkten des Wertpapierhandelsgesetzes gehört die Pflicht zur Ad-hoc-Publizität gem. § 15 WpHG. Sie geht auf die Umsetzung der Börsenzulassungs-Richtlinie der EG vom 17.4.1979 zurück. Hiernach muß der Emittent von Wertpapieren, die zum Handel an einer inländischen Börse zugelassen sind, unverzüglich alle neuen Tatsachen veröffentlichen, die in seinem Tätigkeitsbereich eingetreten und nicht öffentlich bekannt sind. Voraussetzung ist, daß die Tatsachen wegen ihrer Auswirkungen auf die Vermögens- und Finanzlage oder auf den allgemeinen Geschäftsverlauf des Emittenten geeignet sind, den Börsenpreis der zugelassenen Wertpapiere erheblich zu beeinflussen, oder – im Fall zugelassener Schuldverschreibungen – die Fähigkeit des Emittenten beeinträchtigen können, seinen Verpflichtungen nachzukommen.

Zweck der Ad-hoc-Publizitätspflicht ist es, einen identischen Informationsstand der Marktteilnehmer durch schnelle und gleichmäßige Unterrichtung des Marktes zu fördern, um so die Bildung unangemessener Börsenpreise aufgrund fehlerhafter oder unvollständiger Unterrichtung zu vermeiden[129]. Durch die Schaffung von mehr Transparenz dient sie damit im Interesse des gesamten Anlegerpublikums der Sicherung der Funktionsfähigkeit des Kapitalmarktes. Die Pflicht zur Ad-hoc-Publizität stellt gleichzeitig eine Präventivmaßnahme gegen den Mißbrauch von Insiderinformationen, da die Ad-hoc-Veröffentlichung einer Insider-Tatsache den Charakter als Insiderinfor-

129 Vgl. Beschlußempfehlung und Bericht des Finanzausschusses, BT-Drs. 12/7918, 102.

mation nimmt. Sie entzieht damit dem verbotenen Insiderhandel den Boden[130].

§ 15 Abs. 1 WpHG entspricht damit in etwa dem ehemaligen § 44a Börsengesetz. Es ist darauf hinzuweisen, daß die Verpflichtung nach § 44b Börsengesetz, nämlich die Veröffentlichung von Geschäftsberichten in jedem Vierteljahr, zum Teil auch mit dem Begriff Ad-hoc-Publizität umschrieben wird. Hier sollen jedoch lediglich die Voraussetzungen des § 15 Abs. 1 WpHG weiter dargestellt werden.

Umfaßt werden von den Begriffsbestimmungen die Wertpapiere, die im Amtlichen Handel oder im Geregelten Markt zugelassen sind. Anders als im Rahmen der Insider-Bestimmung sind die in den Freiverkehr einbezogenen Wertpapiere nicht erfaßt. Emittenten von Wertpapieren, die im Neuen Markt gehandelt werden, unterliegen dagegen der Publizitätspflicht, da ihre Wertpapiere gesetzlich zwingend im geregelten Markt zugelassen sind. Das Regelwerk des Neuen Markts[131] weist auf die Anwendbarkeit des § 15 WpHG ausdrücklich hin.

Die Freistellung der in den Freiverkehr der inländischen Börsen eingezogenen Wertpapiere von der Ad-hoc-Publizität ist mit Rücksicht auf übergeordnete Marktbedürfnisse geschehen. Die Ausklammerung der Freiverkehrswerte war möglich, weil die Regelung der Ad-hoc-Publizität in Art. 7 EG-Insiderrichtlinie nur solche Wertpapiere erfaßt, die in einem organisierten, von staatlicher Stelle reglementierten und überwachten Markt gehandelt werden konnten. Hieran fehlt es bei den Wertpapieren, die in den Freiverkehr an den Börsen einbezogen sind. Dieses ist durch die Neufassung des § 78 Börsengesetz ausdrücklich klargestellt worden[132].

Vom Begriff her ist eine neue Tatsache ein Vorgang der Vergangenheit oder Gegenwart, der einer objektiven Klärung zugänglich ist. Meinungsäußerungen oder Auffassungen stellen dagegen keine Tatsachen dar. Trotz dieser einfachen Darstellung ergeben sich eine Reihe von Abgrenzungsproblemen. Das Verhältnis der Insider-Tatsache zur Ad-hoc-Publizität wird wie folgt beantwortet: Jede Ad-hoc-Tatsache ist zugleich eine Insider-Tatsache, aber nicht jede Insider-Tatsache ist eine Ad-hoc-Tatsache. Ad-hoc-Tatsachen haben regelmäßig einen höheren Konkretisierungsgrad. Diese Auslegung ist verständlich, da

130 Vgl. Beschlußempfehlung und Bericht des Finanzausschusses (Fn. 130), 96.
131 II, 7. 2. 12.
132 Begr. RegE 2. FFG, BT-Drs. 12/6679, 76.

Unternehmen nicht gezwungen werden sollen, durch vorzeitige Bekanntgabe selbst erarbeiteter Wettbewerbsvorsprünge dieselben preiszugeben. Unternehmensinterne Unternehmensplanungs- oder Entscheidungsprozesse können Insider-Tatsache sein, ohne daß eine Ad-hoc-Publizitätsverpflichtung gegeben ist. Dies ändert sich erst dann, wenn Entscheidungsprozesse innerhalb eines Unternehmens so weit gereift sind, daß ein endgültiger Beschluß dazu vorliegt. Hier wiederum muß unterschieden werden zwischen Beschlüssen, die als Vorstandsbeschlüsse bereits wirksam sind und denjenigen Beschlüssen, die erst durch die Zustimmung des Aufsichtsrats ihre Rechtskraft erhalten. Bei diesen mehrstufigen Entscheidungsprozessen gilt grundsätzlich, daß in Fällen, in denen der Aufsichtsrat zustimmen muß, erst nach der Zustimmung eine Tatsache vorliegt, die der Veröffentlichungsverpflichtung § 15 WpHG unterliegt. Eine Ausnahme ist dann zu machen, wenn die Entscheidung des Aufsichtsrats nicht mehr dem eigenen realen Ermessensspielraum unterliegt. Als Beispiele gelten hier die Zustimmungen zu dem einzig möglichen Sanierungsplan.

Differenziert betrachtet werden muß die Frage, wie es sich mit dem Jahresabschluß und den Zwischenberichten verhält. Bei beiden handelt es sich um reine Geschäftsführungsmaßnahmen, die nach § 111 Abs. 4 S. 1 AktG nicht dem Aufsichtsrat übertragen werden können. Obwohl der Aufsichtsrat sie feststellt, beinhaltet allein ihre Bestimmung durch den Vorstand die dem § 15 WpHG unterliegende Tatsache.

Unterstützung findet diese Ansicht durch die „Bekanntmachung zum Verhältnis von Regelpublizität und Ad-hoc-Publizität“ vom 9.7.1996[133]. Hier ist bereits weiter ausgeführt, daß, sobald das Ergebnis der Summierung der Tätigkeit des Unternehmens dem Vorstand oder dem sonst nach § 15 WpHG Verantwortlichen des Unternehmens zur Verfügung steht, es sich um eine zu veröffentlichende Tatsache handelt. Auch die Addition von einzelnen, nicht, der Veröffentlichungsverpflichtung unterliegenden Tatsachen kann dann zu einer Publizitätsobliegenheit führen, wenn die Summe der Einzeltatsachen, eine entsprechende Gewichtung erreicht. Dabei kommt es nicht nur auf die erfaßten Buchungsvorgänge, sondern darüber hinaus auch auf die Bewertung von selbstentwickelten, wegen des Aktivierungsverbots buchhalterisch nicht erfaßten Patente oder Groß-

133 BAnz. Nr. 133/1996 8167.

aufträge an. Im Hinblick auf die Vermögens- und Finanzlage des Unternehmens können daher Einzeltatsachen zusammen gewertet werden. In gleicher Art und Weise werden auch Verwaltungs- und Gerichtsverfahren als publizitätspflichtige Tatsachen gelten müssen, wenn sie in ihrer worst-case-Betrachtung den Umfang haben, eine Kursbeeinflussung vorzunehmen.

Nachfolgend aufgeführt werden die Inhalte von Ad-hoc-Veröffentlichungen, die nach Einführung der Ad-hoc-Publizitätsverpflichtung in den Jahren 1995 bis 1997 durchgeführt wurden[134].

„Abfindungsangebote, Abtretung von Forderungen, Änderung Geschäftsjahr, Auflösung der AG, Auflösung stiller Reserven, außerordentliche Erträge und Aufwendungen, Beherrschungs- und Gewinnabführungsverträge, Bestätigung von Übernahmegesprächen, Beteiligungskauf und -verkauf einschließlich Erhöhungen und Reduzierungen von Beteiligten, Börseneinführungen von Tochtergesellschaften, DVFA-Ergebnisse und Cash-flow-Rechnungen, Einführung neuer Produkte und Erschließung neuer Märkte, Entwicklung von Auftragseingängen und Kapazitätsauslastung, Erhöhung oder Reduzierung, Wiederaufnahme oder Ausfall der Dividendenzahlung, Finanzierungsmaßnahmen, Forderungsverzichte, Fusionen, Gerichtsverfahren, Großaufträge, Grundkapitalerhöhung und Grundkapitalherabsetzung, Investitionen, Kauf von Patenten, Kooperationen, Korrektur von Ergebnisprognosen, Liquiditätsprobleme, Lizenzen, Mitteilungen zu Entscheidungen des Kartellamts, Mitteilungen zu Hauptversammlungen, Moratorium gem. § 46 a KWG, Personalveränderungen in Vorstand und Aufsichtsrat, Rationalisierungsmaßnahmen, Rückstellungen und Sonderabschreibungen, Stukturveränderungen, Umsatz- und Ergebnisabweichungen im Jahresabschluß oder in Zwischenberichten gegenüber dem Vorjahreszeitraum, gegenüber in der Vergangenheit getroffenen Prognosen durch das Unternehmen oder gegenüber im Markt bestehenden Erwartungen, Umwandlung der AG in eine GmbH, Verkaufseinstellung von Produkten, Verlust nach § 92 AktG und Veröffentlichung eines Sonderprüfungsberichtes“.

Darüber hinaus ist die Emittentenbezogenheit der Tatsache dahingehend zu verstehen, daß § 15 Abs. 1 Satz 1 WpHG definiert, „in sei-

134 Bundesaufsichtsamt für den Wertpapierhandel, Insider-Handelsverbote und Ad-hoc-Publizität nach dem Wertpapierhandelsgesetz, 2. Aufl., S. 60.

nem Tätigkeitsbereich eingetreten". Mit diesem Wortlaut wird dem Umstand Rechnung getragen, daß es durchaus kurserhebliche Tatsachen gibt, die jedoch außerhalb der unternehmerischen Sphäre stehen. Derartige Tatsachen muß das Unternehmen nicht sammeln oder veröffentlichen.

Sonderprobleme entstehen bei einer Vermögensübernahme. Die übernommene Gesellschaft erfährt von der Tatsache. Die ist jedoch nicht in ihrer unternehmerischen Sphäre. Für die übernehmende Gesellschaft wird es oft an der Eignung zu erheblicher Kursbeeinflussung der Aktien fehlen, weil der Zukauf aus Sicht der übernehmenden Gesellschaft relativ gering ist. In den Fällen jedoch, in denen das Übernahmeangebot für die Bietergesellschaft potentiell kursrelevant ist, muß diese nach konkreter Entscheidung der Ad-hoc-Publizitätsverpflichtung nachkommen.

Die Tatsache darf bisher noch nicht öffentlich bekannt sein. Ausreichend ist jedoch die sog. Bereichsöffentlichkeit, d. h., es muß den Marktteilnehmern möglich sein, von der Tatsache Kenntnis zu nehmen. Die Tatsache muß im weiteren auf die Vermögens- und Finanzlage oder auf den allgemeinen Geschäftsverlauf Auswirkungen haben. Nach den Berichten des Finanzausschusses des deutschen Bundestags[135] kann für die Auslegung dieses Merkmals auf die für den Lagebericht des Unternehmens geltenden handelsrechtlichen Grundsätze zurückgegriffen werden. Soweit daher das entsprechende Ereignis im Lagebericht eine Angabepflicht auslösen würde, ist das vorbezeichnete Merkmal zu bejahen. In hohem Maße mit Unsicherheit behaftet ist die Frage, ab wann die Eignung zu erheblicher Kursbeeinflussung einer Tatsache gegeben ist. Dies muß der Emittent unter Einbeziehung aller ihm zu diesem Zeitpunkt zur Verfügung stehenden Kenntnisse in einer Prognoseentscheidung werten und das Kursbeeinflussungspotential aus einer ex-ante Betrachtung beurteilen. Erster Anhaltspunkt kann sein, daß der Marktteilnehmer von einer erheblichen Kursbewegung ausgeht, wenn nach § 8 der Geschäftsbedingungen der deutschen Börse eine einfache Plus-/Minus-Ankündigung zu erfolgen hat, welches gegenwärtig bei 5 % voraussichtlicher Kursabweichung gegeben ist. Zu bedenken ist jedoch, daß der Kurs eines Wertpapiers nicht nur von der Ankündigung selbst, sondern auch von dessen üblichen Kursschwankungsbereichen (Vo-

---

135 Vgl. BT-Drs. 12/7918.

latilität) geprägt ist. Die Erheblichkeitsschwelle wird bei kursstabilen Wertpapieren eher erreicht sein, als bei Wertpapieren mit hoher Volatilität. Es wird daher vertreten, daß es naheliegend sein kann, nicht auf eine absolute Kursveränderung abzustellen, sondern auf die relative Veränderung zu vergleichbaren Wertpapieren oder sogar zum Marktindex[136].

Gemäß § 15 Abs. 2 Satz 1 WpHG hat der Emittent die publizitätspflichtigen Sachverhalte noch vor ihrer Veröffentlichung dem Bundesaufsichtsamt und den inländischen Börsen mitzuteilen. Beim Bundesaufsichtsamt für Wertpapiere sind zudem Faxnummern und Telefonnummern eingerichtet worden[137]. Das Bundesaufsichtsamt für Wertpapierhandel wird weiter davon in Kenntnis gesetzt, welche Art der Veröffentlichung der Emittent zu wählen beabsichtigt. Ihm steht ein überregionales Börsenpflichtblatt oder ein elektronisches Informationsverbreitungssystem zur Verfügung. Weiterhin muß er angeben, wann die Veröffentlichung erfolgen wird, denn der Geschäftsführung der Börsen soll eine Vorlaufzeit von 20 bis 30 Minuten eingeräumt werden, um Zeit für eine Entscheidung über eine Kursaussetzung bzw. für eine gegebenenfalls erforderliche Rückfrage bei Emittenten zu haben.

Die Form der Veröffentlichung wird durch § 15 Abs. 3 WpHG geregelt. Dem Emittenten bleibt freigestellt, ob er ein Börsenpflichtblatt oder ein elektronisch betriebenes Informationsverbreitungssystem benutzt.

Dem Unternehmen wird die Möglichkeit, dieser Verpflichtung nachzukommen, dadurch erleichtert, daß die „Deutsche Gesellschaft für Ad-hoc-Publizität mbH“ (DGAP) nach Beauftragung durch den Emittenten alle Mitteilungs- und Veröffentlichungsverpflichtungen übernimmt. Die Unterrichtung des breiten Anlegerpublikums, also nicht nur der Bereichsöffentlichkeit, erfolgt durch Veröffentlichung der DGAP-Meldungen seitens der News-Aktuell GmbH im Internet sowie durch Publizierungen weiterer Agenturen.

Ausländische Emittenten werden von den Rechtsordnungen ihrer Länder oft zu ähnlichen oder zu anderen Handlungsweisen verpflichtet. Es ist ausreichend, wenn Emittenten mit Sitz im Ausland die

136 Bundesaufsichtsamt für den Wertpapierhandel (Fn. 135), S. 38.

137 Bekanntmachung zur Veröffentlichung und Mitteilung beeinflussender Tatsachen nach § 15 WpHG v. 7.12.1994, BAnz. Nr. 235/1994 12193.

Veröffentlichung in englischer Sprache und die Veröffentlichung selbst zeitgleich mit den nach dem deutschen WpHG bestehenden Verpflichtungen durchführen. Ad-hoc-Mitteilungen während der laufenden Handelszeiten können dazu führen, daß die Börsenaufsicht den Kurs für einen Tag oder für eine geringere Zeitspanne aussetzt. Es wird daher für die Praxis empfohlen, die für den Tatsacheneintritt maßgeblichen Umstände, wie zum Beispiel eine Vorstandssitzung oder eine Aufsichtsratssitzung, so zu terminieren, daß die Mitteilung einer kursbeeinflussenden Tatsache gegebenenfalls den Börsen außerhalb der täglichen Handelszeit angezeigt werden kann. Die Frankfurter Wertpapierbörse, Präsenzbörse, hat Handelszeiten für den Amtlichen Handel, den Geregelten Markt, den Freiverkehr und den Neuen Markt von 8.30 Uhr bis 17.00 Uhr während Handelszeiten über XETRA von 8.30 Uhr bis ca. 17.15 Uhr sind.

§ 15 Abs. 1 S. 2 WpHG regelt die Befreiung von der Ad-hoc-Publizitätsverpflichtung, vorausgesetzt die Veröffentlichung würde den berechtigten Interessen des Emittenten schaden.

In der Praxis hat die Ad-hoc-Publizitätsverpflichtung im Jahre 1998 zu 1.272 Ad-hoc-Mitteilungen geführt. Bis zum Jahresende 1999 werden 1.750 Ad-hoc-Mitteilungen inländischer Emittenten erwartet. Festzustellen ist, daß 97 % aller Meldungen über das elektronische Informationssystem erfolgten. Darüber hinaus haben 80 % aller Ad-hoc-Mitteilungen ihre Veröffentlichungen außerhalb der Börsenzeiten vorgenommen.

Erste Erfahrungen eines „Ad-hoc-Workshops" zeigen, daß die Ad-hoc-Publizität auch für Marketingzwecke mißbraucht wird. Durch die Publizierung über elektronische Informationssysteme einschließlich des Internets wird über die Ad-hoc-Mitteilung nicht nur die Bereichsöffentlichkeit sondern die breite Öffentlichkeit erreicht. Letztlich sind die Informationen auch über Teletext im Fernsehen zu erkennen. Daher mehren sich die Fälle, wo umfangreich über neue Produkte oder Dienstleistungen geworben wird. Das Bundesaufsichtsamt äußerte dazu, die Ad-hoc-Publizität soll nicht als allgemeines Diskussionsforum für solche Spekulationen beansprucht werden; doch kann eine Ad-hoc-Meldung dann sinnvoll sein, wenn ein marktbewegendes Gerücht über eine angeblich eingetretene Tatsache dementiert werden soll. Hinweise für eine derartige Stellungnahme war, daß Gerüchte über Unternehmensübernahmen als Ad-hoc-Mitteilungen publiziert wurden.

XII. Kapitalerhöhungen

Nach Beschluß der Umwandlung eines Unternehmens beliebiger Rechtsform in die Aktiengesellschaft ist die Kapitalerhöhung das zentrale Thema.

Abzugrenzen ist von der im folgenden angesprochenen Kapitalerhöhung das betriebswirtschaftliche Verständnis dahingehend, Kapital durch Aufnahme von Krediten zu beschaffen. Das Aktienrecht unterscheidet bei der Kapitalerhöhung zum einen die sog. nominelle Kapitalerhöhung, die durch Umformung von offenen Rücklagen in Nominalkapital erfolgt. Hierbei werden dem Unternehmen keine zusätzlichen Mittel zur Verfügung gestellt; es handelt sich lediglich um die Umstrukturierung des eigenen Kapitals im Rahmen der bilanziellen Betrachtungsweise. Zum anderen wird die Kapitalerhöhung dahingehend betrachtet, daß neues zusätzliches Kapital gegen Gewährung von Gesellschafteranteilen zugefügt werden soll. Lediglich mit der zweiten Kapitalerhöhung befaßt sich die vorliegende Auseinandersetzung. Diese Form der Kapitalerhöhung differenziert zwischen der ordentlichen Kapitalerhöhung, der bedingten Kapitalerhöhung und dem genehmigten Kapital.

A. Ordentliche Kapitalerhöhung

Die ordentliche Kapitalerhöhung ist in §§ 182-191 AktG geregelt. Der Ablauf einer derartigen Kapitalerhöhung läßt sich in zwei Abschnitte gliedern: die Beschlußphase und die Durchführungsphase. In der Beschlußphase wird gemäß § 182 AktG in der Hauptversammlung ein Beschluß über die Erhöhung des Grundkapitals gegen Einlagen durch Ausgabe neuer Aktien gefaßt. Gemäß § 184 AktG hat sodann der Vorstand zusammen mit dem Vorsitzenden des Aufsichtsrats diesen Beschluß beim Handelsregister anzumelden.

In der Durchführungsphase werden die neuen Aktien gezeichnet und der Mindestbeitrag geleistet. Gemäß § 188 AktG wird sodann die Durchführung beim Handelsregister angemeldet und gemäß § 189 AktG wird festgestellt, daß mit der Eintragung der Durchführung die Erhöhung des Grundkapitals durchgeführt ist. Das in § 186 Absatz 1

Satz 1 AktG normierte Bezugsrecht gewährt den Altaktionären einen Schutz dahingehend, daß auch nach einer Kapitalerhöhung die Verhältnisse der Aktionäre in bezug auf die Stimmrechts- und Beteiligungsquoten in gleichem Maße erhalten bleiben. Zum anderen kann den Altaktionären das Bezugsrecht bei entsprechendem Verzicht von den Neuaktionären abgekauft werden. Sofern bei einer Kapitalerhöhung der Kurs der jungen Aktien unter dem Kurs der alten Aktien liegt, ist die Differenz bis zum Kurs der alten Aktien der zu vermarktende Gegenwert.

Das Bezugsrecht kann nach § 186 Abs. 3 AktG ganz oder zum Teil im Beschluß über die Erhöhung des Grundkapitals ausgeschlossen werden. Das Gesetz definiert weiter in § 186 Abs. 5 AktG, daß ein Ausschluß des Bezugsrechts dann nicht vorliegt, wenn die neuen Aktien insgesamt von einem Kreditinstitut übernommen werden und dieses Kreditinstitut den Aktionären die Aktien im gleichen Verhältnis wie beim Bezugsrecht anbietet. In einem solchen Fall wird lediglich von einem formellen Ausschluß des Bezugsrechts gesprochen. Eine derartige Vorgehensweise dient der leichteren Emission der Aktien. In einem solchen Verfahren können die oben näher beschriebenen zwei Phasen der ordentlichen Kapitalerhöhung in einem Vorgang zusammengefaßt werden, d.h., sowohl Beschlußfassung als auch Zeichnung und Durchführung der Kapitalerhöhung erfolgen in einer handelsregisterlichen Anmeldung. Ein materieller Bezugsrechtsausschluß ist beispielsweise erforderlich, wenn die jungen Aktien den Gegenwert beschaffen sollen, der notwendig ist, um z. Bsp. bei einem Zusammenschluß die Minderheitsaktionäre abzufinden oder bei Ausgaben von Belegschaftsaktien. Ein derartiger Bezugsrechtsausschluß ist sowohl von seinen formalen Voraussetzungen als auch von seiner materiellen Begründung gesetzlich streng gefaßt. Der Vorstand hat gemäß § 186 Abs. 4 S. 2 AktG der Hauptversammlung einen schriftlichen Bericht über den Grund für den teilweisen oder auch vollständigen Ausschluß des Bezugsrechts vorzulegen. Materiell wurde im Kali & Salz-Urteil[138] festgestellt, daß der Ausschluß des Bezugsrechts im Interesse der Gesellschaft erforderlich und gegenüber den wiederstreitenden Interessen der Aktionäre gerechtfertigt sein müssen. In der Holzmann-Entscheidung[139] soll die Interessenabwägung

138 BGHZ 71, 40 = BB 1978, 776.
139 BGHZ 83, 319 = BB 1982, 1134.

nicht nur vom Vorstand bei der Entscheidung über den Ausschluß des Bezugsrechts, sondern bereits bei der Ermächtigung des Vorstands zum Bezugsrechtsausschluß durch die Hauptversammlung, also bei dem Beschluß über die Schaffung des genehmigten Kapitals erforderlich sein. Der Anteilseigner solle vorher wissen, was mit den Mitteln aus dem Kapital künftig geschehe.

Mit der Einführung des § 186 Abs. 3 S. 4 AktG wurde eine Erleichterung des Bezugsrechts geschaffen, da in der Vergangenheit sehr viele sog. dissentierende Kleinaktionäre die Kapitalerhöhung für börsennotierte Gesellschaften zu einem Rechtsabenteuer hatte werden lassen. Seit der Einführung dieser gesetzlichen Regelung besteht für die börsennotierten Aktiengesellschaften die Möglichkeit des Bezugsrechtsausschlusses, sofern die Kapitalerhöhung gegen Bareinlage 10% des Grundkapitals nicht überschreitet und der Ausgabebetrag den Börsenpreisen nicht wesentlich unterschreitet. Mit dieser gesetzlichen Regelung wollte man die durch die Rechtsprechung erarbeiteten Gesichtspunkte gesetzlich fassen. Die börsennotierten Aktiengesellschaften werden also bei künftigen Kapitalerhöhungen die Tatbestandsmerkmale der vorbenannten Norm beachten müssen. Dies bedeutet, daß es sich um das Erfordernis einer Barkapitalerhöhung handelt und nicht auf Sacheinlagen anwendbar ist. Sodann darf die Bareinlage 10% des Grundkapitals nicht überschreiten. Da von der Existenz eines Börsenpreises ausgegangen wird, kann es sich nur um börsennotierte Unternehmen handeln, auf die diese Norm anzuwenden ist. Die nicht wesentliche Unterschreitung des Börsenpreises wird bei einer Obergrenze von etwa 5% festgelegt, wobei 3% jedoch noch einen Regelfall darstellen[140].

B. Genehmigtes Kapital

Bei der Kapitalerhöhung im Rahmen eines genehmigten Kapitals handelt es sich um die Erhöhung des Grundkapitals bis zu einer bestimmten Höhe durch Ausgabe neuer Aktien gegen Einlage gemäß §§ 202 ff. AktG. Im Rahmen dieser Form der Kapitalerhöhung steht der Verwendungszweck noch nicht fest. Ein derartiger Beschluß er-

140 Vgl. *Hüffer*, (Fn. 30), § 186 AktG Rn. 39d.

mächtigt den Vorstand, für einen Zeitraum von maximal 5 Jahren nach Eintragung der Satzungsänderung eine Kapitalerhöhung durchzuführen. Hierzu ist kein weiterer Beschluß der Hauptversammlung notwendig. Die bedingte Kapitalerhöhung ist beschränkt auf die Hälfte des Grundkapitals, das zur Zeit der Ermächtigung vorhanden ist. Eine solche Bestimmung kann insbesondere bei zunächst kleinen, stark expandierenden Gesellschaften eine unerwünschte Beschränkung bedeuten. Hier kann mit dem genehmigten Kapital zugleich eine ordentliche Kapitalerhöhung vorgenommen werden. Soweit die ordentliche Kapitalerhöhung in einem einzigen Akt durchgeführt wird, Beschlußfassung und Durchführung also in einer einzigen Urkunde vorgenommen werden, kann das bedingte Kapital an der bereits durchgeführten ordentlichen Kapitalerhöhung einschließlich des vorhandenen Stammkapitals gemessen werden.

Eine andere Lösung wäre eine Hinzuführung von Kapital über den Weg einer vermögensverwaltenden GmbH, die im Wege des Umwandlungrechts sodann mit der expandierenden Aktiengesellschaft zusammengeführt wird.

Die Abläufe einer Kapitalerhöhung mit genehmigtem Kapital stellen sich wie folgt dar: Zunächst ermächtigt die Hauptversammlung den Vorstand nach §§ 202, 203 AktG, Kapitalerhöhung, Bezugsrechtsausschluß und Satzungsänderung vorzunehmen. Danach erfolgt ein schriftlicher Bericht des Vorstands über den Ausschluß des Bezugsrechts gemäß §§ 203 Abs. 1 und 2, 186 Abs. 4 S. 2 AktG. Gemäß §§ 202, 181 AktG wird die Eintragung der Satzungsänderung im Handelsregister durchgeführt. § 204 AktG regelt den Beschluß des Vorstands über die Ausnutzung des genehmigten Kapitals zur Kapitalerhöhung und die Festlegung der Ausgabebedingungen. Der Beschluß des Aufsichtsrats mit Zustimmung zur Kapitalerhöhung und Neufassung der Satzung ist in §§ 202 Abs. 2 S. 2, 204 Abs. 1 S. 2 i.V.m. § 79 Abs. 1 S. 2 AktG geregelt. Die Eintragung der Durchführung der Kapitalerhöhung und die Neufassung der Satzung ergibt sich aus §§ 203 Abs. 1, 188, 181 AktG.

Soweit sich die Ermächtigung des Vorstands auch auf Aktien bezieht, die Stimmrecht haben, kann in derartigen Situationen eine Verschiebung der Mehrheitsverhältnisse eintreten. Solche werden insoweit vermieden, als daß lediglich stimmrechtslose Vorzugsaktien von der Ermächtigung betroffen sind.

C. Bedingte Kapitalerhöhung

Eine bedingte Kapitalerhöhung liegt nach § 192 Abs. 1 AktG vor, wenn durch Beschluß der Hauptversammlung eine Erhöhung des Grundkapitals durch Ausgabe neuer Aktien nur soweit durchgeführt werden soll, wie von einem Umtausch- oder Bezugsrecht Gebrauch gemacht wird. Gemäß § 192 Abs. 2 AktG soll sie nur zu den nachfolgenden drei Zwecken beschlossen werden:

1. Zur Gewährung von Umtausch- oder Bezugsrechten an Gläubiger von Wandelschuldverschreibungen.
2. Zur Vorbereitung des Zusammenschlusses mehrerer Unternehmen.
3. Zur Gewährung von Bezugsrechten an Arbeitnehmer und Mitglieder der Geschäftsführung der Gesellschaft oder eines verbundenen Unternehmens im Wege des Zustimmungs- oder Ermächtigungsbeschlusses.

Wandelschuldverschreibungen sind nach § 229 AktG solche, bei denen den Gläubigern ein Umtausch- oder Bezugsrecht auf Aktien eingeräumt wird. Das Umtauschrecht wird als Wandelanleihe, das Bezugsrecht als Optionsanleihe bezeichnet. Bei Wandelanleihen kann der Gläubiger diese innerhalb einer bestimmten Frist in junge Aktien umtauschen, nötigenfalls unter Zuzahlung eines Betrags. Dabei geht die Wandelschuldverschreibung unter; der Gläubiger wird zum Eigenkapitalgeber. Optionsanleihen dagegen gewähren dem Gläubiger das Recht, innerhalb einer bestimmten Frist zu einem bestimmten Kurs Aktien zu beziehen. Hier bleibt die Optionsanleihe auch nach Bezug der Aktien bis zur Tilgung bestehen. Die Gläubigerposition verbleibt und der Fremdkapitalgeber wird gleichzeitig zum Eigentümer.

Der Ablauf einer Kapitalerhöhung mit bedingtem Kapital beginnt mit der Hauptversammlung, mit Ermächtigung des Vorstands zur Begebung von Wandelschuldverschreibungen, Kapitalerhöhung sowie Satzungsänderungen, §§ 192, 193, 221 AktG. Gemäß §§ 195, 181 AktG ist eine Eintragung der bedingten Kapitalerhöhung im Handelsregister vorzunehmen. Anschließend findet der Beschluß des Vorstands über die Ausgabe der Wandelschuldverschreibung im Sinne des § 221 Abs. 2 AktG statt. Das Zustimmungserfordernis des Aufsichtsrats ergibt sich aus § 211 Abs. 2 AktG.

Das Bezugsangebot des die Schuldverschreibung übernehmenden Kreditinstituts an die Aktionäre zur Wahrung des Bezugsrechts nach §§ 221 Abs. 4, 186 Abs. 5 AktG wird gefolgt von der Bekanntmachung des Bezugsangebots und der Bezugsrechtsausübung. Der Beschluß des Aufsichtsrats zur Anpassung der Satzung ist in §§ 200, 181 Abs. 1 AktG beschrieben, während die Eintragungen der im abgelaufenem Geschäftsjahr ausgegebenen Bezugsaktienzahl ins Handelsregister gemäß § 201 AktG einzutragen ist.

D. Formular einer kombinierten ordentlichen Kapitalerhöhung mit einer genehmigten Kapitalerhöhung

Nachfolgend wird ein Beispielbeschluß vorgestellt, mit dem einem Unternehmen aus der Branche der neuen Medien eine maximale Kapitalerhöhung ermöglicht wurde. Obwohl das Unternehmen bereits seit Jahren enorme Umsätze getätigt hatte, war eine Erhöhung des Kapitals bisher unterblieben. Nunmehr sollte in schnellen Schritten eine Kapitalerhöhung erfolgen, die, bei wirtschaftlich steigendem Erfolg, zunächst die alten Gesellschafter stärker an die Gesellschaft binden sollte. In der weiteren genehmigten Kapitalerhöhung sollten Mitarbeiter gebunden werden, die zuvor einen höheren, bei weitem aber noch nicht dem Unternehmenswert entsprechenden Preis zu zahlen hatten. Die genehmigte Kapitalerhöhung stand unter den Beschränkungen des § 202 Abs. 3 S. 1 AktG. Unmittelbar nach Durchführung der Kapitalerhöhungen werden weitere Kapitalerhöhungen zu einem teureren Emissionspreis erfolgen. Solange das Unternehmen nicht das Marktvolumen hat, um Aktien im Streubesitz zu verteilen, werden spekulative Anleger, die zwischenzeitlich an dem Wachstum profitieren wollen, möglicherweise mit stimmrechtslosen Vorzugsaktien bei der nächsten Kapitalerhöhung bedient.

In diesem Kapitalerhöhungsbeschluß ist noch als Währung die DM eingetragen. Die Kombination der Kapitalerhöhung, wie sie unter Punkt 1.) des Beschlusses erfolgt ist, kann problemlos gegen Euro umgetauscht werden. Gleichzeitig kann die Beschlußfassung, wie sie unter Punkt 4.) vorgenommen ist, weiter durchgeführt werden. Diese Texte sind sowohl in DM als auch in Euro logisch. Die Beschlußfassung unter Punkt 2.) „Stückaktien" ist logischerweise zwischen die beiden Beschlüsse gelegt worden. Zwingend ist jedoch eine Umstellung auf Stückaktien nicht.

1. Kapitalerhöhungsbeschluß

UR.-Nr.:

Verhandelt zu Köln am 28.11.1998

Vor dem unterzeichneten Notar

Dr. Klaus Pferdmenges,
Westerwaldstraße 8, 50933 Köln

erschienen heute:

1. der Rechtsanwalt Sebastian Korts,
   geb. am 19.8.1957,
   geschäftsansässig Hültzstraße 26, 50933 Köln,

hier handelnd nicht in eigenem Namen, sondern als Bevollmächtigter für die nachbenannten acht Personen, aufgrund der Vollmachten vom 18.12.1997 und vom 23.1.1998, jeweils beurkundet von dem amtierenden Notar, die jeweils in Ausfertigung bei der heutigen Verhandlung vorgelegt wurden und von denen je eine beglaubigte Abschrift dieser Niederschrift beigefügt wird:

1. Herrn Rechtsanwalt Ingo Flück,
   geb. am 1.2.1930, Bonner Straße 12, 50933 Köln
2. Frau Rechtsanwältin Viktoria Cortez,
   geb. am 3.4.1940, Fürst-Pückler Straße 34, 50933 Köln
3. Herrn Wirtschaftsprüfer Felix Frohnhof,
   geb. am 5.6.1950, Haselnußweg 56, 50933 Köln
4. Herrn Rechtsanwalt Dieter Brunsmann,
   geb. am 7.8.1960, Hamburger Allee 78, 50933 Köln
5. Herrn Steuerberater Remo Landers,
   geb. am 9.10.1970, Rheinufer 91, 50933 Köln

6. Herr Unternehmensberater Peter Berliner, geb. 1.1.1930, wohnhaft Marienschlossweg 1, 50933 Köln
7. Frau Gabi Hoffmann, Vermögensverwalterin, geb. 2.2.1940, wohnhaft Klever Straße 2, 50933 Köln
8. Frau Barbara Herstaller, Bankangestellte, geb. 5.5.1970, wohnhaft Eigelstein 5, 50933 Köln

Es erschienen weiter

2. Herr Unternehmensberater Peter Berliner, geb. 1.1.1930, wohnhaft Marienschlossweg 1, 50933 Köln
3. Frau Gabi Hoffmann, Vermögensverwalterin, geb. 2.2.1940, wohnhaft Klever Straße 2, 50933 Köln
4. Herr Martin Dickermann, Rechtsanwalt, geb. 3.3.1950, wohnhaft Unter Kranenbäumen 3, 50933 Köln
5. Herr Bernd Cremer, Steuerberater, geb. 4.4.1960, wohnhaft Lindentalgürtel 4, 50933 Köln
6. Frau Barbara Herstaller, Bankangestellte, geb. 5.5.1970, wohnhaft Eigelstein 5, 50933 Köln

Die Erschienenen sind dem Notar persönlich bekannt. Die Erschienenen zu 2.) und 3.) sind die Vorstände der Aktiengesellschaft. Die Erschienenen zu 4.) bis 6.) sind die Aufsichtsräte der Aktiengesellschaft.

I.

Die Erschienenen zu 1.), 2.), 3.) und 6.) erklären:

Die *Berliner Beteiligungsgesellschaft bürgerlichen Rechts* bestehend aus den hier in der Urkunde von Rechtsanwalt Sebastian Korts vertretenen Gesellschaftern und den Erschienenen zu 2.), 3.) und 6.) hat sich mit Datum vom 27.11.1998 aufgrund einverständlichem Beschluß in der Form auseinandergesetzt, daß jeder der Gesellschafter statt eines BGB-Anteils an der *Berliner Beteiligungsgesellschaft bürgerlichen Rechts* nunmehr einen unmittelbaren Gesellschaftsanteil an der *Plantechnik Berliner Aktiengesellschaft* jeweils in Höhe von 2500

Stammaktien auf Namen lautend im Nennbetrag von 5,– DM innehat. Diese Auseinandersetzung wurde in nichtnotarieller Urkunde festgehalten. In einer separaten Urkunde wurde der Wechsel in der Stellung der Aktionäre von dem Vorstand genehmigt. In einer weiteren separaten Urkunde wurde diese Genehmigung des Vorstands von dem Aufsichtsrat genehmigt. Dieser Wechsel in der Gesellschafterposition wurde dem Handelsregister durch die Vorstände noch nicht mitgeteilt. Von diesen drei Urkunden wird jeweils eine notariell beglaubigte Kopie dieser Urkunde zugefügt (Anlage 1-3).

II.

Der Notar beurkundete nunmehr auf Antrag der Erschienenen den Hergang der nachfolgenden außerordentlichen Hauptversammlung der

Plantechnik Berliner Aktiengesellschaft

mit dem Sitz in Köln.

sowie nachfolgende Erklärungen von Gesellschaftern und Vorstand und des nachstehend bestimmten Versammlungsleiters, wie folgt:

Unter Verzicht auf Einhaltung aller Form- und Fristvorschriften und Einberufungsförmlichkeiten halten die Erschienenen eine außerordentliche Hauptversammlung der

Plantechnik Berliner Aktiengesellschaft.

Der Erschienene zu 4.) als Vorsitzender des Aufsichtsrats eröffnete die Versammlung um 14:00 Uhr und übernahm den Vorsitz.

Dieser erklärte übereinstimmend mit den Erschienenen und vertretenen Aktionären:

Die Erschienenen zu 2.), 3.) und 6.) und die durch den Erschienenen zu 1) Vertretenen sind die einzigen Aktionäre der vorgenannten Aktiengesellschaft mit einem Grundkapital von DM 100.000,– (in Worten: Deutsche Mark einhunderttausend). Hiervon halten sie in Form von Namensaktien, jeweils jeder der acht Aktionäre, 2.500 (in Worten: zweitausendfünfhundert) Aktien auf Namen lautend zum Nennbetrag von je DM 5,– (in Worten: Deutsche Mark fünf). Diese sind voll eingezahlt.

Diese Kapitalbeteiligung ergibt sich in Vollzug der Umwandlungsurkunde UR Nr. 71/98 des amtierenden Notars vom 23.1.1998. Ergänzend wird Bezug genommen auf die Urkunden die dieser Urkunde *als Anlage 1 bis 3* beigefügt sind. Die Namensaktien sind im Aktienbuch der Gesellschaft eingetragen, das in dieser außerordentlichen Hauptversammlung zur Einsicht offenliegt.

Das Teilnehmerverzeichnis ist unter Beachtung der Vorschriften des § 129 Abs. 3 AktG erstellt; es wird zur heutigen außerordentlichen Hauptversammlung als *Anlage 4* zur Urkunde gegeben, nachdem es vor der ersten Abstimmung zur Einsicht für alle Teilnehmer ausgelegt sowie vom Versammlungsleiter unterzeichnet worden ist.

Der Versammlungsleiter stellte fest, daß gemäß dem als Anlage zur Urkunde genommenem Aktionärsverzeichnis sämtliche Aktionäre erschienen oder vertreten waren. Er hat die Ausfertigungen der notariellen Vollmachten überprüft. Er stellt weiter fest, daß das gesamte stimmberechtigte Kapital von DM 100.000,– (in Worten: Deutsche Mark einhunderttausend) und damit auch das gesamte Grundkapital von DM 100.000,– (in Worten: Deutsche Mark einhunderttausend) vertreten ist. Keine Aktie ist abgetreten oder Kreditinstituten übergeben. Die Aktiengesellschaft nimmt nicht am Börsenhandel teil und hat keinen Betriebsrat.

Der Versammlungsleiter stellte sodann die einzelnen Punkte der Tagesordnung zur Besprechung und Beschlußfassung:

1. Kapitalerhöhung

Die durch den Erschienenen zu 1.) vertretenen Aktionäre und die zu 2.) und 3.) und 6.) erschienenen Aktionäre beschließen einstimmig in offener Abstimmung durch Handzeichen, wie folgt:

Das Grundkapital der Gesellschaft von zur Zeit DM 100.000,– (in Worten: Deutsche Mark einhunderttausend) wird gegen Bareinlagen um DM 100.000,– (in Worten: Deutsche Mark einhunderttausend) erhöht durch Ausgabe 20.000 – Zwanzigtausend – neuer auf Namen lautende Stammaktien im Nennbetrag von je DM 5,– je Aktie mit rückwirkender Gewinnberechtigung vom 1.1.1998 zum Ausgabebetrag von DM 5,– je Aktie.

Diese Aktien unterliegen den Satzungsbestimmungen des § 3 Abs. 3 bis 6 der Satzung, die wie folgt wiederholt werden:

(3) Die Namensaktien können nur mit Zustimmung des Vorstands übertragen werden. Der Vorstand hat die Zustimmung zu erteilen, wenn die Aktien auf bereits bestehende Aktionäre übertragen werden.

(4) Form und Inhalt der Aktienurkunden legt der Vorstand fest.

(5) Bei einer Kapitalerhöhung kann die Gewinnbeteiligung neuer Aktien abweichend von § 60 AktG geregelt werden, insbesondere können junge Aktien aus einer zukünftigen Kapitalerhöhung mit Vorzügen bei der Gewinnverteilung versehen werden.

(6) Das Recht auf Einzelverbriefung ist dadurch eingeschränkt, daß der Aktionär die Kosten der Einzelverbriefung trägt.

Der Vorstand ist ermächtigt, weitere Einzelheiten der Kapitalerhöhung und der Bedingung für die Ausgabe von Aktien und der Durchführung festzusetzen. Dazu gehört auch, die Festlegung der Bedingungen, zu denen nach Ablauf der für alle Aktionäre geltenden Bezugsfrist Aktionäre über ihr Bezugsrecht hinaus und Dritte die nicht gezeichneten Aktien ihrerseits zum beschlossenen Ausgabebetrag zeichnen und beziehen können.

Übernahmeberechtigt für je 2500 Aktien im jeweiligen Nennbetrag zu je DM 5,– sind die bisherigen Aktionäre. Die Bezugsfrist wird drei Wochen betragen. Die Kosten der Ausgabe trägt die Gesellschaft.

Form und Inhalt der Aktienurkunden legt der Vorstand fest. Die Gewinnbeteiligung der neuen Aktien ist nicht abweichend von § 60 AktG geregelt.

Der Beschluß über die Höhe des Grundkapitals wird ungültig, wenn nicht bis zum Ablauf des 28.12.1998 neue Aktien im gesamten Nennbetrag der Erhöhung von DM 100.000,– (in Worten: Deutsche Mark einhunderttausend) gezeichnet sind.

Nunmehr erklären die durch den Erschienenen zu 1.) vertretenen Aktionäre und die zu 2.) und 3.) und 6.) erschienenen Aktionäre, jeder für sich, die ausdrückliche Zustimmung zu dem zuvor gefaßten Beschluß und verzichten auf Rechtsmittel zur Anfechtung dieses Beschlusses.

Gesetzlich zeichnungsberechtigt sind die bisherigen Aktionäre. Soweit diese Vorstände der Gesellschaft sind, vertritt der Aufsichtsrat die Gesellschaft.

Die Erschienenen zu 4.), 5.) und 6.) beschließen hiermit als Aufsichtsrat: Die Vorstandsmitglieder unterliegen hinsichtlich der soeben beschlossenen Kapitalerhöhung und hinsichtlich der Zeichnung und Übernahme von Aktien aus dieser Kapitalerhöhung keinen Besonderheiten. Sie sind ebenso zu behandeln, als wenn sie nicht Vorstände wären. Bereits jetzt stimmt der Aufsichtsrat einer möglichen Übernahme von Aktien durch die Vorstände zu.

Der Versammlungsleiter erklärt sodann:

Diese neuen Aktien haben die bisherigen Gesellschafter, wie sie in dieser Urkunde von dem Erschienenen zu 1.) vertreten werden und die Erschienenen zu 2.), 3.) und 6.)

und zwar mit je 2500 (in Worten: zweitausendfünfhundert) auf den Namen lautende Namensaktien im Nennbetrag von je DM 5,– (in Worten: Deutsche Mark fünf), das heißt, jeder Gesellschafter hat für sich Aktien im Nennbetrag von DM 12.500,– (in Worten: Deutsche Mark zwölftausenfünfhundert) übernommen, insgesamt wurden DM 100.000,– (in Worten: Deutsche Mark einhunderttausend), übernommen. Die acht Zeichnungsscheine liegen dem Versammlungsleiter jeweils in doppelter gleichlautender Ausstellung vor.

Die vorbezeichneten Personen haben die Zeichnungsbeträge auf dem Konto 000007 der Plantechnik Berliner Aktiengesellschaft bei der Oppenhausener Bank Köln BLZ 007 700 00 zur freien Verfügung eingezahlt. Die Erschienenen zu 2.) und zu 3.) legen eine entsprechende Bestätigung der Bank nach §§ 36 Abs. 2, 54 Abs. 3 AktG vor, die als notariell beglaubigte Kopie als *Anlage 4* zu dieser Urkunde genommen wird.

Der Versammlungsleiter erklärt: Damit ist die Kapitalerhöhung nicht nur beschlossen, sondern auch durchgeführt worden.

Nunmehr beschlossen die durch den Erschienenen zu 1.) vertretenen Aktionäre und die zu 2.) und 3.) und 6.) erschienenen Aktionäre einstimmig in offener Abstimmung durch Handzeichen, wie folgt:

§ 3 Abs. 1 S. 1 und S. 2 der Satzung der Plantechnik Berliner Aktiengesellschaft wird wie folgt verändert:

„Das Grundkapital der Gesellschaft beträgt DM 200.000,–. Das Grundkapital zum Zeitpunkt des Formwechsels wird durch Formwechsel des bisherigen Rechtsträgers des Vermögens und der Verbindlichkeiten der Gesellschaft, der Plantechnik Berliner GmbH mit dem Sitz in Köln erbracht."

2. Stückaktien

Der Versammlungsleiter erklärt: Das Gesetz über die Zulassung von Stückaktien wurde in der vom Bundespräsidenten am 25.3.1998 ausgefertigten Fassung im BGBl I 1998, 590 verkündet. Es ist am 1.4.1998 in Kraft getreten.

Sodann beschlossen die durch den Erschienenen zu 1.) vertretenen Aktionäre und die zu 2.) und 3.) und 6.) erschienenen Aktionäre einstimmig in offener Abstimmung durch Handzeichen, wie folgt:

An die Stelle einer Aktie im Nennbetrag von DM 5,– tritt eine Stückaktie.

§ 3 Abs. 2 S.1 der Satzung der Plantechnik Berliner Aktiengesellschaft wird wie folgt verändert:

„Es ist eingeteilt in 40.000 Stammaktien als Stückaktien."

3. Satzungsänderung zum Sitz der Hauptversammlung

Sodann beschlossen die durch den Erschienenen zu 1.) vertretenen Aktionäre und die zu 2.) und 3.) und 6.) erschienenen Aktionäre einstimmig in offener Abstimmung durch Handzeichen, wie folgt:

§ 11 Abs. 1 S. 1 der Satzung wird ersetzt durch nachfolgenden Satz:

„Die Hauptversammlung findet innerhalb der ersten sechs Monate eines Geschäftsjahres am Sitz der Gesellschaft oder an dem Ort statt, an welchem ein börsenmäßiger Handel der Aktien der Gesellschaft stattfindet."

4. Genehmigte Kapitalerhöhung

Nunmehr beschlossen die durch den Erschienenen zu 1.) vertretenen Aktionäre und die zu 2.) und 3.) und 6.) erschienenen Aktionäre einstimmig in offener Abstimmung durch Handzeichen, wie folgt:

Der Vorstand wird durch diese Hauptversammlung vom 28.11.1998 ermächtigt, in der Zeit bis zum 31.12.2000 das Grundkapital der Gesellschaft mit Zustimmung des Aufsichtsrats einmalig oder mehrfach um bis zu insgesamt DM 100.000,– durch Ausgabe zwanzigtausend neuer auf Namen lautende Stammaktien als Stückaktien zu erhöhen und im weiteren über Inhalt der Aktienrechte, den für die neuen Aktien zu zahlende Entgelt und die sonstigen Bedingungen der Aktienausgabe zu entscheiden (genehmigtes Kapital). Die Kapitalerhöhungen können gegen Bareinlagen erfolgen.

Diese Aktien unterliegen den Satzungsbestimmungen des § 3 Abs. 3 bis 6 der Satzung, die wie folgt wiederholt werden:

(3) Die Namensaktien können nur mit Zustimmung des Vorstands übertragen werden. Der Vorstand hat die Zustimmung zu erteilen, wenn die Aktien auf bereits bestehende Aktionäre übertragen werden.

(4) Form und Inhalt der Aktienurkunden legt der Vorstand fest.

(5) Bei einer Kapitalerhöhung kann die Gewinnbeteiligung neuer Aktien abweichend von § 60 AktG geregelt werden, insbesondere können junge Aktien aus einer zukünftigen Kapitalerhöhung mit Vorzügen bei der Gewinnverteilung versehen werden.

(6) Das Recht auf Einzelverbriefung ist dadurch eingeschränkt, daß der Aktionär die Kosten der Einzelverbriefung trägt.

Der Vorstand ist ermächtigt, weitere Einzelheiten der Kapitalerhöhung und der Bedingung für die Ausgabe von Aktien und der Durchführung festzusetzen. Dazu gehört auch die Festlegung der Bedingungen, zu denen nach Ablauf der für alle Aktionäre geltenden Bezugsfrist Aktionäre über ihr Bezugsrecht hinaus und Dritte die nicht gezeichneten Aktien ihrerseits zum beschlossenen Ausgabebetrag zeichnen und beziehen können.

Übernahmeberechtigt für je 2500 Stückaktien sind die bisherigen Aktionäre. Die Bezugsfrist wird drei Wochen betragen. Die Kosten der Ausgabe trägt die Gesellschaft.

Form und Inhalt der Aktienurkunden legt der Vorstand fest. Die Gewinnbeteiligung der neuen Aktien ist nicht abweichend von § 60 AktG geregelt.

Der Beschluß über die Höhe des Grundkapitals wird ungültig, wenn nicht bis zum Ablauf des 31.12.2000 neue Aktien im gesamten Nennbetrag der Erhöhung von DM 100.000,– (in Worten: Deutsche Mark einhunderttausend) gezeichnet sind.

Nunmehr beschlossen die durch den Erschienenen zu 1.) vertretenen Aktionäre und die zu 2.) und 3.) und 6.) erschienenen Aktionäre einstimmig in offener Abstimmung durch Handzeichen, wie folgt:

§ 3 der Satzung wird um einen Absatz Nr. (7) mit nachfolgendem Wortlaut ergänzt:

„Der Vorstand wird durch die Hauptversammlung vom 28.11.1998 ermächtigt, in der Zeit bis zum 31.12.2000 das Grundkapital der Gesellschaft mit Zustimmung des Aufsichtsrats einmalig oder mehrfach um bis zu insgesamt DM 100.000,– durch Ausgabe zwanzigtausend neuer auf Namen lautende Stammaktien als Stückaktien zu erhöhen und im weiteren über Inhalt der Aktienrechte, den für die neuen Aktien zu zahlende Entgelt und die sonstigen Bedingungen der Aktienausgabe zu entscheiden (genehmigtes Kapital). Die Kapitalerhöhungen können gegen Bareinlagen und/oder Sacheinlagen erfolgen.“

Sodann erklären die Erschienenen zu 2.) und 3.): Wir sind der Vorstand der Gesellschaft. Wir beschließen hiermit gemeinschaftlich und einstimmig, vorbehaltlich der Zustimmung des Aufsichtsrats:

Das Grundkapital der Gesellschaft von zur Zeit eingetragenen DM 100.000,– (in Worten: Deutsche Mark einhunderttausend) und weiteren gezeichneten und zur freien Verfügung des Vorstands stehenden DM 100.000,– (in Worten: Deutsche Mark einhunderttausend) aus der Kapitalerhöhung dieser Urkunde wird aufgrund der vorbeschlossenen Ermächtigung um weitere DM 100.000,– (in Worten: Deutsche Mark einhunderttausend) auf insgesamt DM 300.000,– (in Worten: Deutsche Mark dreihunderttausend) gegen Bareinlagen erhöht. Ausgegeben werden zwanzigtausend Stück Namensaktien als Stückaktien zum Ausgabebetrag von DM 15,– je Aktie. Die neuen Aktien werden mit Gewinnberechtigung ab dem 1.1.1998 ausgegeben. Die Kosten der Ausgabe trägt die Gesellschaft.

Übernahmeberechtigt für je 2500 Stückaktien zum Ausgabebetrag von DM 15,– sind die bisherigen Aktionäre. Die Bezugsfrist wird drei Wochen betragen.

Gesetzlich zeichnungsberechtigt sind die bisherigen Aktionäre. Soweit diese Vorstände der Gesellschaft sind, vertritt der Aufsichtsrat die Gesellschaft.

Die Erschienenen zu 4.), 5.) und 6.) beschließen hiermit als Aufsichtsrat: Die Vorstandsmitglieder unterliegen hinsichtlich der soeben beschlossenen Kapitalerhöhung und hinsichtlich der Zeichnung und Übernahme von Aktien aus dieser Kapitalerhöhung keinen Besonderheiten. Sie sind ebenso zu behandeln, als wenn sie nicht Vorstände wären. Bereits jetzt stimmt der Aufsichtsrat einer möglichen Übernahme von Aktien durch die Vorstände zu.

Nunmehr erklären die durch den Erschienenen zu 1.) Vertretenen und die zu 2.) 3.) und 6.) erschienenen Aktionäre, jeder für sich, daß sie auf ihr gesetzliches Bezugsrecht verzichten. Sie verzichten weiter unwiderruflich auf die Anfechtung des Verzichtes ihres Bezugsrechtes und verzichten auf jede Form der Geltendmachung des gesetzlichen Bezugsrechtes.

Einstimmig beschließen nunmehr die durch den Erschienenen zu 1.) vertretenen Aktionäre und die zu 2.) 3.) und 6. erschienenen Aktionäre, die Erschienenen zu 2.) und 3.) gleichzeitig als gemeinschaftlichen einstimmigen Beschluß des Vorstands, daß für die Kapitalerhöhung übernahmeberechtigt sind alle bisherigen Aktionäre und die in der Anlage 5 zu dieser Urkunde benannten acht weiteren Personen für je 1250 Stückaktien zum Ausgabebetrag von DM 15,–. Die Anlage 5 wird zur Urkunde genommen.

Die Bezugsfrist wird drei Wochen betragen.

Die Erschienenen zu 4.), 5.) und 6.) als Aufsichtsrat der Gesellschaft fassen nachfolgenden Beschluß: Der Aufsichtsrat stimmt dem Entschluß des Vorstands, wie er in dieser Urkunde festgelegt ist, im Sinne der §§ 202 Abs. 3 S. 2 und 204 Abs.1 S. 2 Aktiengesetz zu.

Die Erschienenen zu 4.), 5.) und 6.) beschließen hiermit als Aufsichtsrat: Die Vorstandsmitglieder unterliegen hinsichtlich der soeben beschlossenen Bezugsrechtsregelung und hinsichtlich der Zeichnung und Übernahme von Aktien aus dieser Regelung keinen Besonderheiten. Sie sind ebenso zu behandeln, als wenn sie nicht Vorstände wären. Bereits jetzt stimmt der Aufsichtsrat einer möglichen Übernahme von Aktien durch die Vorstände zu.

III.

Der Versammlungsleiter stellte die Einstimmigkeit der Beschlüsse mit sämtlichen Stimmen der stimmrechtsfähigen 20.000 Namensaktien fest, indem er sie verkündete.

Die anwesenden oder vertretenen Aktionäre erklärten ihre Zustimmung für sämtliche von ihnen gehaltenen Namensaktien.

Der Versammlungsleiter beschloß die Versammlung um 16:00 Uhr.

IV.

Wir wünschen zehn Ausfertigungen und acht beglaubigte Abschriften dieser Verhandlung.

Erforderliche Genehmigungen werden wirksam mit dem Eingang bei dem amtierenden Notar.

Sollte eine Bestimmung dieser Urkunde aus irgendeinem Grund nichtig oder sonst unwirksam sein oder werden, so soll der übrige Teil davon unberührt gelten. Die jeweils Beteiligten sind verpflichtet mit der erforderlichen Form bei den erforderlichen Beschlüssen und Rechtshandlungen mitzuwirken, die zur Ersetzung bzw. Ergänzung der unwirksamen oder nichtigen Regelung erforderlich sind. Dabei ist diejenige zulässige Regelung zu vereinbaren, die dem am nächsten kommt was die Beteiligten bei dieser Beurkundung nachweislich gewollt haben.

Sollten zum Vollzug dieser Urkunde im weitesten Sinne im Handelsregister Nachtragsbeschlüsse oder sonstige Versicherungen, Anmeldungen oder Erklärungen vom Registergericht angefordert werden, so ist unter Befreiung von den Beschränkungen des § 181 BGB

Herr Rechtsanwalt Sebastian Korts aus Köln, der Erschienene zu 1.), ermächtigt, die entsprechenden Rechtshandlungen vorzunehmen. Für das Innenverhältnis wird vereinbart, daß von dieser Vollmacht nur vor dem amtierenden Notar oder seinem Vertreter im Amt Gebrauch gemacht werden darf.

Der amtierende Notar fertigte über den Verlauf dieser Versammlung diese Niederschrift. Sie wurde den Erschienenen vorgelesen, von ihnen genehmigt und von ihnen und dem Notar, wie folgt, eigenhändig unterschrieben:

2. Zeichnungsschein

In der außerordentlichen Hauptversammlung vom 28.11.1998 der

Plantechnik Berliner Aktiengesellschaft

mit dem Sitz in Köln ist beschlossen worden, das Grundkapital der Gesellschaft von bisher DM 100.000,– (in Worten: Deutsche Mark einhunderttausend) um DM 100.000,– (in Worten: Deutsche Mark einhunderttausend) auf DM 200.000,– (in Worten: Deutsche Mark zweihunderttausend) durch Ausgabe von 20.000 (in Worten: zwanzigtausend) neuer, auf den Namen lautendender Stammaktien im Nennbetrag von je DM 5,– (in Worten: Deutsche Mark fünf) durch Bareinzahlung zu erhöhen. Die neuen Aktien nehmen rückwirkend ab dem 1.1.1998 am Gewinn teil. Der Ausgabebetrag der neuen Aktien beträgt DM 5,– je Aktie im Nennbetrag von DM 5,–, das sind 100% des Nennbetrags.

Diese Aktien unterliegen den Satzungsbestimmungen des § 3 Abs. 3 bis 6 der Satzung, die wie folgt wiederholt werden:

(3) Die Namensaktien können nur mit Zustimmung des Vorstands übertragen werden. Der Vorstand hat die Zustimmung zu erteilen, wenn die Aktien auf bereits bestehende Aktionäre übertragen werden.

(4) Form und Inhalt der Aktienurkunden legt der Vorstand fest.

(5) Bei einer Kapitalerhöhung kann die Gewinnbeteiligung neuer Aktien abweichend von § 60 AktG geregelt werden, insbesondere können junge Aktien aus einer zukünftigen Kapitalerhöhung mit Vorzügen bei der Gewinnverteilung versehen werden.

(6) Das Recht auf Einzelverbriefung ist dadurch eingeschränkt, daß der Aktionär die Kosten der Einzelverbriefung trägt.

Im Beschluß der Hauptversammlung wurden die Nebenverpflichtungen wie folgt festgelegt:

Der Vorstand ist ermächtigt, weitere Einzelheiten der Kapitalerhöhung, der Voraussetzungen für die Ausgabe von Aktien und der Durchführung festzusetzen. Dazu gehört auch die Festlegung der Bedingungen, zu denen nach Ablauf der für alle Aktionäre geltenden Bezugsfrist Aktionäre über ihr Bezugsrecht hinaus und Dritte die nicht gezeichneten Aktien ihrerseits zum beschlossenen Ausgabebetrag zeichnen und beziehen können.

Übernahmeberechtigt für je 2500 Aktien im jeweiligen Nennbetrag zu je DM 5,– sind die bisherigen Aktionäre. Die Bezugsfrist wird drei Wochen betragen. Die Kosten der Ausgabe trägt die Gesellschaft.

Form und Inhalt der Aktienurkunden legt der Vorstand fest. Die Gewinnbeteiligung der neuen Aktien ist nicht abweichend von § 60 AktG geregelt.

Der Beschluß über die Höhe des Grundkapitals wird ungültig, wenn nicht bis zum Ablauf des 28.12.1998 neue Aktien im gesamten Nennbetrag der Erhöhung von DM 100.000,– (in Worten: Deutsche Mark einhunderttausend) gezeichnet sind.

Die Einzahlungen auf die neuen Aktien sind in voller Höhe dieses Ausgabebetrags bis zum 31.12.1998 in bar zu leisten.

Herr Unternehmensberater Peter Berliner, geb. am 1.1.1930, wohnhaft Marienschlossweg 1, 50933 Köln, ist unmittelbarer Bezugsberechtigter.

Er übernimmt 2.500 (in Worten: zweitausendfünfhundert) neue Aktien im Nenwert von je 5,– DM insgesamt Aktien im Nennwert und zum Ausgabebetrag von DM 12.500,– (in Worten: Deutsche Mark zwölftausendfünfhundert) zu den vorstehenden und im Beschluß der außerordentlichen Hauptversammlung niedergelegten Bedingungen.

Diese Zeichnung ist verbindlich. Sie wird unverbindlich, wenn die Durchführung der Erhöhung des Grundkapitals nicht bis zum 31.12.2000 in das Handelsregister eingetragen ist.

Für Herrn Peter Berliner unterzeichnet Herr Rechtsanwalt Sebastian Korts aufgrund notarieller Vollmacht Urk.-Nr. 4711/98 des Notars Klaus Pferdmenges aus Köln. Die Urkunde wird nicht beigefügt.

Köln, den 28.11.1998

XIII. Die Kosten der einzelnen Schritte

Grundsätzlich wird davon ausgegangen, daß 5-10 % der Kosten des Emissionsvolumens als kalkulierbare Kosten zu berücksichtigen sind. Dabei ist ebenso deutlich, daß, je höher das Emissionsvolumen ist, desto geringer die prozentualen Kosten sind.

Hinsichtlich der Kosten lassen sich drei Rubriken unterscheiden. Es sind zum ersten die einmaligen Vorbereitungs- und Umwandlungskosten, zum zweiten die einmalig anfallenden Kosten der Börseneinführung und drittens die laufenden Kosten nach der Börseneinführung zu nennen.

A. Vorbereitungs- und Umwandlungskosten

Hier sind die Kosten zu berücksichtigen, die durch die Umstrukturierungsmaßnahme selbst entstehen. Sie werden im Regelfall vom Rechtsanwalt durchgeführt. Dieser wird im Zusammenhang mit dem steuerlichen Berater der Gesellschaft aus der Vielzahl der Möglichkeiten die steuerlich richtige Gesellschaftsform finden und die entsprechende Umwandlung vorbereiten. Im weiteren sind hier die Notar- und Gerichtsgebühren zu nennen. Nach der Umwandlung sind regelmäßig der Bericht einer Wirtschaftsprüfung sowie die Kosten der Veröffentlichung in den Zeitungen zu berücksichtigen.

Sofern das Unternehmen lediglich im Sinne einer formwechselnden idenditätswahrenden Umwandlung von einer GmbH in eine Aktiengesellschaft umgewandelt wird, kann man davon ausgehen, daß die Vorbereitungs- und Umwandlungskosten einen Gesamtbetrag von 50.000,– DM nicht unterschreiten. Für andere Unternehmen mit einem Emissionsvolumen von 50 Mio. DM können Kosten in Höhe von 250.000,– DM anfallen; Unternehmen mit 200 Mio. DM Emissionsvolumen haben hier bis zu 800.000,– DM zu veranschlagen.

Der Entwurf des Umwandlungsbeschlusses wird oftmals in Zusammenarbeit zwischen dem Rechtsanwalt und dem bisherigen Steuerberater des Hauses erfolgen. Hier sind durchaus Preisverhandlungen mit den beteiligten Beratern möglich. Es sind hier ebenso Festpreisvarianten wie Varianten mit einem Mindestbetrag und darauf aufbauenden Stundenhonoraren üblich.

Hinsichtlich der Frage, was die Eintragung in das Handelsregister kosten darf, ist grundsätzlich eine Gebührenberechnung nach § 26 KO anzustellen. Hinzuweisen ist, daß der EuGH in seinem Urteil vom 2.12.1997, Aktenzeichen: Rs C 188/95 „FANTASK“[141], entschieden hat, daß Eintragungsgebühren, die den tatsächlichen Kostenaufwand der Registergerichte übersteigen, gegen die EG-Gesellschaftssteuerrichtlinie vom 17.7.1969 (69/335 EWG) in der durch die Richtlinie 85/303 EWG vom 10.6.1985 geänderten Fassung verstoßen. Danach ist festgestellt, daß § 26 KO insoweit gegen europäisches Gemeinschaftsrecht verstößt, als durch die Handelsregistereintragung Gebühren entstehen, die den tatsächlichen Aufwand der Gerichte übersteigen[142].

Es gibt derzeit noch keine verbindliche Aussage, mit welchem Umfang die Gerichte eine Handelsregistereintragung vornehmen. Es gibt Entscheidungen, die unter Berufung auf ältere Quellen den Aufwand für eine Richterstunde auf 500,– DM schätzen.

Das Justizministerium Baden-Württemberg hat in seinem Runderlaß 5642/0015 vom 27.4.1998, der durch Erlaß vom 2.6.1998 ergänzt worden ist[143], eine „provisorische Interimslösung auf Verwaltungsebene für die kostenrechtliche Behandlung laufender Handelsregisterverfahren bis zu der gebotenen gesetzlichen Neuregelung der Handelsregistergebühren durch den Bundesgesetzgeber getroffen“. Danach sollen grundsätzlich nur noch vorläufige Kostenrechnungen aufgrund vorläufiger Kostenansätze erstellt werden. Als „Hilfestellung“ für die Bemessung des berücksichtigungsfähigen Aufwands werden folgende „Erfahrungswerte“ genannt:

Sachgründung einer AG	500,– DM
Bargründung einer GmbH	300,– DM
Sachgründung einer GmbH	350,– DM
Kapitalerhöhung (bar) einer AG	250,– DM

141 WM 1998, 2391 ff.

142 BayObLG, ZIP 1999, 364; ZIP 1999, 359.

143 Vgl. ZIP 1998, 1246 ff.

Kapitalerhöhung (Sach) einer AG	300,– DM
Kapitalerhöhung (bar) einer GmbH	170,– DM
Kapitalerhöhung (Sach) einer GmbH	210,– DM
Satzungsänderung einer AG	270,– DM
Satzungsänderung einer GmbH	230,– DM
Eintragung einer inländischen Zweigniederlassung	120,– DM
Neueintragung oder Veränderung im HRA	270,– DM

Hinsichtlich der Kosten für die Notargebühr ist weiterhin davon auszugehen, daß die Notare den Geschäftswert von Anmeldungen zum Handelsregister weiterhin nach § 26 KO ermitteln. Die Regelungen der EG-Gesellschaftssteuerrichtlinie werden bisher noch nicht auf die Höhe der Notargebühren erstreckt.

Notargebühren fallen bei einem Umwandlungsvorgang zweimal an: für die Beurkundung des Beschlusses und für die Anmeldung beim Handelsregister.

Für den Umwandlungsbeschluß kommt § 36 Abs. 1 KO und für die Beurkundung eines Vertrags § 36 Abs. 2 KO in Betracht. Bei einseitigen Erklärungen fallen eine volle Gebühr und bei Verträgen die doppelte volle Gebühr an. Die Ausgliederungserklärung wird beispielsweise mit einer einfachen Gebühr und ein Spaltungs- oder Übernahmevertrag mit der doppelten Gebühr berechnet. Die Gebühren für die Beurkundung von Beschlüssen bestimmt sich nach §§ 141, 47 KO und erreicht das doppelte einer normalen Gebühr.

Die Gebühren richten sich gemäß § 27 Abs. 2 KostO nach dem Wert des Aktivvermögens des umzuwandelnden Unternehmens. Ein Abzug der Verbindlichkeiten des Unternehmens kann nach § 18 Abs. 3 KostO nicht erfolgen[144]. Der Wert wird jedoch gemäß § 39 Abs. 4 generell auf 10. Mio. DM begrenzt. Soweit nach § 47 KO berechnet wird, gilt die Obergrenze des § 47 S. 2 KO von 10.000,– DM für die Gebühr. Soweit die Geschäftswertgrenze von 10 Mio. DM anzuwenden ist, beträgt die Gebührengrenze praktisch 30.222,– DM.

---

144 Vgl. BayObLG, DB 1999, 1311.

Anzuwenden ist § 39 Abs. 4 KO unabhängig vom Wortlaut auch in den Fällen, in denen Gesellschaften oder andere Rechtsträger im Wege der Verschmelzung durch Neugründung oder Spaltung zur Neugründung entstehen, ferner in den Fällen der Verschmelzung durch Aufnahme. Die gesetzliche Formulierung erfaßt alle gesellschaftlich relevanten Akte mit Ausnahme der Beschlüsse und somit auch die Gesellschaftsverträge der Personenhandelsgesellschaften[145].

Soweit der Notar die Urkunden nicht selbst entwirft, mindert sich sein Anspruch auf die Hälfte oder sogar auf ein Viertel der für die Beurkundung vorgesehenen Gebühr, § 145 KO. Dies gilt selbst dann, wenn er Änderungen an dem ihm überlassenen Entwurf vornimmt.

Für die Anmeldung des Umwandlungsbeschlusses erhält der Notar eine 5/10 Gebühr nach §§ 141, 38 Abs. 2 Nr. 7 KO. Der Geschäftswert der Beurkundung einer Handelsregisteranmeldung bestimmt sich nach § 26 KO, wird jedoch gem. § 39 Abs. 4 generell auf 1. Mio. DM begrenzt. Gleichermaßen ist auf die Anwendung des § 145 KO hinzuweisen.

Die Beurkundung kann durch ausländische Notare erfolgen. Der BGH hat in seiner Entscheidung vom 16.2.1981[146] ausgeführt, daß im Bereich des Gesellschaftsrechts das Beurkundungserfordernis durch einen ausländischen Notar erfüllt werden kann, soweit die ausländische Beurkundung der deutschen gleichwertig sei. Dies sei gegeben, wenn die ausländische Urkundsperson nach Vorbild und Stellung im Rechtsleben eine der Tätigkeit des deutschen Notars entsprechende Funktion ausübt und für die Errichtung der Urkunde ein Verfahrensrecht zu beachten ist, das den tragenden Grundsätzen des deutschen Beurkundungsrechts entspricht[147]. Für einen österreichischen[148], einen schweizerischen[149] und einen niederländischen Notar[150] liegen entsprechende Urteile vor, die von einer Gleichwertigkeit ausgehen.

---

145 *Funke*, DB 1997, 1120.
146 DB 1981, 983.
147 BGH, WM 1989, 643; DB 1981, 983.
148 BayObLG, DB 1977, 2320.
149 BGH, ZIP 1989, 1051; DB 1981, 1160.
150 OLG Düsseldorf, DB 1989, 569.

Das Bundesjustizministerium hat zu dieser Problematik wie folgt Stellung bezogen[151]: „Die von der Bundesnotarkammer vorgeschlagene Beschränkung von Beurkundungsmöglichkeiten auf deutsche Notare begegnet Bedenken. Die Formerfordernisse des deutschen Geschäftsrechts können unter bestimmten strengen Voraussetzungen, die einen Mißbrauch weitgehend ausschließen, auch im Ausland erfüllt werden. Dieser von der Rechtsprechung entwickelte Grundsatz (z.B. BGHZ 80 S. 76/78 = DB 1981 S. 983) stellt einen Kompromiß dar zwischen der Forderung nach Erleichterungen im grenzüberschreitenden Rechtsverkehr, insbesondere der Schaffung eines einheitlichen europäischen Rechtsraumes, und der Wahrung der Warn-, Beweis-, Prüfungs- und Belehrungsfunktion der deutschen Formvorschriften. Es besteht kein Anlaß, diesen Grundsatz zu ändern."

Neben den Gebühren für den Notar sind sodann die Gebühren für die Gründungsprüfung zu beachten. Das Umwandlungsgesetz geht davon aus, daß auch bei einer Umwandlung die Vorschriften der Gründung der Aktiengesellschaft vollständig anzuwenden sind. Dazu gehört eine umfangreiche Gründungsprüfung gemäß §§ 31 ff. AktG. Die derartige Gründungsprüfung wird üblicherweise von einem Wirtschaftsprüfer vorgenommen. Da der Gesetzgeber davon ausgeht, daß der Wirtschaftsprüfer durch Gerichtsbeschluß bestellt wird, wird das Gericht auch dessen Gebühren auf Antrag festsetzen. Im Regelfall wird die Gebühr des Wirtschaftsprüfers vorab vereinbart und auf eine Kostenfestsetzung verzichtet.

B. Börseneinführungskosten

Hinsichtlich des zweiten Kostenblocks, der Kosten für die Börseneinführung, sind die Druck- und Versandkosten des Verkaufsangebots, des Prospekts und der Aktienurkunden zu nennen.

Der Zulassungsantrag selbst muß im Bundesanzeiger und einem Börsenpflichtblatt abgedruckt werden. Dieses wird regelmäßig bis zu 10.000,– DM betragen. Soweit an mehreren Börsenplätzen der Handel durchgeführt werden soll, sind diese Kosten je Börsenplatz zu ver-

151 Quelle bei *Schaffland*, DB 1997, 864.

anschlagen. Die Veröffentlichung des Verkaufsangebotes wird ca. 20.000,– DM kosten. Der Abdruck des gesamten Börsenprospektes ist mit ca. 12.000,– DM für den Bundesanzeiger und mit 40.000,– DM für ein Börsenpflichtblatt zu kalkulieren. Daneben sind die Kosten zu nennen, die eine entsprechende Anzeige im Handelsblatt verschlingt. Man geht daher grundsätzlich von Veröffentlichungskosten von ca. 50.000,– DM bis 100.000,– DM aus.

Die Erstellung des Verkaufsprospekts einschließlich der grafischen Aufbereitung wird einen Betrag von etwa 50.000,– DM verbrauchen; soweit eine englische Version für den Neuen Markt zu erstellen ist, werden weitere Übersetzungskosten hinzukommen.

Derjenige, der sein Produkt, nämlich eine Aktie seines Hauses präsentieren möchte, muß diese Aktie am Markt erfolgversprechend darstellen. Dafür ist in erster Linie die Promotion-Arbeit einer Werbeagentur verantwortlich. Im Rahmen einer derartigen Öffentlichkeitsarbeit müssen Analystenveranstaltungen und Road-Shows durchgeführt und eine Vielzahl von Werbemaßnahmen einschließlich Werbegeschenke bei den Multiplikatoren eingesetzt werden. In diesem Zusammenhang sind auch Finanzanzeigen in verschiedenen Börsenpflichtmagazinen und Pseudo-Börsenmagazinen notwendig. Es werden Kosten anfallen für Pressearbeit, allgemeine Druckwerke zur Börseneinführung, Neugestaltung des Internet Auftritts des Unternehmens und die Erstellung eines Videos zum Unternehmen. Allein diese Blöcke können leicht Ausgaben in Höhe von 150.000,– DM beanspruchen. Weiter sind auf die Kosten der Anzeigenkampagne hinzuweisen. Diese können zwischen 150.000,– DM und 300.000,– DM geschätzt werden. Weiter fallen die Kosten für die Road-Show-Präsentation an. Hier kommt es darauf an, ob lediglich eine nationale Präsentation oder zumindest eine europäische Präsentation erfolgt. Für letzteres können Kosten in Höhe von 35.000,– DM genannt werden. Soweit noch Städte in Nordamerika einbezogen werden, können Kosten in Höhe von 100.000,– DM entstehen.

Diese Schätzungen sind sehr zurückhaltend. Erfahrungsgemäß können diese Kosten leicht in den Bereich von 2 Mio. DM gelangen. Nicht genannt wurde in diesem Bereich die Mehrarbeit, die innerhalb des Unternehmens selbst erbracht wird.

Börsengebühren fallen abhängig von der Höhe des Emissionsvolumens an. Bis zu einem Volumen von 25 Mio. DM sind für jede angefangenen 5 Mio. DM Gebühren von 1.500,– DM, bei Emissionen über 25 bis 50 Mio. je 1.000,– DM und für über 50 Mio. hinausgehendes Volumen mit 1.000,– DM je angefangene 10 Mio. zu rechnen. Soweit zum Geregelten Markt eine Zulassung beantragt wird, fallen Gebühren nach derselben Staffelung mit 50 %iger Höhe an. Soweit der Neue Markt angepeilt wird, werden 25 % angenommen.

Faktisch hat beispielsweise eine Gesellschaft mit einem Emissionsvolumen von 50 Mio. 7.000,– DM an Börsengebühren zu kalkulieren, während ein Unternehmen mit 200 Mio. DM ca. 28.000,– DM hierfür kalkulieren muß.

Eine Börseneinführung ohne eine Bank ist nicht denkbar. Auch diese wird in dem Budget zu berücksichtigen sein. Regelmäßig ist davon auszugehen, daß die Kosten der Bank den größten Block darstellen. Zum einen wird eine Plazierungsprovision für die Emission verlangt. Hier werden Beträge bis zu 4 % vom Emissionsvolumen genannt. Für die eigentliche Börseneinführung einschließlich der Übernahme der Prospekthaftung verlangen die Banken üblicherweise 1 % vom Nennbetrag der Aktien soweit die Plazierung im amtlichen Handel erfolgen soll. Beim geregelten Markt werden 0,75 % und beim neuen Markt zwischen 0,75 % und 1,00 % gehandelt. Ein weiterer eigener Posten ist die Beratungsleistung der Banken, wie sie beispielsweise bei der Due Diligence Prüfung anfällt. Soweit die Bank einen eigenen Wirtschaftsprüfer einschaltet, um beispielsweise im Rahmen der Emissionspreisfindung die Preisspanne zu ermitteln, werden auch diese Kosten von den Honoraren der Bank getragen.

Daneben entsteht im Neuen Markt eine Listing-Gebühr von 15.000,– DM p.a.; außerdem eine Notierungsgebühr, die 750,– DM pro angefangene 5 Mio. DM zugelassenen Aktienkapitals beträgt – diese Gebühr ist jedoch bei 25 Mio. DM Grundkapital ausgeschöpft und beträgt sodann maximal 3.750,– DM.

Unabhängig von diesem Beratungsaufwand werden die Kosten für den Emissionsberater selbst genannt. Das ist derjenige, der mit den Banken die Verhandlung über den Emissionspreis führt und im übrigen der Gesellschaft bei der Entwicklung der Emissionsstrategie und des Emissionskonzeptes zur Seite steht. Dies wird oftmals der Rechtsanwalt sein, der bei der gesellschaftsrechtlichen Strukturierung des Gesamtunternehmens schon tätig war. Verbreitet sind hier aber auch Unternehmensberater, die sich auf dieses Geschäft spezialisiert haben. Hinsichtlich dieser Kosten ist anzumerken, daß hier Stunden- und Tageshonorare neben Festhonoraren oder Kombinationsmodellen vereinbart werden. Daneben wird oftmals ein Erfolgshonorar für eine besonders gute Plazierung oder einen besonders guten Preis vereinbart. Die Kosten dieser Emissionsberatung können durchaus im Bereich von 500.000,– DM bis 1 Mio. DM angesetzt werden.

Überschlägig ist beispielsweise für die Beispielgesellschaft mit 50 Mio. Emissionsvolumen eine Spanne von 2,9 Mio. bis 3,9 Mio. und für die Unternehmung mit 200 Mio. DM Emissionsvolumen eine Spanne von 10 bis 14 Mio. DM als Kosten der Börseneinführung selbst zu nennen.

C. Folgekosten

Es entstehen die Folgekosten nach der Börseneinführung. Die Gesellschaft ist in der Rechtsform der Aktiengesellschaft verpflichtet, Hauptversammlungen durchzuführen. Nach den Regelungen der Börsenzulassung müssen Quartalsberichte zusätzlich erstellt werden. Der Jahresabschluß ist unbedingt von einem Wirtschaftsprüfer zu testieren. Die Höhe dieser Gebühren sind im einzelnen sehr schwankend. Soweit beispielsweise Bilanzierungsansätze nach IAS oder US-GAAP berücksichtigt werden müssen, können hier erhebliche Beträge zusammen kommen. Die Kosten einer Hauptversammlung hängen sehr davon ab, inwieweit das Unternehmen diese Hauptversammlung zum jährlichen Marketinginstrument ausbaut. Die Kosten des Wirtschaftsprüfers für den jährlichen Jahresabschluß werden in Abhängigkeit von der zu erbringenden Leistung gesehen. Insgesamt lassen sich diese Kosten äußerst schwer schätzen. Die benannten Beispielunternehmen gehen davon aus, daß bei einem Unternehmen mit 50 Mio. DM Emissionsvolumen hier jährlich weitere 500.000,– DM, bei einem Unternehmen mit 200 Mio. DM Emissionsvolumen weitere 1 Mio. DM an Kosten entstehen.

Grundsätzlich ist anzumerken, daß diese Zahlen in der Vergangenheit sicherlich richtig gewesen sind. Dennoch wird auch diese Dienstleistung standardisiert und der Konkurrenzdruck ist größer geworden. Die Beratungsgesellschaften müssen effektiver arbeiten und bieten daher möglicherweise Programme an, bei denen auch kleine Einheiten in zeitlich gedrängter Form kostengünstiger angeboten werden können.

XIV. Glossar

Ad-hoc-Publizität: Verpflichtung des Emittenten durch das Wertpapierhandelsgesetz (WpHG) zur sofortigen Veröffentlichung kursrelevanter Nachrichten im Bereich des Unternehmens, die den Börsenkurs erheblich beeinflussen können. Dadurch sollen Insiderwissen und dessen wirtschaftliche Ausnutzung verhindert werden.

Access Point: Zugriffspunkt, über den Börsenteilnehmer in den elektronischen Systemen Xetra und Eurex elektronisch Zugriff nehmen können.

Agio: Aufgeld ist die Differenz zwischen dem Nennwert und dem darüberliegenden Kurswert eines Wertpapiers. Gegensatz Disagio (Abgeld, Abschlag).

Aktie: Urkunde über einen Besitzanteil am Grundkapital (Aktienkapital) einer AG. Die Urkunde verbrieft die Mitgliedschafts- und Vermögensrechte.

- Bei **Namensaktien** lautet die Urkunde auf den Namen des Aktieninhabers, der in das Aktienbuch der Gesellschaft eingetragen ist. Umschreibung meist nur mit Zustimmung der Gesellschaft möglich, dann vinkulierte Namensaktien. Eine Übertragung erfolgt durch Indossament.
- **Inhaberaktien:** auf den Inhaber lautende Aktie (Mehrzahl der deutschen Aktien). Übertragung erfolgt durch formlose Übereignung des Papiers (Einigung und Übergabe), daher für die Geldanlage besonders geeignet.
- **Vorzugsaktien:** besondere Gattung, die im Gegensatz zu den normalen Inhaberaktien, den Stammaktien, mit keinem Stimmrecht verbunden sind. Für diesen Nachteil sind sie mit besonderen, in der Satzung der AG festgelegten Vorrechten ausgestattet, z. B. Mindestdividende, Dividendenvorzug, kumulativer Dividendenanspruch.
- **Berichtigungsaktien:** fälschlich oft Gratisaktien genannt; sind neue Aktien aus einer Kapitalerhöhung aus Gesellschaftsmitteln. Sie werden den Aktionären der AG in einem bestimmten Verhältnis angeboten, ohne daß diese eine Gegenleistung erbringen müssen. Offene Rücklagen, an denen der Aktionär entsprechend seinen Aktien beteiligt ist, werden durch einen Passivtausch in Aktienkapital umgewandelt. Der Aktienkurs reduziert sich entsprechend dem Verhältnis bei den Kapitalerhöhungskonditionen. Nach vollzogener Kapitalerhöhung müssen alle auf die Aktie bezogenen Daten bereinigt werden.
- **Nennwertlose Aktien:** sind solche die nach dem Gesetz über Stückaktien keinen Hinweis auf einen Nominalbetrag haben sondern einen prozentualen Anteil am Grundkapital repräsentieren.

Aktienanalyse: eine systematische, nach bestimmten Kriterien erfolgende Untersuchung von AG und ihren Aktien. Die Aktienanalyse gliedert sich auf in die Fundamentalanalyse (Untersuchung der Ertragskraft einer AG), in die Bewertungsanalyse (Untersuchung – ausgehend von den prognostizierten Ertragszahlen – einer Aktie, ob sie im Verhältnis zu Alternativanlagemöglichkeiten interessant ist oder nicht) und in die Marktanalyse (d.h. z. B., welche Erwartungen Marktteilnehmer haben und welche Reaktionen sie bei Wirtschafts- bzw. Unternehmensnachrichten erwarten lassen). Ergänzt wird sie durch die markttechnische Analyse, die auf der Untersuchung der graphischen Darstellung von Aktienkursverläufen, Aktienumsätzen und bestimmten Aktienmarktstatistiken basiert.

American Depositary Receipt (ADR): Aktienzertifikate von amerikanischen Banken über bei ihnen hinterlegte nichtamerikanische Aktien

Amtliche Notiz: Kursnotierung von Wertpapieren, die zum amtlichen Handel an der Börse zugelassen sind. Entweder werden die Kurse einmal während der Börsenzeit (Kassamarkt) festgesetzt, oder aber bei den Standardwerten mit großem Umsatzvolumen nach Bedarf fortlaufend (variabler Markt). Festgestellt werden sie von amtlichen Maklern und im amtlichen Kursblatt der Börse sowie im Wirtschaftsteil der Presse veröffentlicht.

Anleihen: Sammelbezeichnung für alle Schuldverschreibungen mit einem festen Zinssatz und vereinbarter Laufzeit. Anleihen sind langfristige Schuldaufnahmen am Kapitalmarkt durch öffentliche Stellen, Grundkreditanstalten und Unternehmungen. Sie verbriefen ein Gläubigerrecht und sind in Teilbeträge gestückelt. Je nach Schuldner unterscheidet man öffentliche Anleihen (Anleihen des Bundes, Länder, Städte, Bundespost und Bundesbahn), Industrieanleihen, Anleihen von Hypothekenbanken oder öffentlich-rechtlicher Kreditanstalten und DM Auslandsanleihen.

Antizyklisches Verhalten: am Aktienmarkt ein gegen den allgemeinen Basistrend gerichtetes Anlegerverhalten.

Asset Allocation: bezeichnet die Struktur der Kapitalbeteiligung einer Anlageform.

Asset Backed Securities (ABS): sind Anleihen, die durch einen Pool definierter Aktiva (z.B. Hypothekenforderungen) und andere Kredite eingebracht werden und von einer Finanzierungsgesellschaft, der Anleihe-Emittentin verwaltet wird.

Asset Deal: Unternehmenskauf durch die Übertragung der Gesamtheit der Wirtschaftsgüter des Unternehmens, also der Aktiva und Passiva im Wege der Singularsukzession. Dabei muß das Unternehmen entweder als Sachgesamtheit oder zumindest mit allen wesentlichen Bestandteilen verkauft werden. (→ Share Deal)

Auslandsanleihen: Emission von festverzinslichen Wertpapieren ausländischer Schuldner. Sie können auf D-Mark, Rechnungseinheiten (z. B. ECU) oder jedes andere Zahlungsmittel lauten.

Avarage Rate Cap: Bezeichnung für einen Durchschnittszins, der aus der Ermittlung des arithmetischen Mittels mehrerer Zinssätze, die über einen definierten Zeitraum zu jeweils bestimmten Zeitpunkten erfaßt worden sind.

Back-End Plans: Basistypus einer Poison Pill. Sie gewähren den Aktionären der Zielgesellschaft das Recht eine bestimmte Menge an Aktien in Empfang gegen Verschuldungszertifikate der Gesellschaft zurückzugeben. Dabei übersteigt der Nennwert der Zertifikate (deutlich) den gegenwärtigen Kurswert der Aktie. Auch: Poison Dept.

Back-Office: Bezeichnung für das Büro eines Brokers oder einer Bank in der die technische Abwicklung von Aktiengeschäften durchgeführt wird.

Baisse: stärkerer, meist länger andauernder Kursrückgang an der Börse. Gegensatz Hausse.

Bear Market: Bezeichnung für einen Markt, der mehrheitlich fallende Kursentwicklungen aufweist.

Beauty Contest: wörtlich übersetzt: Schönheitswettbewerb; bei diesem bemühen sich die Banken, den Konsortialvertrag des börsenwilligen Unternehmens zu erhalten. Sie präsentieren ihre Konzepte und Vorstellungen; ebenfalls gebräuchlicher Ausdruck für Anwaltsauswahl.

Benchmark Aktien: Bezeichnung für Aktien, die in puncto Risiko- und Renditepräferenz der ersten Kategorie (→ sog. Blue Chips) zugeordnet werden. Diese Aktien sind i.d.R. sämtliche Titel, die den DAX repräsentieren.

Bezugsrecht: das dem Aktionär zustehende unentziehbare Recht, bei einer Kapitalerhöhung einen seinem Anteil am bisherigen Aktienkapital entsprechenden Teil der neuen Aktien zu beziehen. Der Bezugskurs für die neuen Aktien liegt normalerweise unter dem Börsenkurs der alten Aktien. Der Landersische Wert des Bezugsrechts wird mittels der Bezugsrechtsformel

$$B = \frac{\text{Kurs der alten Aktie \% Bezugskurs neue Aktie \% Dividendennachteil}}{\text{Bezugsverhältnis} + 1}$$

ermittelt. Das Bezugsrecht wird an der Börse notiert und ist verkäuflich. Andererseits ist aber auch der Kauf möglich, um über seinen bisherigen Anteil neue Aktien beziehen zu können.

Blue Chips: Aktien erstklassiger, da substanz- und ertragsstarker Unternehmen. Im anglo amerikanischen Bereich sind dies meist Papiere, die im DOW Jones Index erfaßt werden.

Blue Chip Segment: Marktsegment mit ausschließlich erstklassigen Standardwerten.

Bogen: Wertpapierurkunde, die in Unterabschnitte (Zins- oder Dividendenscheine) eingeteilt ist. Sie müssen zur Zins- bzw. Dividendenzahlung vorgelegt werden.

Bond: Anleiheform, bei welcher sehr kleine Nennbeträge emittiert werden.

Bonus: eine neben der Dividende gewährte – meist – einmalige Vergütung, die den Aktionären zu besonderen Anlässen (u. a. gute Ertragslage, Jubiläum) gewährt wird.

Bookbuilding: ein Preisfeststellungsverfahren zur Börseneinführung, bei dem die Investoren um ihre Order gebeten werden; durch die konsortialführende Bank wird ein Buch aufgebaut, in dem alle Zeichnungswünsche der Anleger einschließlich deren Preisvorstellungen erfaßt werden.

Break-even-point: zu bestimmender Punkt, bei welchem ein Investment vorteilhaft wird.

Bridge-Financing: Überbrückungsfinanzierung, bei der aus Venture-Capital-Geldern den Aktiengesellschaften Eigenkapital zur Verfügung gestellt wird, welches später nach erfolgtem Börsengang wieder zurückgezogen wird.

Broker: (Wertpapierbanken) Englische Bezeichnung für Makler an der amerikanischen und Londoner Börse. Sie sind allein berechtigt, Börsenaufträge der Banken und des Publikums anzunehmen und auszuführen.

Brokerage: ist eine Courtage, die an den Broker zu entrichten ist.

Cash flow: Begriff aus der Finanzanalyse zur Beurteilung der Ertragskraft und der finanziellen Struktur eines Unternehmens. Unter cash flow versteht man die Höhe der selbsterwirtschafteten längerfristigen Finanzierungsmittel, d.h. Jahresüberschuß plus Abschreibungen auf Sachanlagen und Beteiligungen, Zuführung zu den langfristigen Rückstellungen einschl. Pensionsrückstellungen plus außerordentliche Aufwendungen, abzüglich außerordentliche Erträge. Das charakteristische an dem cash flow ist die jederzeitige Disponierbarkeit durch die Unternehmensleitung.

Call Option: bezeichnet einen Vertrag aus dem Optionsgeschäft, der den Käufer berechtigt, eine definierte Anzahl des Basiswertes zu einem festgelegten Kurs bis zu einem bestimmten oder an einem vorher bestimmten Zeitpunkt zu kaufen oder die Differenz zwischen dem Einkaufskurs und dem Kurs zum Zeitpunkt der Call Option zu liquidieren.

Candle-Charts: ursprünglich asiatische Methode der Aktienanalyse.

Cap: eine Zinsausgleichsvereinbarung, die als eigenständiges Recht gehandelt wird; der Käufer zahlt eine Gebühr dafür, daß der Verkäufer die Differenz zwischen dem vereinbarten Zinssatz und dem Marktzinsniveau vergütet, sobald das Weltmarktzinsniveau den vereinbarten Zinssatz überschreitet.

Capped Warrants: Optionsscheine, bei denen die Gewinnhöhe begrenzt ist; wird die Gewinnhöhe überschritten, nimmt der Optionsscheininhaber an dieser nicht mehr teil.

Cash Settled: eine Put oder Call Option ist Cash Settled, wenn der Stillhalter die Differenz zwischen Markt- und Basispreis zu einem bestimmten Stichtag in bar schuldet. Der Einsatz einer Cash Settled Option, z.B. beim Aktienrückkauf, führt nicht zum Erwerb eigener Anteile und wird daher zur Risikoabsicherung oder aufgrund seiner Finanzierungsfunktion vereinbart. Gegenteil:. Physically Settled.

Certificates of Deposit (CD): ist ein Depositenzertifikat; Geldmarktzertifikat, welches Termineinlagen verbrieft. Gegenüber der reinen Termineinlage zeichnet sich das Certificat of Deposit dadurch aus, daß es Sekundärmarktfähigkeit besitzt. In Deutschland sind diese als D-Mark-Einlagen-Zertifikate seit 1986 zulässig, sofern sie durch Kreditinstitute der Bundesrepublik Deutschland gegeben werden. Bis 1991 wurde darauf Börsenumsatzsteuer erhoben.

Charts: graphische Darstellung der Kursentwicklung von einzelnen Aktien, Branchen oder des gesamten Marktes. Sie dienen als Hilfsmittel für die Beurteilung der zukünftigen Kursentwicklung.

Cheapest-To-Deliver: bezeichnet die Lieferverpflichtung des Verkäufers im Handel mit Zins-Futures, wobei er die günstigste Anleihe der am Kassamarkt Verfügbaren wählen wird, um einen höchstmöglichen Nettogewinn bzw. geringstmöglichen Nettoverlust zu realisieren.

Chinese Wall: Organisation, die innerhalb einer Gesellschaft hergestellt wird, um einen horizontalen Austausch von Informationen zu vermeiden.

Circa-Auftrag: bezeichnet den limitierten Börsenauftrag, der mit dem Zusatz „circa“ versehen ist und der dem Broker oder dem Makler erlaubt, auch abweichend vom limitierten Börsenauftrag zu handeln.

Clearing: ist der periodische Ausgleich von wechselseitigen gleichartigen Forderungen durch Aufrechnung; ursprünglich zwischen den am Geldmarkt praktizierenden Geschäftsbanken und der Zentralbank praktiziert; wird auch benutzt, um innerhalb einer Holding- oder Industrieunternehmung einen Ausgleich von Forderungen durchzuführen.

Closing: Übergabe- oder Abschlußstichtag.

Cold call: erster unvorbereiteter Anruf eines Händlers vom grauen Kapitalmarkt bei einem Opfer in dessen privater Sphäre.

Collar: ist die Differenz zwischen dem Höchst- und dem Mindestzinssatz bei einer → Floating Rate Note.

Confidential Agreement: Vertraulichkeits- und Geheimhaltungsvereinbarungen, die schon im Vorfeld der Verhandlungen bei einem Unternehmensverkauf erstellt werden → Statement of Non-Disclosure.

Courtage: Vermittlungsgebühr, die der Makler für die Vermittlung eines Wertpapiergeschäfts erhält. Sie beträgt bei Aktien 0,1 % des Kaufpreises, bei festverzinslichen Wertpapieren 0,075 bis 0,7 Promille vom Nennwert je nach Größenordnung.

Covered Warrants: gedeckte Optionsscheine; Bezeichnung für einen → Naked Warrant, bei dem der Emittent das Underlying, d.h. den Basiswert, während der Laufzeit des Scheines in Besitz hat. Grundsätzlich können alle Naked Warrants, die sich auf konkrete Vermögensgegenstände, wie etwa Aktien oder Anleihen beziehen, als Covered Warrants begeben werden. Im allgemeinen wird der Begriff jedoch nur im Zusammenhang mit nackten Aktienscheinen verwendet.

Begriff auch für Optionsscheine, bei denen statt der physischen Lieferung ein Barausgleich möglich ist.

Defined Benefit: Prinzip der Versorgungszusage bei Pensionsfonds. Aus dem Fonds, der sich durch die Bildung von Pensionsrückstellungen ergibt, wird dem Arbeitnehmer eine bestimmte, originär definierte Leistung zugesagt.

Defined Contribution: im Gegensatz zum → Defined Benefit, ist hier lediglich die Höhe des Beitrags zum Pensionsfonds fest definiert; die Höhe der daraus resultierenden Renten- oder Kapitalleistungen bleibt unbestimmt.

Depot: (Wertpapierkonto u. -lagerstelle) Einrichtung bei Kreditinstituten zur Verwaltung und Verwahrung von Wertpapieren (Gegenstück zum Konto im Geldverkehr).

Designated Sponsor: Banken oder Finanzdienstleister an der Börse, die die Handelbarkeit des Wertes steigern, in dem sie auf Anfrage oder auf eigene Initiative verbindliche Kauf- und Verkaufsangebote für einen bestimmten Wert in das Orderbuch stellen. Für den Bereich in SMAX muß ein solcher in XETRA beauftragt werden.

Disagio: Unterschied zwischen dem Nennwert eines Wertpapiers und seinem niedrigen Kurs. Gegenteil Agio.

Diskontsatz: Zinssatz, den die Notenbank für den Rediskont von Wechseln durch Kreditinstitute zugrunde legt. Der Diskontsatz ist als klassisches Mittel der Notenbankpolitik anzusehen womit das Zinsniveau beeinflußt und damit die Konjunktur gesteuert werden kann.

Divestiture: die Abtrennung von Konzerngesellschaften, die nicht mehr in das Wirtschaftskonzept des Konzerns passen.

Dividende: der Gewinnanteil der Aktionäre, der in der Hauptversammlung einer AG festgelegt wird. Sie setzt sich aus der Bardividende und der Steuergutschrift (für die anrechenbare Körperschaftsteuer) zusammen.

Dividendenabschlag: Kursminderung bei Aktien nach Trennung des fälligen Dividendenscheins.

Dual Listing: die nahezu zeitgleiche Parallelnotierung eines Unternehmens sowohl an der heimischen als auch an ausländischen Märkten, um die Vorteile der einzelnen Börsen und ihrer Anleger- bzw. Investorenkreise für sich zu nutzen.

Due Diligence: die Due Diligence umfaßt etwa die gebührende und im Verkehr erforderliche Sorgfalt bei der finanziellen, wirtschaftlichen und geschäftlichen Situation und Planung eines Unternehmens, die die Entscheidungsträger eines Unternehmens bei ihrer Willensbildung anzuwenden haben. Im Vorfeld eines Börsengangs oder einer Kapitalerhöhung ist sie Voraussetzung für die Erstellung eines Prospekts; bei einem Unternehmenskauf oder -verkauf hat sie tiefgreifenden Einfluß auf das gesamte Gewährleistungs-, Haftungs- und Beweissystem. Ziel ist immer, alle wichtigen unternehmensinternen Voraussetzungen, die Einfluß auf die zukünftige Geschäftstätigkeit haben können, sowie potentielle Risiken erkennen zu können.

Duration: Kennzahl, zur Definition der durchschnittlichen Bindungsdauer einer Kapitalanlage (i.d.R. Wertpapieranlage) mit exakt festgelegtem Zahlungsstrom. Mißt die mittlere künftige Zeitspanne, in der ein Anleger sein Vermögen gebunden hat, wenn er die Position bis zur Endfälligkeit behält oder im → Portefeuille keine Umschichtung durchführt. Sie wird von den drei Komponenten Laufzeit, Nominalzins und Marktzinsniveau beeinflußt.

Duration, modifizierte (MD): demonstriert die Barwertänderung eines Investments (i.d.R. einer Schuldverschreibung) in Reaktion auf die Änderung des Marktzinssatzes.

Durations Matching: mathematisch abgeleitete Anlagestrategie zur optimalen Zusammenstellung eines Effektendepots (auch Portfolio Selection).

DVFA: Deutsche Vereinigung für Finanzanalyse und Anlageberatung; ihr gehören Mitglieder aus dem Bankgewerbe, der Wirtschaft und der Publizistik an. Ziel der DVFA ist die Vereinheitlichung der analytischen Methoden in der Aktienanalyse sowie die Intensivierung der Wertpapierberatung.

Early Stage Financing: Instrument der → Venture-Capital-Finanzierung. Eigenkapitalzuführung an wachstumsträchtige Unternehmen in der Frühphase der Unternehmensentwicklung. Erfolgt i.d.R. zur Finanzierung der Konzeption bis zum Start der Produktion und Vermarktung.

Earnings before interest and taxes (EBIT): operatives Ergebnis vor Zinsen und Ertragssteuern. International verwendete Erfolgsgröße mit hoher Vergleichbarkeit, da außerordentliche Effekte ausgeschlossen werden, wie z.B. Verschuldensgrad des Unternehmens oder national divergierende Steuerbelastungen. Gilt als Maßstab für die Kapitaldienstfähigkeit und Ausschüttungskraft eines Unternehmens.

Earnings before interest, taxes, depreciation and amortization (Ebitda): operatives Ergebnis vor Zinsen, Ertragssteuern und Abschreibungen. Auch hier hohe Vergleichbarkeit der Erfolgsgröße durch Ausschluß außerordentlicher Effekte, wie z.B. Verschuldensgrad des Unternehmens oder national divergierende Steuerbelastungen.

Earnings per Share: Gewinn je Aktie. Errechnet sich aus dem Jahresüberschuß nach Steuern geteilt durch die Anzahl der ausgegebenen Aktien des Unternehmens. In Deutschland wird das um Sondereinflüsse bereinigte DVFA/SG-Ergebnis verwendet (→ Ergebnis je Aktie).

Earn Out Regelung: Vertragsklausel nach der beim Unternehmenskauf der Kaufpreis weder beim Vertragsabschluß noch bei der Übergabe abschließend bestimmt wird. Die konkrete Höhe des Kaufpreises ist vielmehr von der Entwicklung des Unternehmens in der Folgezeit abhängig. Damit kann der unterschiedlichen Ertragserwartung der Parteien Rechnung getragen werden, z.B. infolge der Einführung neuer Produkte, Technologien oder Patente. Synonym: Contingent Price deal.

Electronic Banking: Dienstleistung von Banken, die Privat- und Geschäftskunden angeboten werden, um EDV-unterstützt Bankgeschäfte abzuwickeln (Telebanking).

Electronic Cash: im Handel angewandtes bargeldloses, elektronisches Zahlungsverfahren auf Basis der EC-Karte oder Bankkundenkarte mit Geheimzahl. Im europäischen Ausland erfolgt das Angebot dieses Zahlungsservices unter der Bezeichnung electronic debit card (edc).

Emerging Markets: Bezeichnung für Aktienmärkte in Schwellenländern, vor allem in Osteuropa, Mittel- und Südostasien, Lateinamerika. Die International Finance Corp. (IFC) veröffentlicht verschiedene Aktienindizes für Entwicklungsmärkte.

Emerging Markets Investable Indexes: von der International Finance Corp. (IFC) veröffentlichte Indizes, die die Möglichkeit des Zugangs ausländischer Investoren zu den jeweiligen Märkten sowohl auf Länder- als auch auf Unternehmensebene beachten.

Emission: Ausgabe und Unterbringung von Wertpapieren auf den Kapitalmarkt durch öffentlichen Verkauf.

Emissionsbank: Bank, die zumindest einen Teil der ausgegebenen Wertpapiere übernimmt und für die Plazierung bei den Anlegern verantwortlich ist.

Emissionskonsortium: Arbeitsgemeinschaft mehrerer Banken zur Übernahme, dem Verkauf oder der Erstplazierung von Wertpapieren. Dabei koordiniert eine Bank als sog. Konsortialführer die gesamte Emission.

Emissionsvolumen: Anzahl der an außenstehende Aktionäre abgegebenen Aktien, multipliziert mit dem Emissionspreis.

Emmisions-Standing: Anlagewürdigkeit eines Unternehmens in den Augen des Publikums, begründet auf dem Verhalten des Unternehmens sowie dessen spezielle Unternehmensfaktoren.

Equity: Begriff für Gesellschaftsanteile, insbesondere für Aktien.

Equity-linked Issue: Optionsanleihe, Wandelanleihe.

Equity Story: Darstellung der Unternehmensgeschichte anhand von Produkten und Ergebnisse, um eine Emission zu plazieren.

Equity Swap: Verpflichtung zum Austausch von Zahlungen von festverzinslichen Zinsraten einerseits gegenüber Ausgleichszahlungen wegen Kursminderungen oder -steigerungen andererseits. Die gegenseitigen Zahlungsverpflichtungen werden regelmäßig verrechnet. Aktionäre werden durch Equity Swaps in die Lage versetzt, das Vermögensrecht aus der Aktie unter Beibehaltung ihrer Stimm- und Kontrollrechte gegen ein sichereres, d.h. festverzinsliches Finanzinstrument zu swappen. Da nur das Wertentwicklungsrisiko einer Aktie von dem Aktionär auf den Swap Partner verlagert wird, spricht man auch vom synthetischen Aktienerwerb.

Equity Sweeteners: Bezeichnung für Optionsrechte auf Aktien.

Equity Warrants: sie sind Aktien oder Anleihen beigegebene, abtrennbare und selbständig handelbare Optionsscheine, die grundsätzlich unter bestimmten Bedingungen das Recht zum Bezug von Aktien verbriefen.

Ergebnis je Aktie: zwecks Vereinheitlichung des Gewinnbegriffs hat die DVFA eine Formel entwickelt, mit der die Gewinne von AG ermittelt werden(sog. DVFA/SG-Ergebnis). Hierbei wird der Jahresüberschuß von außerordentlichen, periodenfremden und aperiodischen Aufwendungen und Erträgen unter Berücksichtigung fiktiver Ertragsteuern bereinigt. Durch Division dieses Nettogewinns durch die Anzahl der Aktien ergibt sich das „Ergebnis je Aktie“.

Escrow-Deposit: Sicherheitsrücklage für eventuelle Schadensersatz- oder Gewährleistungsansprüche beim Unternehmenskauf, z.B. durch auf einem Notar-Anderkonto.

EuroBonds: Anleihen, die von internationalen Emissionskonsortien (Banken) emittiert und gleichzeitig in mehreren Ländern und in mehreren Währungen plaziert werden. Das Wechselkursrisiko wird dadurch vermindert, indem der Anleiheschuldner wahlweise in einer der Währungen zurückzahlen kann.

Euro Commercial Paper (ECP): kurzfristige Schuldtitel, die von bonitätsmäßig erstklassigen Unternehmen am Euromarkt begeben werden. Im Gegensatz zu den in den USA üblichen Comercila Papers (US-Domestic- Commercial Papers) zeichnen sie sich durch eine stärkere Standardisierung in der Stückelung, längere Laufzeiten und keinem laufzeitbezogenen Zinssatz aus.

Euro Notes: am Euromarkt emittierte, kurzfristige Schuldtitel mit Laufzeiten von üblicherweise 1, 3, 6 und 12 Monaten. Ihre Verzinsung ist an den Geldmarkt-Referenzzinssatz gebunden. Ihre Emission erfolgt häufig im Zusammenhang mit komplexen → Euro Note Facilities.

Euro Note Facilities: Finanzinnovationen an internationalen Finanzmärkten, deren Kern eine Verknüpfung von Komponenten des Konsortialkredits mit denen der Anleihenfinanzierung darstellt. Die Finanzierungsform ist dadurch gekennzeichnet, daß nicht die Banken unmittelbar als Kapitalgeber fungieren, sondern daß sich der Kapitalnehmer im Rahmen von 5 bis 7 Jahren durch die Plazierung von Notes bis zu einer gewissen Obergrenze Mittel beschafft. Die Banken (Underwriter) stellen dem Kapitalnehmer eine Refinanzierungsgarantie zur Verfügung, indem sie sich verpflichten, die Notes zum vertraglich vereinbarten Zinssatz zu übernehmen (sog. Backup-Facilities) oder alternativ Buchkredite zur Verfügung zu stellen (Standby-Facilities), wenn die Plazierung am Primärmarkt nicht gelingt. Die Unterbringung der Notes am Primärmarkt übernimmt der Arrangeur zu einem Satz unterhalb des Höchstzinssatzes. Das Verfahren wiederholt sich im Bedarfsfalle jeweils mit Ablauf der Geldmarktpapiere, alle 3 bis 6 Monate (= Revolving Underwriting Facilities /RUF oder Note Issuance Facilities /NIF).

European Interbank Offered Rate (Euribor): seit dem 1.1.1999 repräsentativer Zinssatz der an der Währungsunion teilnehmenden Länder. Er ersetzt die nationalen Referenzzinssätze. Gewinnt an Bedeutung, da bei vielen Verträgen, Wertpapieren oder Derivaten zunehmend auf Referenzzinssätze Bezug genommen wird.

Exercise Price: Basispreis oder Ausübungspreis einer Option. Er bezeichnet den Preis, zu dem das der Option zugrundeliegende Basisobjekt – Aktien, Devisen, verzinsliche Wertpapiere – ge- oder verkauft werden kann.

Exotic Options: Sammelbegriff für sämtliche Optionsvarianten, die nicht den klassisch strukturierten Optionen (Plain Vanilla Options) in den Call- und Put-Varianten zuzuordnen sind, z.B. Range Options. Sie gehen durch komplexe Gestaltung auf bestimmte Marktgegenbenheiten oder Investorenwünsche ein.

Face-to-Face – Geschäfte: außerbörslicher Handel mit Insider-Papieren.

Face value: Wert einer Anleihe oder eines anderen Investments zum Zeitpunkt seiner Fälligkeit.

Factoring: der gewerbsmäßige Ankauf und Geltendmachung von Forderungen anderer, zumeist verbunden mit der Führung der Debitorenbuchhaltung des die Forderung abtretenden Unternehmens. Factoring dient dabei dem abtretenden Unternehmen als Finanzierungsform, durch die sich das Unternehmen kurzfristig Liquidität verschaffen kann.

Fair Pricing Provisions: Verteidigungsform (sog. Shark Repellent) gegen Hostile Takeovers. Die Satzung gewährt allen Aktionären einen einheitlichen Preis je Aktie für den Fall eines Hostile Takeovers. Damit wird dem Raider die Möglichkeit genommen, einen verbleibenden Anteil des Grundkapitals preiswert aus der Gesellschaft heraus zu drängen. Stimmt das Management jedoch einem Übernahmeversuch zu, verfällt die Klausel, da der Takeover mit der Zustimmung seinen feindlichen Charakter verliert. Im deutschen Recht unzulässig, da die Klausel ein Verstoß gegen Gleichbehandlungsgrundsatz ist und einen unwirksamen Vertrag zu Lasten Dritter darstellt.

Fair Value: arbitragefreier Preis eines Termininstruments (Option, Optionsschein, Futures und Swaps). Wird anhand theoretischer Modellrechnungen bestimmt, um eine Bewertung in fair bewertet, über- bzw. unterbewertete Optionsscheine vornehmen zu können.

Fair Value Deviation: prozentuale Abweichung des Marktpreises eines Termininstruments von seinem → Fair Value.

First Round Bidding Instructions: Anweisung an die Kaufinteressenten für die erste Runde des Bietungsverfahrens beim Unternehmensverkauf.

First Unbinding Offer: vorläufiges und unverbindliches Angebot.

Flip-In Plans: Basistypus einer Poison Pill, die von ihrer Struktur her mit dem Flip-Over Plan identisch sind. Hier sind die Aktionäre nach Eintritt des Triggering Events berechtigt, weitere Aktien der Gesellschaft zu einem Preis weit unter Kurswert zu beziehen.

Flip-Over Plans: Basistypus einer Poison Pill. Sie bezeichnen das Tausch-Recht des Aktionärs der Zielgesellschaft seine Aktien gegen Anteile des Raiders oder des Rechtsnachfolgers der Zielgesellschaft zu einem festgelegten Preis im Fall des Unternehmens-Raids einzutauschen. Für den Fall, daß der Raider eine Fusion vermeidet, sind auch Ausgestaltungen denkbar, wie die Festschreibung exzessiver Dividendenzahlungen, Transfer von Vermögensanteilen oder Erhöhung von Vorstandsbezügen etc.

Floater /Floating Rate Notes (FRN): Schuldverschreibungen mit einer Laufzeit von 5 bis 10 Jahren mit variablem Zins, der ca. alle 6 Monate an die Verhältnisse des Geldmarktes angepaßt wird.

Floor: Zinsuntergrenze, die dem Floor-Käufer gegen Zahlung einer Prämie garantiert wird. Ihre Existenz garantiert den Investoren die Verzinsung der Anleihe im Verlauf einer Niedrigzinsphase auf einem festgeschriebenen Minimalniveau. Fällt der Zins an den einzelnen Zinslegungszeitpunkten für die nächste Zinsperiode unter diese Grenze zahlt der Floor-Verkäufer automatisch den Differenzbetrag. Gegenteil: → Cap.

Auch Bezeichnung für einen Optionsschein, Typ European Option, der das Recht auf Zinsausgleichszahlung verbrieft. Die Zinsausgleichszahlung ergibt sich aus der Differenz, um die ein bestimmter Referenzzins an einem Stichtag unter einer festgelegten Zinsuntergrenze liegt.

Forward: Verpflichtung einer Partei eine bestimmte Bezugsgröße zu einem vorher vereinbarten Preis zu einem zukünftigen Zeitpunkt zu erwerben oder zu verkaufen. Im Gegensatz zur Option ist der Forward ein Termingeschäft mit fester Abnahme- bzw. Lieferverpflichtung.

Forward Rate Agreement (FRA): unbedingtes, außerbörsliches Zinstermingeschäft. Zwischen den Parteien wird im voraus für einen bestimmten Betrag (Nominalbetrag) ein Zinssatz für eine in der Zukunft liegende Periode (Referenzperiode) vereinbart. Die Parteien verrechnen zum vertraglich vereinbarten Zeitpunkt die Differenz zwischen dem vereinbarten Zins und dem am Fälligkeitstag gültigen Zinssatz. FRA´s ermöglichen damit die Begrenzung des Zinsänderungsrisikos ohne Einfluß auf die Liquiditätsposition (auch: → Future Rate Agreement).

Free Float: der Anteil der Aktien einer AG, der gemessen an der Gesamtanzahl der ausgegebenen Aktien, nicht in festem Besitz ist. Bei Zugehörigkeit zum SMAX Segment muß der Anteil mindestens 20 % betragen.

Freiverkehr: Wertpapiere, die nicht zum amtlichen Handel zugelassen sind, werden im Freiverkehr gehandelt.

Frontend: Landerssystem auf der Seite des Börsenteilnehmers. Es stellt die Schnittstelle zwischen Teilnehmersystem und Börsensystem dar. Landerssystem auf der Gegenseite: Backend. Beispiele: Xetra MISS und Eurex User Device.

Front running: vorweggenommene Einkaufs- oder Verkaufsdaten am Markt aufgrund Insider-Informationen.

Fully underwriten: die Bereitschaft der führenden Banken eines internationalen Kredit- oder Anleihekonsortiums (Arranger) am Euromarkt, den Gesamtbetrag des Kredites bzw. der Syndizierung, unabhängig vom Plazierungsergebnis, in voller Höhe zur Verfügung zu stellen.

Fundamentalanalyse: Grundlage einer nach analytischen Aspekten durchgeführten Aktienbewertung, mit der insbes. die bisherige und zukünftige Ertragskraft eines Unternehmens, einer Branche oder der gesamten Volkswirtschaft beurteilt wird.

Futures: Sammelbezeichnung für spezifische Terminkontrakte, die hinsichtlich Kontraktgröße, Art, Qualität, Liefertermin und -ort standardisiert sind. Futures sind zu einem bestimmten zukünftigen Zeitpunkt ein dem Geld- und Kapitalmarkt, Edelmetall oder Devisenmarkt zugehöriges Handelsobjekt zum börsenmäßig festgesetzten Kurs zu liefern bzw. abzunehmen. Häufig ist anstelle der Erfüllung der Verpflichtung, z.B. durch körperliche Wertpapierabnahme, eine Ausgleichszahlung vereinbart.

Future Rate Agreement: → Forward Rate Agreement.

Globalisierung: Entstehung eines weltweiten internationalen Finanzmarktes, insbesondere für Wertpapiere, durch die fortschreitende Integration nationaler in die internationalen Finanzmärkte. Verbunden damit ist der tiefgreifende Strukturwandel im Bankengeschäft durch die zunehmende Verwendung vielfältiger innovativer Finanzinstrumente.

Genußschein: Urkunden, die kein Mitgliedschaftsrecht, sondern Genußrechte z. B. am Reingewinn verbriefen, wobei dem aber auch die Beteiligung an möglichen Verlusten gegenüberstehen können.

Going-Public: die Umwandlung einer Personengesellschaft in eine AG mit gleichzeitiger Einführung der Aktie an der Börse oder die Zulassung von Aktien einer Unternehmung an der Börse, die bisher dort nicht notiert war.

Good Bye Kiss: → Greenmail.

Greenmail: einfachste Form der Takeover-Verteidigung durch Aktienrückkauf. Entspringt dem Wortspiel aus „green", der Farbe einer US Dollar Note und einer Verkürzung des Wortes „Blackmail" (dt.: Erpressung). Bezeichnung für das Auskaufen des Raiders aus der (Ziel-) Gesellschaft durch die Zielgesellschaft über den Erwerb der von dem Raider gehaltenen Aktien zu einem den Börsenkurs übersteigenden Preis. Auch als „Good Bye Kiss" bezeichnet.

Greenshoe: Sondervereinbarung zwischen dem Emissionskonsortium und dem Emittentin im Rahmen eines → Bookbuilding-Verfahrens. Ist die Emission erfolgreich und überschreitet die Nachfrage das ursprünglich anvisierte Emissionsvolumen, werden durch das Emissionskonsortium Mehrzuteilungen durch Zugriff auf zusätzliche Aktien zu Originalkonditionen eingeräumt.

Hausse: stärkeres und länger anhaltendes Anziehen aller oder einzelner Kurse. Gegenteil: Baisse.

Hedge Fond: Investmentfond mit hoher Umschlaggeschwindigkeit der von ihnen gehaltenen Kapitalanlagen, die mit der Hilfe von Fremdkapital und unter Benutzung aller Spekulationsmöglichkeiten eine möglichst rasche und starke Vermehrung des Vermögens anstreben. Es wird eine hochspekulative Anlagepolitik unter gleichzeitiger Begrenzung des Verlustrisikos betrieben. Als Anlagegemeinschaften (Limited Partnerships) sind echte Hedge Fonds der KG deutschen Rechts ähnlich.

Hedge-Ratio: Maßgröße, die den Umfang der notwendigen Kontrakte definiert, die notwendig sind, um Kursänderungen der abzusichernden Basiswerte vollständig zu neutralisieren.

Hedging: Absicherung eines Portefeuilles, um ein vorhandenes Risiko durch die Übernahme eines zweiten, kompensatorischen Risikos auszugleichen. Hedging ist überall dort anwendbar, wo der Aufbau einer Gegenposition möglich ist, z.B. durch den kompensatorischen Abschluß von variablen und Festzinsgeschäften, um das Risiko der Zinssatzschwankungen auszugleichen.

High Flyer: Bezeichnung für eine Aktie, die als hoch spekulativ angesehen wird, da ihre Kursentwicklung unter dem Aspekt möglicher hoher Gewinnaussichten der Unternehmung betrachtet und nicht am derzeitigen Ertrag gemessen wird.

High-Yield-Bonds: Unternehmens- und Staatsanleihen von Ländern mit spezifischer Risikostruktur und daraus bedingtem Angebot von deutlich über dem Marktdurchschnitt liegenden Renditen.

IAS: International Accounting Standard. International anerkannte Regeln der IASC zur Führung der Handelsbücher und zur Erstellung von Jahresabschlüssen.

IASC: der freiwillige, private Zusammenschluß von über 100 Berufsverbänden, aus 80 Ländern, mit dem Ziel Rechnungslegungsgrundsätze und -regeln (→ IAS), die bei der Aufstellung von Jahresabschlüssen beachtet werden sollen, zu formulieren, zu veröffentlichen und deren weltweite Akzeptanz zu fördern.

Initial Margin: Sicherheitsleistung, die bei der Aufnahme von Options & Futures Geschäften von Käufer und Verkäufer zu hinterlegen sind (Ersteinschuß).

Initial Marketing Approach: erste Kontaktaufnahme der Mergers & Aquisition-Berater des Verkäufers zu den potentiellen Käufern oder Investoren.

Initial Offering Price: Erstausgabepreis.

Initial Public Offering (IPO): Neuemissionen von Aktien bislang nicht börsennotierter Unternehmen (→ Going Public). Mit einem IPO ist im allgemeinen eine Börsenzulassung des Aktienkapitals und die Aufnahme der Börsennotierung verbunden.

Insider: Bezeichnung für im Börsenhandel tätige Person, die aufgrund ihrer beruflichen Stellung oder sonstiger Verbindungen eine Informationsvorsprung besitzt. Dessen Ausnutzung zum eigenen wirtschaftlichen Vorteil bei Wertpapiergeschäften ist verboten.

Institutionelle Anleger: Anlegergruppe am Kapitalmarkt, die sich insbesondere aus Versicherungsgesellschaften, Pensionskassen, Vermögensverwaltungen und Kapitalgesellschaften zusammensetzt (sog. Finanz-Institutionen).

Interessenkäufe: Aufkäufe von Aktien eines bestimmten Unternehmens, z.B. zum Erwerb der Mehrheit.

In The Money: ein Put ist In The Money, wenn der vereinbarte Strike Price größer ist als der aktuelle Marktwert der Bezugsgröße. Dabei lohnt sich der Verkauf der Bezugsgröße, also die Ausübung der Put Option, solange, bis der aktuelle Marktwert den Strike Price erreicht.

Investmentanteile: Bezeichnung von Anteilsscheinen am Vermögen eines Investmentfonds. Der Wert bemißt sich nach dem augenblicklichen Wert der Kapitalanlagen (Wertpapiere, Immobilien, Barvermögen).

Investment Advisor: Anlageberater der Investmentfondsleitung; vielfach Broker.

Investment Banking: Geschäftssparte des Bankgeschäftes. Es umfaßt die Instrumente zur Kapitalmarktfinanzierung von Unternehmen, insbesondere Wertpapier- und Emissionsgeschäfte, sowie das Geschäftsfeld der Corporate Finance mit Mergers & Aquisitions, Finanzberatung, Projekt- und Langzeitfinanzierungen e.t.c.

Investment Fonds: Sondervermögen einer → Investmentgesellschaft. Das aus dem gegen Ausgabe von Anteilsscheinen eingelegte Geld der Anleger (Fondsvermögen) wird von Fachleuten angelegt und verwaltet. Die erzielten Erträge werden an die Anleger ausgeschüttet, bei einigen Fonds auch thesauriert (Thesaurierungs-Fonds).

Investmentgesellschaft: ein Unternehmen, welches den Geschäftszweck verfolgt, einen oder mehrere → Investment Fonts zu verwalten.

Investor Relations: Beziehungspflege und Kommunikation zwischen einer AG und ihren Aktionären, Anteilseignern oder Investoren mit dem Zweck der Imageverbesserung und der Steigerung des Bekanntheitsgrades seitens der AG.

Joint Venture: eine spezielle Form der zwischenbetrieblichen Kooperation, wobei sowohl die Durchführung eines einmaligen Vorhabens als auch die dauerhafte Zusammenarbeit an verschiedenen Projekten anvisiert werden kann. Die Bildung eines solchen Gemeinschaftsunternehmens geht i.d.R. mit der kapitalmäßigen Beteiligung der Unternehmen einher.

Junk Bonds: risikoreiche Anleihen. Junk Bonds sind hochverzinzliche Schuldverschreibungen, deren Schuldner geringe Bonität besitzt und als Ausgleich dafür dem Anleger eine höhere Rendite gewährt.

Kapitalverwässerung: Ausgabe neuer Aktien durch Umwandlung von Rücklagen oder zu einem unter dem Börsenkurs liegenden Kurs.

Kassamarkt: Börsenmarkt für Wertpapiere, für die während der Börsenzeit nur ein Kurs festgesetzt wird. Auch Einheitskurs bzw. Kassakurs genannt. Gilt für alle Wertpapiere, die nicht zur variablen Notierung zugelassen sind.

Kick Off: Beginn der Transaktion bei einem Unternehmenskauf.

Kulisse: Börsenbezeichnung für den Berufshandel (Makler, Banken), die sich berufsmäßig für eigene Rechnung am Börsenhandel sowohl im amtlichen Handel als auch im Freiverkehr beteiligen.

Kupon: der einer Aktie oder einem festverzinslichen Wertpapier beigefügte Zins bzw. Dividendenschein, mit dem die fälligen Zinsen bzw. Dividenden empfangen werden.

Kursfeststellung: Festsetzung der amtlichen Kurse für alle zum amtlichen Handel an der Börse zugelassenen Wertpapiere. Sie erfolgt durch vereidigte amtliche Kursmakler, zumeist im Auftrage des Börsenvorstandes.

Kurs/Gewinn-Verhältnis: gibt an, mit dem Wievielfachen das Ergebnis je Aktie an der Börse bewertet wird.

Kurszusätze und -hinweise: bei der Kursnotierung werden den Usancen entsprechend Kurszusätze verwendet, die Aufschluß über die Marktsituation der Papiere geben und ob und in welchem Umfang limitierte Aufträge ausgeführt werden konnten. Sie werden im amtl. Kursblatt u. in der Tagespresse veröffentlicht.

Zusätze:

b, bz, bez	bezahlt: vorliegende Orders wurden ausgeführt.
bG	bezahlt Geld: die zum festgestellten Kurs limitierten Kaufaufträge wurden nicht vollständig ausgeführt; es bestand weitere Nachfrage.
bB	bezahlt Brief: die zum festgestellten Kurs limitierten Verkaufsaufträge wurden nicht vollständig ausgeführt; es bestand weiteres Angebot.

eb, ebez. etwas bezahlt: bei nur kleinem Umsatz konnte nur ein Teil der limitierten Aufträge ausgeführt werden; es bestand weitere Nachfrage (mit Zusatz G) bzw. Angebot (mit Zusatz B).

rep., R repartiert: Vorliegende Aufträge konnten nur teilweise ausgeführt werden (ratG: es erfolgte nur eine beschränkte Zuteilung; ratB: es erfolgte nur eine beschränkte Abnahme).

Hinweise:

G Geld: zu diesem Kurs bestand nur Nachfrage, Umsätze kamen nicht zustande.

B Brief: zu diesem Kurs bestand nur Angebot, Umsätze kamen nicht zustande.

– gestrichen: Ein Kurs wurde nicht festgestellt.

–G gestrichen Geld: Auf Grund nur Nachfrage konnte kein Kurs festgestellt werden.

–B gestrichen Brief: auf Grund nur Angebot konnte kein Kurs festgestellt werden.

–T gestrichen Taxe: Ein Kurs konnte nicht festgestellt werden; der Kurs ist geschätzt.

exD Ex Dividende: Erste Kursnotiz nach Abschlag der Dividende.

exBR Ex Bezugsrecht: Erste Kursnotiz nach Abschlag eines Bezugsrechts.

exZ ausgenommen Ziehung: Kurs versteht sich für die nicht ausgelosten Stücke.

Lead Manager: Bezeichnung für den Manager oder Konsortialführer (z.B. eine Bank), der einem Kredit- oder Anleihekonsortium vorsteht. Sein Verantwortungsbereich umfaßt alle zentralen Fragen und Arbeiten im Zusammenhang mit der Emission. Er wird i.d.R. auch die Verpflichtung zur Übernahme und Plazierung im Falle ungenügender Zeichnung übernehmen.

Leverage Effekt: Hebelwirkung bei Optionsgeschäften. Der Wert gibt das Verhältnis an, zwischen der größten prozentualen Kursänderung einer Option und der sie auslösenden prozentualen Kursänderung der Aktie. Die Hebelwirkung ist immer größer als 1. Daraus folgt für Optionsgeschäfte mit übereinstimmender Anlagesumme, daß der absolute Gewinn/Verlust immer größer ist als bei Aktiengeschäften.

Letter of Intent (LOI): Erklärung der Absicht, zu einem bestimmten rechtsgeschäftlichen Ergebnis, z.B. einer Unternehmensübertragung, zu kommen. Der LOI schreibt – regelmäßig ohne rechtliche Bindungswirkung – ein bereits erreichtes Verhandlungsergebnis fest. Er beinhaltet jedoch schon eine derartige Verhaltensbindung der Parteien, daß ein Abweichen von dieser Vertragsgrundlage ohne triftigen Grund eine Vertrauenshaftung auslösen kann.

Leveraged Buy – Out (LBO): Kreditfinanzierter Kauf eines Unternehmens durch eine kleine Gruppe von außenstehenden oder i.d.R. betriebszugehörigen Investoren.

Limit: vom Auftraggeber bei Börsenaufträgen festgesetzte Preisgrenze, die bei einem Verkauf nicht unterschritten, bei einem Kauf nicht überschritten werden darf.

Lock-Up Agreement: Verteidigungsoption gegen einen Hostile Takeover bei der einem potentiellen White Knight eine Kauf-Option eingeräumt wird, die entweder generell oder geknüpft an ein definitives Fusionsversprechen, im Fall eines Erfolges der feindlichen Übernahme ausübungsfähig ist. Ist diese Kauf-Option auf besonders ertragreiche Unternehmensteile geknüpft spricht man vom sog. Crown Jewels Lock-Up.

Long Position: Bezeichnung für die Kaufposition eines Wertpapierkäufers. In einer Long Position wird mit steigenden Kursen gerechnet. Gegenteil: Short Position.

Makler:

- **amtlicher Kursmakler:** ein vereidigter Börsenmakler, der bei der amtlichen Feststellung der Wertpapierkurse auf der Grundlage von Kauf- und Verkaufsaufträgen Dritter mitwirkt und meist in begrenztem Maße Käufe und Verkäufe für eigene Rechnung abschließen darf.
- **Freimakler:** Handelsmakler an den deutschen Wertpapierbörsen, der Börsengeschäfte zwischen zugelassenen Handelsadressen vermittelt und eigene Geschäfte abschließt. Ihre Zulassung erhalten sie vom Börsenvorstand.

Management Buy-In (MBI): die Übernahme eines Unternehmens durch ein fremdes, d.h. externes Management, welches die operative Geschäftsführung übernimmt.

Management Buy-Out (MBO): im Gegensatz zum → Management Buy-In, die Übernahme eines Unternehmens durch das bereits vorhandene und im Unternehmen tätige Management.

Margin: zur Abdeckung möglicher Preisschwankungen erfolgender Einschuß als Unterlage für die Sicherheit bei der Ausführung eines Termingeschäfts. Ein margin wird von Teilnehmern am Terminhandel verlangt.

Marktgängigkeit: die Fungibilität eines Wertpapiers; Unterscheidung zwischen Aktien mit breitem Markt = hohe Fungibilität und Aktien mit engem Markt = geringe Fungibilität.

Marktteilnehmer: die an der Börse operierenden Gruppen wie institutionelle Anleger, private Investoren, Berufshandel sowie die amtlichen und freien Makler.

Markt-to-Market: täglicher Bewertungsprozeß von Eigenhandelspositionen einer Bank durch den Vergleich von aktuellem und Vortagesschlußkurs.

Market-Maker: Marktteilnehmer, meist Banken oder Wertpapierhäuser, die die Verpflichtung übernehmen einen verbindlichen Angebots- und Nachfragepreis für ein Handelsobjekt zu stellen. Es wird ein Markt in diesen Titeln unterhalten, ohne daß der Market Maker weiß, ob der Handelspartner kaufen oder verkaufen will. Damit soll für Marktliquidität gesorgt werden. Mögliche Handelsobjekte sind: Devisen, Aktien, Renten, Optionen, verzinsliche Wertpapiere, Terminkontrakte und Optionen.

Medium Term Notes (MTN): Inhaberschuldverschreibungen, die als Daueremissionen, d.h. im Rahmen eines zeitlich nicht begrenzten Programmes, revolvierend emittiert werden können. Das Plazierungsrisiko trägt der Emittent, die Banken treten nur als Arrangeur und Händler, nicht aber als → Under-Writer auf.

Mergers & Acquisitions: Oberbegriff für alle Arten des Kaufs oder Verkaufs von Unternehmen oder Unternehmensteilen, ebenso die Fusion, Zusammenlegung oder Verschmelzung.

Mid Caps: Aktien von gut eingeführten Unternehmen mit einer mittelgroßen Marktkapitalisierung in Höhe von 500 Mio. bis 2000 Mio. DM. In Deutschland werden alle Aktien aus dem DAX 100, die nicht zu den 30 DAX Werten gehören in das Mid Cap Segment eingeordnet.

Monetarist: im Gegensatz zum Fundamentalisten ist der M. der Ansicht, daß die Aktien insbes. von der Liquidität im Wirtschaftskreislauf beeinflußt werden und nicht so sehr eine Funktion der Konjunkturentwicklung und der Unternehmenserträge sind.

Mortage: Hypothek

Mortage Backed Securities: Wertpapiere, die durch einen Pool von Hypotheken gedeckt bzw. besichert sind.

Naked Position: Bezeichnung für eine ungedeckte Option oder eine offene Position, die nicht durch → Hedging gesichert ist.

Naked Warrants: Variante des klassischen Optionsscheins, welche ohne Emission einer Optionsanleihe zu einem bestimmten Preis (Kurs) begeben wird. Es repräsentiert ein selbständiges Optionsrecht, das an der Börse gehandelt wird und steht nicht im Zusammenhang mit dem Finanzierungsvorhaben des Unternehmens (→ Covered Warrant).

Nennwert: (Nominalbetrag), der auf einem Wertpapier aufgedruckte Geldbetrag.

Netting: Aufrechnungsklausel im Rahmen eines sog. Master Agreements mit dem Ziel der Reduzierung des Adressenrisikos durch die Verrechnung gegenläufiger Positionen mit einem Vertragspartner zu einem Nettobetrag. Innerhalb von Konzernunternehmen kann Netting im Wege des Cash Management zur Aufrechnung von periodischen Forderungen und Verbindlichkeiten verwendet werden, um die effektiven Zahlungsströme und die daraus resultierenden Transferkosten zu reduzieren.

Neuer Markt: der von der Deutschen Börse AG geschaffene Neue Markt soll als weiteres Börsensegment der Stärkung des Eigenkapitalmarktes für junge Hochtechnologieunternehmen dienen.

Offshore-Fund: Investmentfonds mit Sitz im Ausland (→ Offshore Märkte) mit Vorteilen in steuerlicher und aufsichtsrechtlicher Art.

Offshore-Märkte: Internationale Finanzplätze mit besonders vorteilhaften Standorteigenschaften wie die weitgehende Abstinenz notenbankpolitischer Maßnahmen, außerordentlich niedrige oder keine steuerlichen und aufsichtsrechtlichen Belastungen und ausgezeichnete Infrastruktur. Beispiel: London, Luxemburg, New York, Singapur, Nassau/Bahamas, Cayman Islands.

Open Interest: Anzahl aller nach einer Börsensitzung offenen Kontrakt-Positionen. Das Open Interest ist der Indikator für die Liquidität eines Marktes.

Optionsanleihe: Schuldverschreibung mit anhängendem Optionsschein; verbrieft das Recht, innerhalb einer festgesetzten Frist Aktien zu einem bestimmten – vor Ausgabe der Emission festgelegten – Optionspreis zu beziehen.

Optionsgeschäft: seit 1970 in der Bundesrepublik wieder zugelassene Form des Wertpapier-Termingeschäfts. Gegen Zahlung einer Prämie erwirbt man das Recht, Wertpapiere innerhalb einer bestimmten Frist zu einem bestimmten Preis, dem Basispreis, zu kaufen oder zu verkaufen.

Optionsscheine: das an einer Optionsanleihe haftende Recht auf Ausübung der Option; Optionsscheine werden entweder zusammen mit der Optionsanleihe oder separat gehandelt und an der Börse notiert.

Original Plans: Basistypus einer Poison Pill. Im Fall eines Unternehmens-Raids berechtigen sie zum Tausch in Stammaktien des Raiders oder des Rechtsnachfolgers der Zielgesellschaft, und zwar in einem wertmäßig derart gestalteten Verhältnis, das den eintauschenden Aktionär nach der Transaktion wertmäßig genauso stellt, wie er zuvor stand. Für den Raider besteht damit die Gefahr durch die Umtauschrechte der Aktionäre der Zielgesellschaft die Kontrolle über das eigene Unternehmen zu verlieren.

Outperformance: relativ bessere Kursentwicklung einer bestimmten Aktie im Vergleich zu einer anderen Aktie oder einem Index.

Over – The – Counter – market (OTC): Bezeichnung für den direkten, außerbörslichen Handel, vorwiegend von Banken, mit börsennotierten Wertpapieren.

Pac Man: Bezeichnung für eine Zielgesellschaft, die im Falle eines Hostile Takeover Versuchs zu dessen Abwehr ihrerseits eine feindliche Übernahme der sie bedrohenden Bietergesellschaft versucht. Ein Pac Man ist insbesondere bei wirtschaftlich äquivalenten Unternehmen anwendungsfähig und bietet sich wegen seiner psychologischen Wirkung auf Bieter und die Öffentlichkeit zur Abwehr an.

Pari: bedeutet, daß Nennwert und Kurswert eines Wertpapiers gleich sind.

Pep Pills: Verteidigungsstrategie gegen einen Hostile Takeover. Sie definiert überdurchschnittliche Wachstumsziele für die Zielgesellschaft durch das Management, die mit Ablauf eines bestimmten Stichtages erfüllt sein müssen. Werden diese Ziele verfehlt (Triggering Event), steht den Aktionären der Gesellschaft die Zahlung einer vorher festgelegten Sonderdividende zu. Dadurch soll die Abschreckung des Raiders erzielt werden.

Performance: Ertrag einer Kapitalanlage, d.h. der prozentuale Wertzuwachs eines einzelnen Wertpapiers, eines Wertpapierdepots oder eines Investmentfonds.

Pfandbrief: festverzinsliches Wertpapier bestimmter Kreditinstitute (Hypothekenbanken, Sparkassen) zur Refinanzierung von Hypothekenkrediten.

Phantom Stock: Bezeichnung des nicht real vorhandenen Aktienpaketes, welches im Rahmen einer stock-option Vereinbarung der Berechnung der Mitarbeiterbeteiligung dient.

Physically Settled: eine Put oder Call Option ist Physically Settled, wenn sie auf die tatsächliche Lieferung der Bezugsgröße gerichtet ist. Gegenteil: Cash Settled.

Placierung: die Unterbringung, d.h. der Verkauf von neu emittierten Wertpapieren beim Publikum und bei institutionellen Anlegern.

Point of Sale (POS): Abwicklungspunkt der Kauf- und Verkaufsaktionen im Handel von Waren und Dienstleistungen.

Poison Pills: Abwehrmaßnahmen („Giftpillen") in Form einer Vielzahl an Rechten, die an die Stammaktien geknüpft sind und die sich gegen einen Unfriendly oder Hostile → Takeover richten. Sie sind in der Satzung des Zielunternehmens festgeschrieben. Ihre Aufnahme bedarf jedoch prinzipiell keiner Zustimmung der Hauptversammlung. In der Praxis zu findende Basistypen der Poison Pill: Original Plans, Flip-Over-Plans, Flip-In Plans, Back-End Plans bzw. Poison Dept und Voting Right Plans.

Pooling: Synonym für → Netting bei Konzernunternehmen.

Portofolio Selection: Theorie der optimalen Zusammenstellung eines Wertpapierdepots, wobei die Statistik und die Wahrscheinlichkeitstheorie die Grundlage des Modells bilden.

Portfolio Managment: Kapitalanlageentscheidung und Vermögensverwaltung im weitesten Sinne, insbesondere die Disposition über An- und Verkauf von Wertpapieren zur Steuerung und Zusammensetzung des Wertpapierdepots.

Pre Acquisition Audit: Analyse der rechtlichen und wirtschaftlichen Gegebenheiten und Expektanzen im Rahmen der → Due Dilligence.

Private Placement: Plazierungsverfahren, bei dem die Aktien- oder Anleiheemission nicht öffentlich, sondern direkt bei ausgewählten Investoren plaziert wird.

Put Option: Verkaufsoption, bei der der Erwerber die Berechtigung nicht aber die Verpflichtung erwirbt, eine bestimmte Anzahl eines Handelsobjektes (Basisobjekt) zu einem festen Kurs oder Preis (Basis Preis /Strike Price) bis zu einem bestimmten oder an einem bestimmten Zeitpunkt zu verkaufen. Alternativ kann der Erwerber auch die Differenz zwischen dem Ausübungspreis der Option und dem Tagesendbewertungskurs des Basiswertes erhalten (Barausgleich). Für das Put Option Recht zahlt der Erwerber der Option dem Verkäufer eine Prämie. Gegensatz: Call Option.

Raider: „Unternehmensräuber“ oder feindlicher Bieter. Bezeichnung für ein Unternehmen, daß im Wege eines Unfriendly Takeovers versucht, ein Zielunternehmen aufzukaufen.

Rating: standardisierte Beurteilung der Bonität des Emittenten und seiner Schuldtitel in ein Klassifizierungssystem durch eine neutrale Ratingagentur oder der Redaktion international anerkannter Zeitschriften zur Eröffnung möglichst hoher Markttransparenz und Anlegerschutzes.

Remote Access: Fernzugang von Börsenteilnehmern zu einer Börse in einem anderen Land, wobei der Zugang i.d.R. mit einer Fernmitgliedschaft (Remote Membership) verbunden ist.

Repurchase Agreement: auch Repo Geschäft; Rückkaufsvereinbarung, die im Rahmen eines Wertpapier- oder Wertpapierpensionsgeschäfts getroffen wird.

Retail Banking: Filialgeschäft der Kreditinstitute mit Privatkunden und kleineren Firmen einschließlich ergänzender Vertriebswege.

Return on Equity (ROE): die ROE-Rate stellt die Ertragslage eines Unternehmens oder Kreditinstitutes dar, indem sie den Jahresüberschuß ins Verhältnis zum eingesetzten Eigenkapital setzt.

Roadshow: Präsentation des Unternehmens seiner Equity-Story vor einer Emission an wichtigen Finanzplätzen, um das Unternehmen institutionellen Investoren vorzustellen und für die Aktie oder Anleihe zu werben.

Roll – over – Kredit: mittel- bis langfristige Kreditform, die entweder als Festkredit oder als Kreditlinie eingeräumt wird. Als Finanzierungsform vor allem am Euromarkt üblich. Durch eine periodische Zinsanpassung – meist im 6-Monats Rhythmus – wird das sich ergebende Zinssatzänderungsrisiko der Banken auf den Endkreditnehmer abgewälzt.

Rücknahmepreis: Preis, zu dem Investmentanteile von der Kapitalanlagegesellschaft zurückgenommen werden. Er wird auf der Basis des Inventarwertes errechnet.

Sale and Purchase Agreement (S&PA): Unternehmenskaufvertrag.

Same – Day – Settlement (SDS): Abwicklungszyklus im elektronischen Wertpapierhandel für Aufträge, die noch am gleichen Tag mit dem Geschäftspartner reguliert werden können. Das Verfahren praktiziert die Deutsche Kassenverein AG für Aufträge, die bis 10 Uhr beleglos über Terminal oder Datenübertragung erteilt und vom Empfänger vor der Ausführung bestätigt werden.

Scalping: Form des Ausnutzens von Insiderwissen. Der Handelnde hat den Vorteil, eine bestimmte Empfehlung für den Kauf oder Verkauf eines Insiderpapieres abzugeben, seinerseits aber von der Publikation seiner Empfehlung durch gewinnbringende Wertpapiergeschäfte zu profitieren. Die Strategie des Scalpings besteht darin, daß sich der Empfehlende vor der Abgabe seiner Kaufempfehlung mit den fraglichen Wertpapieren eindeckt, um diese nach der Veröffentlichung der Empfehlung und den dadurch bedingten Kursanstieg gewinnbringend zu veräußern. Entgegen dem neueren Schrifttum unterfällt das Scalping nach h.M. nicht dem Insiderhandelsverbot (§ 14 Abs. 1 Nr 1 WpHG). Die Empfehlung als Bestandteil des Scalpings kann jedoch als Börsenbetrug qualifiziert werden (§ 88 BörsG).

Secondary Offering: Zweitplazierung; erneutes Angebot zum Kauf von bereits an der Börse zugelassenen und/oder Unterbringung von bereits im Umlauf befindlichen Aktien oder Wertpapieren. Üblicherweise zur Streuung und Umplazierung von Aktienbeständen aus Großaktionärs-, Familien- oder sonstigem Gruppenbesitz.

Securities and Exchange Commission (SEC): US-amerikanische Wertpapier- und Börsenaufsichtsbehörde mit weitreichenden Kontroll- und Sanktionsbefugnissen.

Securitization: Zertifizierung oder Verbriefung von Kredit- und Einlagepositionen zwecks Handelbarkeit.

Sell-Out: das mit starken Kursstürzen verbundene, panikartige Verkaufen an der Börse.

Senior Dept: Oberbegriff für nicht nachrangige Mittel in einer Akquisitionsfinanzierung. Im engeren Sinne bezogen auf Sicherheiten erstrangiger Finanzierungslinien.

Settlement: bezeichnet die Erfüllung eines Börsengeschäftes, d.h. den Abschluß, die Abwicklung und die Erfüllung. Settlement Day ist der Tag des formalen Geschäftsabschlusses oder der Tag der wertstellungsmäßigen Geschäftserfüllung. Beim Cash-Settlement erfolgt der Differenzausgleich in Geld, beim physischen Settlement die Lieferung des Basiswertes. Im Futures- und Optionshandel wird zur Kontraktbewertung der Settlement vom clearing house am Ende des Börsentags festgesetzt.

Share Deal: der Unternehmenskauf durch den Erwerb der gesellschaftlichen Beteiligung selbst. Die gesellschaftliche Beteiligung des Verkäufers stellt den unmittelbaren rechtlichen Kaufgegenstand dar (Rechtskauf), so daß die Identität des Unternehmens unberührt bleibt.

Shareholder: Aktionär oder Anteilhaber; Synonym: stockholder.

Shareholder Value: Konzept der Unternehmensführung mit der vorrangigen Ausrichtung auf die Aktionärsinteressen. Der Unternehmenserfolg wird nicht an dem handelsrechtlichen Gewinn gemessen. Ziel ist vielmehr den Marktwert des Eigenkapitals zu maximieren und durch die Befriedigung der Renditeerwartungen der Eigenkapitalgeber zur Vergrößerung des Aktionärsvermögens beizutragen.

Shark Repellents: Abwehrmaßnahmen gegen einen Unfriendly oder Hostile → Takeover, die der Vorstand des Zielunternehmens durch Satzungsänderung beschließt, um der Übernahme zu entgehen. In den USA kennt man diese Verteidigungsform in drei Ausprägungsformen: Fair Pricing Provisions, Supermajority Provisions und Staggered Board Provisions.

Short Position: Verkaufsposition, die mit dem Verkauf eines noch nicht im Besitz des Verkäufers befindlichen Wertpapiers beginnt (Leerverkauf) und durch den erst daran anschließenden Kauf abgeschlossen wird. Vor dem Kauf befindet sich der Verkäufer in einer Short Position mit diesem Papier.

Small Cap: Aktien von Unternehmen mit einer Marktkapitalisierung von unter 500 Mio. DM.

Spesen: bei Kauf und Verkauf von Wertpapieren über die Börse entstehen Kosten durch die Maklergebühr und die Bankprovision.

Spezialwerte: Aktien von kleineren Gesellschaften mit nicht allzu großem Markt; die Notierung erfolgt nur an einem oder wenigen Börsenplätzen.

Spin-off: Abspaltung eines Unternehmensteils durch Ausgliederung, Neugründung oder Buy out einer Gesellschaft oder der Verkauf von Konzernteilen bzw. -töchtern. Erfolgt meist im Zusammenhang mit einem Börsengang (Synonym: Splitt-Off).

Split/Splitting: Aktienteilung von Aktien, deren Börsenkurs zu stark gestiegen ist, in zwei oder mehrere Teile. Erreicht wird dadurch eine höhere Stückzahl und eine dem Splitting entsprechender niedrigerer Kurs, der zum Kauf der Aktie anregen soll.

Spot Price: Aktueller Tageskurs eines Wertpapiers.

Spread:

1. Prämiengeschäft im US-Wertpapierhandel, bei dem der Prämienzahler das Recht erhält, an einem vereinbarten Termin zu einem höheren Kurs abzunehmen oder zu einem niedrigeren Kurs zu liefern.

2. Am Euromarkt verwendete Bezeichnung für die Differenz zwischen zwei Zinssätzen, absolut oder in Prozent.

3. Die Differenz zwischen Ankaufs- und Verkaufspreisen eines → Market Makers.

4. Bezeichnung für einen Aufschlag auf einen bestimmten Kreditzinssatz, z.B. Spread von % über → LIBOR.

5. Im Terminhandel bezeichnet Spread die Differenz zwischen Geld- und Briefkurs.

6. Ferner: Zinsmarge; Bonifikation zugunsten einer Bank; Provision im Konsortialgeschäft.

Squeeze-out: Herausdrängen einer kleinen Gruppe von Aktionären aus der Gesellschaft durch deren Barabfindung.

Staggered Board Provisions: Verteidigungsform (sog. Shark Repellent) gegen Hostile Takeovers. Es soll verhindert werden, daß der Raider nach erfolgreichem Raid den Vorstand zügig auswechselt und dadurch den Schlüssel zur effektiven Kontrolle der Gesellschaft gewinnt. Daher werden durch Satzungsbestimmung die 12 Direktoren einer amerikanischen Gesellschaft (Staggered Board) in drei Klassen zu je vier Direktoren eingeteilt, von denen in aufeinanderfolgenden Hauptversammlungen jeweils nur eine Klasse ersetzt werden kann. Diese Strukturveränderung in Form einer Verlängerung und diskontinuierlichen Anordnung von Amtsintervallen sorgt dafür, daß der Raider nur jeweils ein Drittel des Vorstands direkt ersetzten kann, die Kontrolle über den gesamten Vorstand jedoch erst nach zwei weiteren Hauptversammlungen erhält.

Stakeholder Value: Konzept der Unternehmensführung, daß sich, im Gegensatz zum Sharehoder Value Prinzip, nicht nur am Aktionärsinteresse, sondern auch an den Interessen und Wertvorstellungen anderer mit einem Unternehmen verbundenen Gruppen (z.B. Mitarbeitern, Kunden, Lieferanten etc.) orientiert.

Standardwerte: im Gegensatz zu den Spezialwerten Aktien einer Publikumsgesellschaft, die variabel gehandelt werden und hohen Börsenumsatz haben.

Statement of Non-Disclosure: → Confidential Agreement.

Stock Appreciation Rights (SAR): Optionen, die dem Inhaber das Recht zum Bezug von Aktien eröffnen oder ihm das Recht auf eine Ausgleichszahlung in Höhe der Differenz zwischen Emissions- und Börsenkurs einräumen. Möglich ist auch das Recht auf den Erhalt eines anderen, ex ante festgelegten Titels zu vereinbaren.

Stock-Options-Plan: Beteiligungsmodell in Form eines Aktienbezugsrechts, welches i.d.R. dem Management die Option zum Bezug von Aktien der Gesellschaft zu Vorzugskonditionen einräumt.

Stock-Picking: Strategie bei der Aktienanlage. Es werden spezielle, einzelne Werte erworben, bei denen davon ausgegangen wird, daß sie sich besser als der Gesamtmarkt entwickeln.

Stop-loss Order: Verkaufsauftrag, der ausgeführt wird, sobald der aktuelle Aktienkurs bei nachgebender Kursentwicklung einen vom Anleger bestimmten Mindestkurs erreicht oder unterschritten hat. Bereits erzielte Gewinne sollen so weitgehend gesichert und mögliche Verluste beschränkt werden.

Straddle Option: Option, die zum Kauf oder Verkauf innerhalb eines bestimmten Zeitraumes berechtigt.

Straight-Through-Processing: Verkettung von Prozessen bei der Abwicklung von Finanztransaktionen ohne manuellen Eingriff.

Streubesitz: ist dann gegeben, wenn sich die Aktien einer Gesellschaft nicht in wenigen Händen, sondern in Besitz vieler Aktionäre befinden.

Strike Price: Basispreis oder exercise price.

Stripped Bonds: Anleihen, bei denen das Recht auf die Kapitalrückzahlung (Wertpapiermantel) von dem Zinskupon getrennt wurde und nur dieser gehandelt wird. Der Käufer des Stripped Bonds erwirbt ökonomisch gesehen einen Zerobond, da ihm keine laufende Verzinsung zufließt.

Structured Finance: Oberbegriff für Finanzierungsformen mit einem hohen Maß an Individualität, die sich vom standardisierten Firmenkundenkreditgeschäft abgrenzen.

Supermajority Provisions: Verteidigungsform (sog. Shark Repellent) gegen Hostile Takeovers. Da das US amerikanische Aktienrecht Aktionären bereits aufgrund einfacher Mehrheiten des Grundkapitals die effektive Kontrolle über die Gesellschaft gewährleistet, bestimmen Superiority Provisions für bestimmte Transaktionen entsprechend höhere Mehrheiten, regelmäßig zwischen 66 und 90 %. Um diese Klauseln nicht zum Bumerang für die Geschäftsleitung werden zu lassen, gibt es sog. Escape Clauses, die dem Management gestatten, jederzeit auf die Notwendigkeit von einfachen Mehrheiten (Simple Majority) umzuschwenken.

Swaps: Tauschoperationen im Devisenhandel. Bei einem Swap-Geschäft stellt ein Partner dem anderen sofort Devisen zur Verfügung (Kassageschäft) und vereinbart gleichzeitig den Rückkauf zu festem Termin und Kurs (Termingeschäft). Swap-Geschäfte kommen zur Kurssicherung in Betracht, die einen zweimaligen Valutatransfer erfordern: der Kapitalimporteur erhält Fremdvaluta, investiert in eigener Währung und muß in Fremdwährung tilgen; der Kapitalexporteur erwirbt Fremdvaluta und erhält nach Beendigung der Investition Fremdvaluta. Im Bereich der Strukturierung im Unternehmensverkauf der Tausch von Unternehmensteilen gegen kernbereichsbezogene Betriebe.

Swaption: Option auf einen Swap. Vereinbarung, mit der der Käufer gegen Zahlung einer Optionsprämie das Recht auf die Durchführung eines bereits fixierten Swaps erhält.

Swift: Society for Worldwide Interbank Financial Telecommunication. System der Banken Europas und Nordamerikas zur Beschleunigung und Standardisierung des internationalen Zahlungs- und Wertpapierverkehrs.

Synthetischer Aktienerwerb: → Equity Swaps.

Tafelgeschäft: Zug um Zug Geschäft; hier erfolgt am Schalter eines Kreditinstitutes eine Leistung und Gegenleistung sofort; ohne Einschaltung eines Wertpapierdepots werden effektive Wertpapierstücke gegen Barzahlung ausgehändigt (bzw. zurückgenommen).

Take-Out-Phase: Desinvestition des Investitionsbetrages aus einer → venture-capital-Anlage. Erfolgt nach ca. 5 – 8 Jahren mit der erhofften Realisation eines Gewinnes.

Takeover: Kauf oder Übernahme eines Unternehmens durch ein anderes Unternehmen zur Nutzung und Beherrschung der Ressourcen des erworbenen Unternehmens. Von einem Friendly oder Solicited Takeover spricht man, wenn der Unternehmenserwerb im Einvernehmen mit dem Management des Zielunternehmens erfolgt. Im Gegensatz dazu erfolgt beim Unfriendly oder Hostile Takeover der Versuch die Aktien des Zielunternehmens gegen den Willen des Management zu übernehmen, indem den Anteilseignern ein deutlich über dem Börsenkurs liegender Preis geboten wird.

Takeover Bid: öffentliches Übernahmeangebot direkt an die Aktionäre des zu übernehmenden Unternehmens. Darin legt der Übernahmeinteressent die Anzahl von Anteilen am Grundkapital der Zielgesellschaft fest, die von ihm bis zu einem bestimmten Zeitpunkt zu einem bestimmten, grundsätzlich über der Börsennotierung liegenden Angebotspreis erworben werden sollen. Synonym: Tender Offer.

Technische Aktienanalyse: mit Hilfe von Kursdiagrammen, sog. Charts, werden Aktienkursprognosen abgegeben, die die fundamentalen und monetären Gegebenheiten ganz außer acht lassen. Gegensatz: Fundamentalanalyse.

Tender Issue: Verfahren zur Erstplazierung von Wertpapieren. Als Ausgabekurs wird den Zeichnern lediglich ein bestimmter Mindestkurs ausgegeben. Gebote zu höheren Kursen können abgegeben werden. Ausgehend vom höchsten zum niedrigsten Gebot erfolgt dann die Zuteilung des gesamten Emissionsvolumens.

Tender Offer: → Takeover Bid.

Termingeschäft: Wertpapiergeschäft, bei dem im Gegensatz zum Kassageschäft Kauf bzw. Verkauf und Erfüllung zu unterschiedlichen Terminen erfolgen. Bereits bei Abschluß des Geschäfts werden die Bedingungen festgelegt.

Tick: kleinste mögliche Preisänderung bei Geschäften an Termin- oder Kassabörsen. Die Höhe richtet sich nach den Kontrakt- bzw. Geschäftsbedingungen.

Timing: Engl. Ausdruck, Bezeichnung für den geeignetsten Zeitpunkt zum Kauf bzw. Verkauf von Wertpapieren.

Top-Down-Prinzip: im Rahmen der vertikalen Linienverantwortung ist derjenige, der Aufgaben delegiert, für das Fehlverhalten der beauftragten Person als Garant verantwortlich, sofern ihn ein Auswahl-, Aufsichts- oder Organisationsverschulden trifft. Diese Verantwortung trifft alle Mitarbeiter, die mit eigener Entscheidungs- oder Weisungsbefugnis ausgestattet sind und zwar angefangen von der Unternehmensleitung (Top) bis nach unten über alle nachgeordneten Unternehmensebenen hinweg (Down).

Track Record: der anhand von statistischen Daten ermittelte Leistungs- oder Erfolgsnachweis einer Bank, eines Vermögensverwalters o.ä.

Triggering Event: genau festgelegtes Ereignis im Rahmen des Unternehmensübernahmeversuches, bei dessen Eintritt oder Vorliegen die Wirkung der Poison Pills eintritt. Meist wird dabei auf das feindliche Übernahmeangebot oder das Überschreiten einer festgelegten Marke der Beteiligung an dem Grundkapital abgestellt.

Underlying: Bezugs- oder Basiswert im Optionshandel.

Under Writer /Underwriting: Beteiligung von Banken an einer Emission, wobei diese die Verpflichtung übernehmen, für den Fall, daß eine Plazierung bei dem Publikum nicht gelingt, einen bestimmten Teil der Emission selbst zu übernehmen. Dabei sind Preis und Quote für die Übernahme und Plazierung im Voraus bestimmt worden.

Upstream Garantie: schwache Sicherungsform durch eine unter dem Käufer eines Unternehmens stehende Konzerngesellschaft, z.B. einer inländischen Tochtergesellschaft für eine ausländische Muttergesellschaft, um dem inländischen Vertragspartner zusätzliche Sicherheit zu gewähren.

US – GAAP: General Accepted Accounting Principles. Amerikanische Normen für die Rechnungslegung von Unternehmen.

Value-at-risk-Konzept: Berechnung des Verlustpotentials eines Wertpapiers, die sich aus Preisänderungen der Handelsposition ergibt. Die Berechnung erfolgt auf der Basis marktorientierter Preisänderungen und unter der Annahme einer bestimmten Wahrscheinlichkeit.

Valuta:

1. Bezeichnung des internationalen Geldhandels für das Währungsgeld eines Landes.
2. Wertstellung eines Postens auf einem Konto.

Valuta-Papiere: Wertpapiere, die auf eine ausländische Währung lauten.

Venture Capital: (dt: Wagniskapital) Form der Eigenkapitalzuführung an wachstumsträchtige, eher klein bis mittelständische Unternehmen in Form einer Kombination von Risikokapitalbereitstellung und unternehmerischer Betreuung durch venture-capital-Unternehmen. Zur Risikokapitalbereitstellung legt das venture-capital-Unternehmen einen Fond auf, den es bei institutionellen Anlegern wie Großunternehmen, Versicherungen, aber auch Banken, zu plazieren sucht. Charakteristischer Weise verhält sich das venture-capital-Unternehmen nicht wie ein stiller Gesellschafter, sondern behält sich die Einflußnahme auf unternehmerische Entscheidungen vor.

Volatilität: Maßstab für die Schwankungen von Aktien- und Devisenkursen sowie Zinssätzen. Die Berechnung erfolgt durch die auf ein Jahr bezogene Standardabweichung der relativen Kursdifferenzen. Als Kennzahl wird vielfach Beta verwandt.

Vorbörse: vor der offiziellen Börsenzeit findet unter Banken bereits ein Wertpapierhandel statt, der – je nach Situation recht ausgeprägt sein kann. Der Handel nach der offiziellen Börsenzeit wird Nachbörse bezeichnet.

Voting Right Plans: Basistypus einer Poison Pill. Das Verfahren beinhaltet die Ausgabe von Vorzugspapieren mit Super Voting Rights an die Stammaktionäre in Form einer Dividendenausschüttung. Hegt ein Aktionär feindliche Absichten, erlöschen die Stimmrechte seiner Vorzugspapiere.

Wachstumsaktien: sind Aktien von Unternehmen, die in Zukunft hohe Umsatz- und Ertragszahlen erwarten lassen, wie dies z. B. in der Elektronik der Fall ist. Sie zeichnen sich durch hohe Kurs/Gewinn-Verhältnisse und niedrige Dividendenrenditen aus.

Wandelanleihe: Form der Schuldverschreibung, wobei dem Inhaber neben der Verzinsung innerhalb einer im Anleihevertrag bestimmten Frist das Recht eingeräumt wird, die Anleihe in einem bestimmten Verhältnis und/oder Preis in Aktien zu wandeln.

White Knight: aus der Märchenwelt entliehene Analogie für einen Investor, dessen Übernahmeangebot mit Zustimmung des Unternehmensmanagements den Anteilseignern eines Unternehmens unterbreitet wird. Mit Einschaltung eines White Knight gibt das Unternehmen zwangsläufig seine Unabhängigkeit auf. Gegenteil: Black Knight.

White Knight Redemption Clauses: zeitlich unbestimmte Klauseln, die bei Vorliegen eines Friendly Takeovers die „giftige Wirkung" der Poison Pills beseitigen.

White Squire: Verteidigungsmaßnahme gegen Hostile Takeovers durch den Erwerb einer Minderheitsbeteiligung an der Zielgesellschaft durch einen dem amtierenden Management freundlich gesonnenen Aktionär, wobei effektiv die Beteiligung in Höhe der Sperrminorität angestrebt wird.

Wholesale Banking: Bankgeschäfte mit großen Firmenkunden, dem Staat oder anderen großen Institutionen.

Window Dressing: Bilanzkosmetik. Maßnahmen, die im Hinblick auf einen Bilanzstichtag vorgenommen werden, um dem Bilanzleser ein möglichst günstiges Bild von der Unternehmung zu vermitteln.

Yankee Bonds: US $ Anleihen von ausländischen Emittenten, die in den USA emittiert werden.

Yield Curve: Zinsertragskurve. Sie gibt die Rendite von Anleihen in Abhängigkeit von deren Endfälligkeit wieder.

Zero-Bonds: Anleihe, für die während der Laufzeit keine Zinsen ausgezahlt werden. Der Ertrag des Investors besteht in dem Unterschiedsbetrag zwischen dem Ausgabe- oder Kaufkurs und dem Einlösungs- oder Verkaufskurs.

Zyklische Werte: Aktien von Unternehmen, deren Gewinnentwicklung auf Grund ihrer ausgeprägten Konjunkturabhängigkeit erheblichen Schwankungen unterliegt. Die Börse nimmt angesichts der schwierig zu prognostizierenden Ertragsperspektiven Bewertungsabschläge vor. Daher werden zyklische Aktien mit niedrigeren, unter dem Marktdurchschnitt liegenden Kurs/Gewinnverhältnissen bewertet.

XV. Literaturverzeichnis

Assmann, Heinz-Dieter / Schneider, Uwe H.	Wertpapierhandelsgesetz, 2. Auflage, Köln 1999
Beike, Rolf / Schlütz, Johannes	Finanznachrichten lesen, verstehen, nutzen: ein Wegweiser durch Kursnotierungen und Marktberichte, 2. Auflage, Stuttgart 1999
Binz, Mark K. Freudenberg, Götz	Die Nachgründungsproblematik beim going public DB 1992, 2281
Binz, Mark K. Sorg, Martin H.	Die KGaA mit beschränkter Haftung – quo vadis? DB 1997, 313
Brun-Hagen, Hennerkes Lorz, Rainer	Roma locuta causa finita: Die GmbH & Co. KGaA ist zulässig DB 1997, 1388-1394
Claussen, Carsten P.	Wie ändert das KonTraG das Aktiengesetz ? DB 1998, 177
Ehrhardt, Olaf	Börseneinführungen von Aktien am deutschen Kapitalmarkt, Wiesbaden 1997
Emmerich, Volker Habersack, Matthias	Aktienkonzernrecht: Kommentar zu den §§ 15-22 und 291-328 AktG München 1998
Fischer, Michael	Die Besteuerung der KGaA und ihrer Gesellschafter DStR, 1519-1526
Funke, Rainer	Der Geschäftswert für die Notargebühren bei der Beurkundung von Plänen und Verträgen nach dem Umwandlungsgesetz DB 1997, 1120

Galli, Albert — Die GmbH & Co. KGaA ist zulässig!
GmbH-StB 9/1997

Gerke, Wolfgang — Die Börse der Zukunft: Märkte, Plätze, Netze
Stuttgart 1997

Geyrhalter/Haß — Der EURO in der Wirtschaftspraxis, Heidelberg 1999

Haase, Karsten — Die Vorteile der GmbH oder der GmbH & Co. KGaA in gesellschaftsrechtlicher Sicht
GmbH-Rdsch 1997, 917-923

Hakenberg, Michael — Das Euro –Einführungsgesetz
BB 1998, 1491

Hamich, Lars — Dow Jones STOXX – die neue europäische Aktienindexfamilie
Die Bank 1998, 142

Hansen, Norbert — Der neue Markt – Handel und Betreuer
AG-Report 1997, R. 164

Happ, Wilhelm — Aktienrecht: Handbuch – Mustertexte – Kommentar
München 1995

Hartel, Ulrich M. — Umwandlung einer GmbH & Co. KG in eine KG auf Aktien
DB 1992, 2329-2335

Hasselmann, Harald — Going Public von Tochtergesellschaften
Berlin 1997

Heider, Karsten — Einführung der nennwertlosen Aktie in Deutschland anläßlich der Umstellung des Gesellschaftsrechts auf den Euro
AG 1998, 1

Hein, Thomas	Zulässigkeit einer GmbH als persönlich haftende Gesellschafterin einer KGaA, WuB II B, § 278, AktG 1.97
Heintzen, Markus	Zur Verfassungsmäßigkeit von § 292 a Abs. 2 Nr. 2 a) HGB BB 1999, 1050
Hielscher, Udo	Fischer Börsenlexikon, Frankfurt
Henn, Günter	Handbuch des Aktienrechts, Heidelberg 1998
Herfs, Achim	Die Kapitalgesellschaft & Co. KGaA als Rechtsformoptimierung für mittelständische Unternehmen WiB 1997, 668-691
Hesselmann, Balte	Die kapitalistische Kommanditgesellschaft auf Aktien BB 1989, 2344-2349
Hölters, Wolfgang Deilmann, Barbara	Die „kleine" Aktiengesellschaft, München 1997
Hommelhoff, Peter	Die neue Position des Abschlußprüfers im Kraftfeld der aktienrechtlichen Organisationsverfassung (Teil I) BB 1998, 2567
ders.	Die neue Position des Abschlußprüfers im Kraftfeld der aktienrechtlichen Organisationsverfassung (Teil II) BB 1998, 2625
Horn, Norbert	Die Haftung des Vorstands der AG nach § 93 AktG und die Pflichten des Aufsichtsrats ZIP 1997, 1129
Hüffer, Uwe	Aktiengesetz, 4. Auflage, München 1999

Kersting, Mark Oliver	Der neue Markt der Deutsche Börse AG AG 1997, 222
Kirchner, Christian Ehricke, Ulrich	Funktionsdefizite des Übernahmekodex der Börsensachverständigenkommission AG 1998, 105
Kögel, Steffen	Neues Firmenrecht und alte Zöpfe: Die Auswirkungen der HGB – Reform BB 1998, 1645
Kopp, Beate	Stückaktie und Euro – Umstellung BB 1998, 701
Korts, Petra Korts, Sebastian	Die Kleine Aktiengesellschaft Heidelberg, 2. Auflage 1999
Ladwig, Peter	Die GmbH & Co. KGaA nach der Zulassung durch den BGH – die neue Rechtsform für den Mittelstand DStR 1997, 1539-1542
Lingemann, Stefan Wasmann, Dirk	Mehr Kontrolle und Transparenz im Aktienrecht: Das KonTraG tritt in Kraft BB 1998, 853
Martin, Thomas	Der neue Markt an der Frankfurter Wertpapierbörse AG 1998, 224 f.
Meixner, Rüdiger	Das Dritte Finanzmarktförderungsgesetz – Kapitalmarktrecht in stetigem Wandel NJW 1998, 1896
Priester, Hans Joachim	Die Kommanditgesellschaft auf Aktien ohne natürlichen Komplementär ZHR 160 (1996), 250 ff.

Rasch, Sebastian	Der Aktienmarkt für kleine und mittelgroße Unternehmen Mannheim 1996
Rödl, Bernd Zinser, Thomas	Going Public: der Gang mittelständischer Unternehmen an die Börse Frankfurt am Main 1999
Schawilye, Ramona Gaugler, Eduard Keese, Detlef	Die kleine AG in der betrieblichen Praxis Heidelberg 1999
Schmidt, Karsten	Deregulierung des Aktienrechtes durch Denaturierung der Kommanditgesellschaft auf Aktien ZHR (1996), 265 ff.
Schmidt, Wolfgang Levedag, Christian	Die KGaA nach dem BGH-Beschluß vom 24.02.1997 Grundprofil und Einsatzfelder einer hybriden Rechtsform Information StW 1997, 749-755
Schwedhelm, Rolf	Die Unternehmensumwandlung Köln, 3. Auflage 1999
Seibert, Ulrich Köster, Beate-Katrin Kiem, Roger	Die kleine AG Köln, 3. Auflage 1996
Serfling, Klaus Pape, Ullrich Kressin, Thomas	Emissionspreisfindung und Underpricing im Rahmen des Börsengangs junger Wachstumsunternehmen AG 1999, 289
Sethe, Rolf	Die personalistische Kapitalgesellschaft mit Börsenzugang: Die reformierte KGaA als Mittel zur Verbesserung der Eigenkapitalausstattung deutscher Unternehmen, Köln 1996
Streck, Michael	Körperschaftsteuergesetz 4. Auflage, München 1995
Strieder, Thomas	Zulässigkeit einer GmbH & Co.

Habel, Michael	KGaA BB 1997, 1375-1377
Süssmann, Rainer	Insider-Handel – Erfahrung aus der Sicht des Bundesamtes für den Wertpapierhandel AG 1997, 63 ff.
Tillmann, Bert	Handbuch der GmbH & Co.: Gesellschaftsrecht, Steuerrecht, 18. Auflage, Köln 1997
Ulmer, Peter (Hrsg.)	Die GmbH & Co KGaA nach dem Beschluß BGHZ 134, 392 mit Beiträgen von Peter Hommelhoff und Hans-Christoph Ihrig/Michael Schlitt Heidelberg 1998
Volk, Gerrit	Going Public: der Gang an die Börse 2. Auflage, Stuttgart 1998
Wieselhuber (Hrsg.)	Börseneinführung mit Erfolg Wiesbaden 1996

XVI. Sachregister